Nikolaus von Kues zur Einführung

Norbert Winkler

Nikolaus von Kues zur Einführung

JUNIUS

Junius Verlag GmbH
Stresemannstraße 375
22761 Hamburg
Im Internet: www.junius-verlag.de

© 2001 by Junius Verlag GmbH
Alle Rechte vorbehalten
Umschlaggestaltung: Florian Zietz
Titelfoto: Archiv Gerstenberg
Satz: Druckhaus Dresden
Printed in Germany 2010
ISBN 978-3-88506-339-1
2. ergänzte Auflage Juli 2010

Bibliografische Information der Deutschen Nationalbibliothek
Die Deutsche Nationalbibliothek verzeichnet diese Publikation in der
Deutschen Nationalbibliografie; detaillierte bibliografische Daten
sind im Internet über http://dnb.d-nb.de abrufbar.

Inhalt

Einleitung 7

1. Cusanus in der Zeit 14
   Die Zeit 14
   Leben und Werke 17

2. Deus – Universum – Mens 32
   Selbstvergewisserung im wissenden Nichtwissen
   (docta ignorantia) 32
   Coincidentia oppositorum:
   Gott, der All-Eine in Allem 54
   Das Universum: ein multifunktionales
   Beziehungsgeflecht 95
   Erkennen ist Messen 113
   Der Geistmensch: Begriffe schaffender zweiter Gott ... 119

3. Cusanus als Rechtshistoriker und Kirchenpolitiker ... 168
   Pläne zur Reichs- und Kirchenreform 168
   Der Friede der Weltreligionen 176
   Christologie und Kirchenverständnis 187
   Wirkungen 199

4. Resümee 205

Anhang
Anmerkungen 209
Literaturhinweise 221
Zeittafel 229
Über den Autor 231

Einleitung

Der Begriff »Mittelalter« – eine Verlegenheit – wurde erstmalig in einer Apuleus-Ausgabe verwendet, die Giovanni Andrea Bussi im Jahre 1469 besorgte. Bussi sprach in dieser Ausgabe von »mediae tempestatis homines« (Leute aus dem Mittelalter), womit er bekunden wollte, dass eine neue Zeit angebrochen sei. Jener Autor war kein Geringerer als der Sekretär des Kardinals Nikolaus von Kues; in den Jahren 1458 bis 1464 tat er bei ihm Dienst. Einige Jahre nach dem Ableben des Kardinals hat er seinen ehemaligen Dienstherren unter die Gestalten des neuen Zeitalters eingereiht. Ob dies opportun war, ist bis heute umstritten.

Das Mittelalter hatte zu seinen Leitideen die Kirche, das Reich und die Christenheit (ordo christianus) erhoben; was seinen Denkern aber noch fremd blieb, war der Europa-Gedanke. Der sollte erst, wenngleich unter besonderen Bedingungen, zu Beginn jener Neuzeit aufkommen. Enea Silvio Piccolomini, Freund und Gönner des Nikolaus von Kues und als Papst Pius II. von 1458 bis 1464 auf dem Stuhle Petri, formulierte diesen heute so selbstverständlichen Gedanken in einer Abhandlung, die den programmatischen Namen *Europa* trägt. Piccolomini begründet darin, dass der europäischen Völkervielfalt eine gemeinsame kulturelle Herkunft eigen sei: die hellenische. Als 1453 die Türken Konstantinopel überrannten, schockierte das die lateinische Welt, deren Eliten gerade im Begriff waren, sich ihrer griechischen Quellen wieder zu bemächtigen. Auf dem Frankfurter Türkentag, im gleichen Jahre abgehalten, wies Piccolomini seine Zuhörer auf diesen Umstand hin: »Jetzt ist Griechenland verwüstet und zerstört – welch kultureller Verlust uns daraus erwachsen ist, wißt ihr alle, da euch ja bekannt ist, daß die gesamte Bildung der lateinischen Welt aus griechischen Quellen stammt.«[1] Die Anfangsgeschichte zweier Namen führt uns unversehens zu unserem Thema: dem Theologen und Philosophen Nikolaus von Kues, auch »Cusanus« genannt. Mit den beiden angeschnittenen Themen ist das Werk des Cusanus eng verknüpft. Wir werden davon ausführlicher zu reden haben.

Als im ausgehenden Mittelalter die philosophierenden Theologen sich an der inneren Widersprüchlichkeit der scholastischen Systembildungen abarbeiteten, sah sich die Schultheologie des 15. Jahrhunderts, deren Grundlagen vornehmlich im Hochmittelalter geschaffen worden waren, in hoffnungslose Grabenkämpfe verstrickt. Den Adepten des Thomas von Aquin standen nicht nur die Jünger Alberts des Großen oder des Johannes Duns Scotus gegenüber, sondern daneben hatten sich die Verfechter der Lehren des Wilhelm von Ockham an den Universitäten etabliert. Zu Beginn des Jahrhunderts, als sich die Dispute in unfruchtbaren Distinktionen erschöpften, wuchs das Bedürfnis nach einem Neubeginn, mit dessen Hilfe die philosophisch-theologischen Probleme grundlegend überdacht werden konnten. Cusanus – der neben Meister Eckhart wohl berühmteste Denker aus deutschen Landen am Ausgang des Mittelalters – sollte sich dieser Aufgabe stellen. Er konnte sie unbelastet von jenen scholastischen Verhärtungen in Angriff nehmen, weil er zeit seines Lebens keiner universitären Korporation angehörte und als Kardinal einen Sonderstatus genoss. Daher blieb Cusanus, obgleich mit der Kirche seiner Zeit innig verwachsen, intellektuell gesehen ein Außenseiter. Das theologisch-philosophische Werk, das er hinterließ, rückt somit in eine eigentümlich zwiespältige Position, denn der es prägende Widerspruch von Neubeginn und der Bemühung, spätmittelalterliches Denken in eine Art produktive Synthese zusammenzuführen, sollte verhindern, dass seinem Werk eine nachhaltige Wirkung beschieden war. Für die Scholastiker alten Schlages war es ebenso unzeitgemäß, wie es für die aufstrebenden Humanisten marginal blieb. Cusanisches Denken markiert einen Übergang; es eröffnete Möglichkeiten für ungewohntes Weltverstehen, überschritt im Letzten die Schwelle zu wirklicher Modernität jedoch nicht.

Während in der Renaissance die Lehre von dem Zusammenfall der Entgegengesetzten in der absoluten Einheit (coincidentia oppositorum) noch einmal zu Ehren kam, erfuhr die metaphysikkritische Lehre vom wissenden Nichtwissen (docta ignorantia) eine folgenreiche Umdeutung: Sie schuf Platz für den Glauben. Dieses Missverständnis ist bis heute wirksam. Giordano Bruno verhehlte in seiner berühmten Wittenberger Abschiedsrede von 1588 nicht, dass Cusanus noch überragender hätte sein können, hätte er seine Philosophie nicht theologisch verwässert. »Wo findet sich ein Mann vergleichbar jenem Cusaner, der je größer, um so weniger zugänglich ist? Hätte nicht das Priesterkleid sein Genie da und dort verhüllt, ich würde zugestehen, daß er dem Pythagoras nicht gleich, sondern bei weitem größer ist als dieser.«[2] Für ihn war die cusansche Christologie überholt, weil sie die Entfaltungsmöglichkeiten des menschlichen Humanums unter der Kuratel einer diskreditierten Papstkirche beließ.

Während Bruno in seinem Werk den Philosophen Cusanus über sich selbst hinaustreiben wollte, beschränkt sich ein Teil der Forscher darauf, Cusanus als konservativ gestimmten Modernisierer vorzuführen, der, anders etwa als der 1329 verurteilte Meister Eckhart, die Grenzen des Erlaubten zu wahren wusste. Diese apologetischen Arbeiten muss der Cusanus-Forscher kennen; dass er aber ihrem dogmatischen Harmonisierungsbedürfnis folgen soll, ist zu bezweifeln. Die Musealisierung zum geschichtsfernen Heroen gibt gleichfalls zu denken. Es existiert hierzu eine aufschlussreiche Geschichte: Als der amerikanische Soldat Saul K. Padover 1945 in das eben eingenommene Aachen kommt, trifft er auf Peter Mennicken, Professor für Philosophie und Kunstgeschichte, einen Mann, der sich selbst als unpolitisch bezeichnet. Auf die Frage, welche historischen Figuren er als Vorbild für die deutsche Jugend ansehen würde, kommt dieser auf Shakespeare, Albertus Magnus u.a., um schließlich zu sinnieren: »Ja, das sind große Geister, edle Geister, aber den größten von ihnen allen habe ich noch gar nicht erwähnt. Ich meine Nikolaus von Kues, den ich für den bedeutendsten Mann unserer Geschichte halte, einen Mann, der unserer Jugend als Vorbild dienen könnte. Ach ja, der Kusaner, welch schöner Geist! Laßt uns die Jugend nach dem Kusaner formen!«[3] Vielleicht ist diese Emphase aus der geistig kargen Zeit verständlich, gleichwohl war sie bereits überholt, als sie formuliert wurde. Jene Widersprüchlichkeit, die den Charakter des Cusanus auszeichnet und in sublimer Form auch in seinem Werk weiterwirkt, ist weder zu glätten, noch ist Cusanus' Denkleistung unkritisch in den Olymp einer falsch verstandenen Klassizität zu loben.

Wir finden bei ihm keine Abgeschlossenheit des Denkens. Er verweist selbst darauf, dass er in seinen Werken eine anleitende Handreichung geben wollte, mit deren Hilfe die Nachgeborenen ihre Wahrheitssuche fortsetzen und verbessern könnten. Dem Werk haftet so etwas Fragmentarisches, Gelegenheitsabhängiges an, dem die abgeklärte Ruhe der Systembildung fehlt. Cusanus ist über lockere Zusammenfassungen seiner philosophischen Bemühungen (z. B. in *De venatione sapientiae*) nicht hinausgekommen. Aber ebendiesem Umstand ist es zu danken, dass sein Werk in vielfältiger Weise anregend hat bleiben können.

In einer Hinsicht ist allerdings zu sagen, dass Cusanus auch ein Vollender gewesen ist. Betrachtet man die ihm vorgängige Entwicklung der deutschen Dominikanerphilosophie, wie sie sich ausgehend von Albertus Magnus über Dietrich von Freiberg, Meister Eckhart, Heinrich Seuse und Berthold von Moosburg entwickelt hatte, so wird man sehen, dass Cusanus dieser spezifischen Tradition, in der eine nichtthomasische Intellektlehre ausgebildet wurde, in besonderem Maße verpflichtet blieb. Ohne die selektive Rezeption Meister Eckharts hätte er niemals jene theoretische Höhe erklimmen können, die er in seinen philosophischen Schriften erreicht hat. Cusanus hat Meister Eckhart vor allem jenen spezifischen Einstieg in die Intellektlehre zu verdanken, die er dann einzigartig in *De coniecturis* und *Idiota de mente* entwickelte.

Cusanus wusste zwar den unkonventionellen Geist des Erfurter Magisters zu schätzen, er ging aber dessen Weg, auf die unmittelbare Gegenwärtigkeit Gottes im gewandelten Menschen zu bauen, nicht. Die Radikalität, die Eckhart damit in der theologisch überformten Ethik einforderte, schreckte Cusanus. In der Ethik hat er nicht viel Neues zu sagen.[4] Cusanus erschloss andere Theorieräume, wie etwa den der messenden Erkenntnis oder die funktionale Sicht auf den Kosmos.

Noch einem anderen Denker, der in den Augen der Orthodoxie als anrüchig galt, den Katalanen Ramon Lull, einen philosophierenden Laien von eminenter Schreibwut, hat Cusanus ausgiebig studiert. Lull, ein gegen seine Missachtung seitens der Universitätstheologen anschreibender Universalist, hatte u.a. eine antiaristotelische Logik des Wissens entworfen, die nicht nur die Lehre vom auszuschließenden Widerspruch attackierte, sondern die vor allen Dingen die Relation gegenüber der Substanz aufwertete. Cusanus hat Lull dieses Ansatzes wegen sehr geschätzt. Mit Anselm von Canterbury und Thierry von Chartres, im Einklang mit Lull und Meister Eckhart vertrat er die Ansicht, dass das Mysterium der göttlichen Trinität rational demonstrabel und mithin beweisbar sei. Auch hier wich er auffällig von der thomasischen Lehrtradition ab, denn danach blieb das Glaubensfaktum für den rationalen Diskurs letztlich unzugänglich. Im ersten Buch seiner *De docta ignorantia* bot Cusanus seinen Lesern denn auch im Wesentlichen zwei Neuheiten: eine neue Erkenntnismethode und die rationale Darstellung der Trinität. Cusanus setzte auf die intellektuell ergiebigeren Unbequemen, die oft an den Rand gedrängt worden waren; blieb er doch zeitlebens selbst ein randständiger Denker. Seine Bibliothek, deren einzigartiger Bestand in dem von ihm gegründeten Stift in Bernkastel-Kues verwahrt wird, birgt eine ansehnliche Zahl von Abschriften lullscher Texte. Der Katalane war es auch, der ihm hinsichtlich seiner ökumenisch ausgerichteten Schrift *De pace fidei* gedanklich vorgearbeitet hatte.

Die ausgewählte Rezeption griechischer Philosophen kennzeichnet die Arbeitsweise des Cusanus. Er pflegte Kontakte zu den byzantinischen Gelehrten Gemisthos Plethon und Bessarion von Nicäa, er studierte die Texte Platons, des Aristoteles, des Diogenes Laertios sowie des Dionysius Areopagita. Gewiss kannte er auch die *Summa theologica* des Thomas von Aquin, die Werke Alberts des Großen und vieler anderer der lateinischen Welt. Gerade der Albertismus sollte für ihn wichtig werden. Cusanus erfuhr Anregungen in Heidelberg, Köln, Padua und Paris, er wirkte in Basel, Brixen und Rom. Sein Werk zeigt einen Gelehrten von internationalem Format. Es gab eine Zeit, da man die Gedankenwelt des Cusanus als typisch deutsch ansah. Auch als das nationalistische Beiwerk abgetan war, wirkte diese Meinung fort. E. Cassirer ahnte die enge Verflochtenheit des Cusanus mit den Entwicklungen in Italien. K. Flasch hat die enge Konnotation zur italienischen Gedankenwelt am Spätwerk sichtbar machen können.[5] Der unsägliche Mythos vom deutschen Meisterdenker sollte im 20. Jahrhundert zurückgelassen werden.

Ich danke Thomas Meyer, der Teile des Manuskripts durchsah. Wertvolle Anregungen verdanke ich Burkhard Mojsisch, der mir, wie immer, beratend zur Seite stand. Hans Gerhard Senger danke ich für seine kollegiale Hilfe, die sich hier neu bewährt hat, aber schon über Jahre anhält. Nicht zuletzt möchte ich meiner Frau Dank sagen, die mich in meinem Vorhaben vielfältig unterstützte.

Dieses Buch ist Frau Anna Reuter zugeeignet, die das Geburtshaus des Cusanus in Bernkastel-Kues mit praktischem Sinn und Herzenswärme seit vielen Jahren verwaltet und das Vermächtnis dieses großen Mannes in so wunderbar menschlicher Weise an jeden Besucher ihres Hauses weitergibt.

1. Cusanus in der Zeit

Die Zeit

Das 15. Jahrhundert, in dessen ersten sechs Jahrzehnten Cusanus sein Wirken entfaltet, erscheint, obgleich vielschichtig bewegt, in der Nachbetrachtung blass. Eine krisenhafte Starre scheint über allem zu lagern. Dieser Eindruck täuscht. Gewiss befand sich das spätmittelalterliche Feudalsystem in einer tiefgehenden Entwicklungskrise. Aufschwung und Expansion der vorangegangenen Jahrhunderte gerieten ins Stocken. Aber die allumfassende Krise manifestierte sich weniger im Verfall als in der differenzierenden Umstrukturierung und neuartigen Komplexionierung der Gesellschaft insgesamt. Dabei konnten Tradition und Neuerertum – hier prunkende Turnierritter, da schlicht gewandete Humanisten – durchaus nebeneinander bestehen.

Sozialökonomisch stellte die Umstellung von der Naturalien- auf die Geldwirtschaft das wohl gravierendste Problem dar. Alte Abhängigkeitsformen verschwanden, neue waren im Entstehen begriffen. Innerhalb dieses Umschwungs gewannen die Städte ökonomisch die Oberhand über das Land. Damit übernahm die urbane Kultur gegenüber dem ländlichen Milieu auch die kulturelle Führung. Jene städtische Dynamik mit all ihren Verheißungen und unkalkulierbaren Risiken begann auch mentalitätsgeschichtlich zu dominieren.

Die zunehmende Ineffizienz naturalwirtschaftlicher Ökonomie erzwang es insbesondere in der ersten Hälfte des 15. Jahrhunderts, eine qualitativ neue Stufe der Anpassung ihrer Herrschaftsmechanismen in Angriff zu nehmen, wobei frühbürgerliche Wirtschaftsformen durch den Adel zu integrieren waren. Politisch hatte dies zur Folge, dass der Ausbau zentral organisierter Monarchien sowie der Umbau der Landesherrschaft zum Territorialstaat vorangetrieben wurden. Der Aufstieg frühmoderner Partikularstaaten mit institutionell sich festigender Flächenhoheit setzte ein. Die daraus resultierenden Spannungen zwischen den gesellschaftlichen Schichten und Ständen, aber auch die in der Folge sich verschärfenden Gegensätze innerhalb der herrschenden Eliten erzeugten eine erhöhte Konfrontationsdynamik, die zugleich auf das Verhältnis zur Papstkirche durchschlug. Ihr universaler Herrschaftsanspruch wurde zunehmend infrage gestellt. Das Verhalten des französischen Königs war hierfür symptomatisch. Das Schisma von 1378 machte nur zu deutlich, wie sehr die Politik des avignonesischen Papstes ins Schlepptau französischer Interessen geraten war.

Die Konzilien von Konstanz und Basel versuchten sich an einer Lösung des Schismaproblems. Das Schisma hatte schmerzlich bewusst werden lassen, wie fehlbar das Papsttum sein konnte. Laut wurde der Gedanke vorgetragen, dass es eines politisch wirksamen Korrektivs bedürfe, um die Geschlossenheit der katholischen Christenheit dauerhaft zu wahren, wobei einige Konzilsbefürworter auch der Dezentralisierung kirchlicher Macht das Wort redeten. Die Grundsätze der vornehmlich nominalistisch ausgeformten Konsenstheorie, auf die sich jene stützten, ging davon aus, dass alles, was die Gläubigen betraf, auch von diesen – im Rahmen eines repräsentativen Wahlsystems – gemeinsam entschieden werden sollte; die Modalitäten für das Zusammenspiel von Papst und Konzil wurden kontrovers diskutiert.

Andererseits hatte das Konzil von Basel allen vor Augen geführt, wie langwierig und enervierend konsensual angelegte Entscheidungsprozeduren sein konnten. Der innere Zusammenhalt der Kirchenorganisation, der zunehmend von territorial ausgebildeten Egoismen belastet wurde, war recht problematisch geworden. Die nötige Effizienz war so nicht zu erzielen. Es mag dies ein Grund dafür gewesen sein, dass eine Reihe von Konzilsbefürwortern, darunter auch Cusanus, den Baslern den Rücken kehrte, um nun einer straff geführten Einheitskirche das Wort zu reden.

Dem Bestreben, die kircheninternen Abläufe organisatorisch zu vereinheitlichen, kam eine Epoche machende Erfindung zugute: der Buchdruck. Sozusagen als Nebenprodukt der typographischen Vervielfältigung ergab sich, dass man von nun an das Kopieren von Texten standardisieren konnte. Verwaltungsakte, von der Langsamkeit der Schreibstuben zunehmend unabhängig, gewannen so an Effizienz. Um den kurialen Willen auch im letzten Winkel eines abgelegenen Kirchensprengels unverfälscht kundtun zu können, bedurfte man einheitlicher liturgischer Texte, die weder durch territoriale Gewohnheiten noch durch die Eigenheiten der Schreiber verändert sein durften. Cusanus hat auf den Kirchensynoden von 1453, 1455 und 1457 immer wieder seiner Forderung nach einheitlich redigierten Messbüchern Nachdruck verliehen. Diese bildeten die Gewähr dafür, dass der Gottesdienst nach einem einheitlichen Ritus abgehalten wurde. Wie Giovanni Andrea Bussi in seiner Ausgabe der *Epistulae* des Hieronymus von 1468 erwähnt, sei es dem Kardinal Cusanus zuzuschreiben, dass »diese heilige Kunst (haec sancta ars), deren Entstehen damals in Deutschland sichtbar wurde, nach Rom verpflanzt wurde«[6]. 1465 hatte Bussi, seit 1464 Bischof von Aleria, mit Unterstützung des Kardinals Torquemada im Benediktinerkloster Subiaco die erste italienische Druckerei eingerichtet. Wie sehr Cusanus ein Förderer der neuen Kunst wurde und ob er Johannes Gutenberg tatsächlich gekannt hat, ist umstritten. Cusanus war immer in die Schlichtungsbemühungen hinsichtlich der Mainzer Stiftsfehde 1459 involviert und hatte sich bereits mehrfach in der Stadt, in welcher der erste Kirchenfürst des Reiches residierte, aufgehalten. Gesichert ist, dass sich ein Exemplar des *Catholicons*, eines von Johannes Balbus de Janua (von Genua) verfassten lateinischen Wörterbuches mit Grammatik, das 1460 im Gutenberghof zu Mainz gedruckt wurde, in seinem Besitz befand. Hier ging – wie das Kolophon des *Catholicons* bezeugt – der Beifall für die Neuerung mit dem Lob der Kirche noch zusammen.[7] Auch war Cusanus als Bischof von Brixen für die Anschaffung einer 42-zeiligen Gutenberg-Bibel verantwortlich.

Leben und Werke

Cusanus ließ 1449 – ihm war als Kardinal soeben seine Titelkirche S. Pietro in Vincoli angewiesen worden – eine kleine Autobiografie niederschreiben, in der sein Stolz über das Erreichte unüberhörbar mitschwingt. Am 11.1.1450 endlich sollte ihm Nikolaus V. den roten Hut aufsetzen. Cusanus befand sich im Zenit seiner kirchenpolitischen Karriere, die er wie folgt Revue passieren lässt:

»Ein Mann namens Johann Cryftz [Krebs], ein Schiffer, zeugte mit der im Jahr des Herrn 1427 verstorbenen Katharina, Tochter des Hermann Roemer, zu Kues in der Diözese Trier den Herrn Nikolaus von Kues, der kurz nach Vollendung seines 22. Lebensjahres den Doktorgrad der Universität Padua erwarb. In seinem 37. Lebensjahr wurde er von Papst Eugen IV. nach Konstantinopel gesandt; er brachte den Kaiser der Griechen, den Patriarchen und 28 Erzbischöfe der Ostkirche mit, die auf dem Konzil von Florenz den Glauben der Hl. Römischen Kirche annahmen. Dieser Nikolaus trat für Eugen ein, der von der beratenden Versammlung in Basel zu Unrecht abgesetzt worden war, während Herzog Amadeus von Savoyen als Gegenpapst in das Papsttum gedrängt wurde, der sich Felix V. nannte. Dieser Herr Nikolaus wurde von Papst Eugen zum Kardinal in petto erwählt. Sogleich nach Eugens Tod wurde er noch vor seiner Publikation von Papst Nikolaus V. erneut erwählt und mit dem Titel St. Peter in Ketten in das Kardinalspresbyterium erhoben. Die Publikation erfolgte am ersten Quatember nach Aschermittwoch im Jahre des Herrn 1449, in dem der Gegenpapst Amadeus auf seinen Papsttitel verzichtete. Damit alle erfahren, daß die Hl. Römische Kirche nicht auf Stellung oder Abstammung bei der Geburt sieht, vielmehr eine überaus freigebige Vergelterin wohlverhaltener Gesinnung ist, ließ der Kardinal selbst diese kurze Biographie am 21. Oktober 1449 zur Ehre Gottes aufzeichnen, als er in Kues weilte [...] um dann sogleich den Weg zum Apostolischen Stuhl zu nehmen. Denn er hatte sich vorgenommen, zu Beginn des folgenden Jubeljahres beim Hl. Stuhl in das Amt eingeführt zu werden. Dazu wurde er durch Apostolische Befehle genötigt, obwohl er sich lange geweigert hatte, die Kardinalswürde anzunehmen.«[8]

Cusanus, Sohn eines Moselschiffers und Kaufmanns, wuchs in einem vermögenden Haushalt auf. Gleichwohl, im ständischen Gefüge der spätmittelalterlichen Welt galt der gutbetuchte Kaufmann nicht eben viel. Diesen gesellschaftlichen Makel durch eigene Leistung getilgt zu haben, daraus speist sich der kaum gebändigte Stolz des Kaufmannssohns. Die Nachrichten aus seiner Frühzeit sind spärlich. Noch bevor er in Padua Kirchenrecht studierte, immatrikulierte er sich 1416 an der Universität Heidelberg, die er ein Jahr darauf als Bakkalaureus der freien Künste verlassen haben kann. Die Matrikeleintragung lautet: »Nycolaus Cancer de Coeße clericus Treverensis dyocesis.«[9] In Padua hörte er kirchliches Prozessrecht bei Prosdocimus de Comitibus (1370-1450). Hier dürfte er auch mit den konziliaristischen Ideen des Francisco Zabarella (1394-1411) vertraut geworden sein. Seine Freundschaft mit dem Mathematiker, Arzt und Astronomen Paolo Toscanelli (1397-1482) nahm hier ihren Anfang. 1424 versah er für kurze Zeit Sekretärsdienste bei Kardinal Orsini und hielt sich in Rom auf, wo er auch Kontakt zu italienischen Humanistenkreisen suchte. Ein Jahr darauf las er Kirchenrecht in Köln und betrieb intensive Quellenstudien zur Rechtsgeschichte. Cusanus sollte zu einem der ersten Rechtshistoriker seiner Zeit werden. Im Kölner Matrikelbuch stand selbstbewusst: »Nycolaus de Cusa doctor in iure canonicc Treverensis dyocesis.«[10]

Durch Heymericus de Campo (gest. 1460) wurde er mit dem neuplatonisch gefärbten Aristotelismus Alberts des Großen (1206-1280) bekannt gemacht. Heymericus führte ihn auch in das Werk des Ramon Lull (1232-1316) ein.

Der frisch gekürte Jurist verdingte sich 1427 zunächst beim Trierer Erzbischof Otto von Ziegenhain, seine Beziehungen zur römischen Kurie, die er bereits in Padua hergestellt haben dürfte, vertiefend. Eine Lehrberufung nach Löwen schlug er 1428 aus. Er wählte die kirchliche Laufbahn. 1430 erfolgte die Priesterweihe.

Als Sekretär des Grafen Ulrich von Manderscheid verfocht er dessen Ansprüche auf den vakanten Trierer Bischofsstuhl vor dem 1431 einberufenen Konzil zu Basel. Die Sache führte er nicht zum Erfolg, aber dem Rechtsgelehrten eröffneten sich, als er 1432 in das Konzilskollegium inkorporiert wurde, völlig neue Möglichkeiten. Cusanus, der sich aktiv an der umfänglichen Konzilsarbeit beteiligte, gewann die Gunst des Konzilspräsidenten und Kardinallegaten Julian Cesarini (1398-1444). Wie dieser sah Cusanus die Einheit des katholischen Christentums nur in der Einheit von Papst und Konzil gewährleistet, um das eben überwundene Schisma nicht erneut zum Ausbruch kommen zu lassen. 1433 legte er Cesarini und dem am Konzilsort eintreffenden Kaiser Sigismund seine Reformideen zu Kirche und Reich in *De concordantia catholica* vor. Mit dieser umfänglichen Kompilation, in der Wege zur Eintracht in zentralen Punkten der Reichs- und Kirchenpolitik aufgezeigt und aus vielerlei Quellen begründet werden, setzte Cusanus ein Achtungszeichen und bewies seine juristische Kompetenz.

Ein Resultat seiner Quellenstudien sollte sein, dass Cusanus – noch vor Lorenzo Valla – Zweifel an der Echtheit der Konstantinischen Schenkung (einer Fälschung in Urkundenform, der zufolge Kaiser Konstantin I. dem römischen Bischof Silvester u.a. kaiserliche Gewalt übertragen habe) kamen. Er hatte sich zwar in einer Schrift zur Oberhoheit des Konzils über päpstliche Entscheidungen bekannt, dennoch lag ihm daran, dass sich das Konzil nicht ohne oder gegen den Papst artikulierte. Als das Konzil sich gegen die herrische Art Eugens IV. zunehmend eigenständig profilierte, zerbrach das mühsam austarierte Gleichgewicht der Kräfte. 1437 eskalierte der Konflikt. Cusanus schloss sich, wohl ein neues Schisma vor Augen, dem päpstlichen Legaten Cesarini an und verließ Basel. Er wurde Mitglied jener Gesandtschaft, die nach Konstantinopel aufbrach, um den bedrängten Kaiser für eine Union mit der römischen Kurie zu gewinnen. Die Griechen fanden sich zu Verhandlungen in Ferrara ein. Die päpstlichen Unterhändler erreichten auch, dass die Unionsverhandlungen 1439 nach Florenz verlegt wurden. Damit war die Gesandtschaft der Basler ausmanövriert und die päpstliche Seite konnte einen bedeutenden politischen Prestigegewinn verbuchen. Der ausgehandelte Kompromiss wurde von den latenten Interessenskonflikten alsbald wieder zerrieben. Das Unionskonzil von Ferrara/Florenz wurde in anderer Weise bedeutsam, weil hier die neuplatonische Tradition der byzantinischen Griechen auf den scholastischen Aristotelismus europäischer Theologen traf.[11] Im Gefolge dieser Zusammenkunft erlebte die Rezeption der griechischen Tradition einen mächtigen Aufschwung. Der lateinische Aristotelismus, so wie ihn in recht fragilen Gedankenkonstruktionen Albert der Große und Thomas von Aquin zu einem Amalgam von aristotelischer Wissenschaft und christlichen Glaubenssätzen zusammengefügt hatten, wurde zum Stein des Anstoßes. Der junge Cusanus hat eben jenen antiaristotelischen Impuls in seine Philosophie aufgenommen. Er sollte auf der Überfahrt nach Konstantinopel die Gelehrten Bessarion von Nicäa (1403-1472) und Gemischos Plethon (1385-1450) näher kennen lernen. Ersterer wurde später zum Kardinal erhoben und blieb ein Freund des Cusanus. In Konstantinopel erwarb Cusanus griechische Abschriften aus den Werken des Neuplatonikers Proklos. Dieser philosophische Zugewinn war dem Gelehrten Cusanus von eminenter Bedeutung. Die Verhandlungsergebnisse rückten ihn in die erste Reihe europäischer Kirchenpolitiker. Seither galt er aber auch als Steigbügelhalter des Papstes.

1433 griff Cusanus in die Diskussionen um die Irrtümer der Böhmen ein. Sie forderten die Darreichung des Heilssakraments in Form von Brot und Wein auch für Laien und die Reform der Kirche an Haupt und Gliedern. Inzwischen in jene Konzilskammer aufgerückt, die mit der Angelegenheit befasst war, legte Cusanus in seiner Stellungnahme dar, dass die Böhmen irrten, wenn sie den Empfang der Sakramente unter beiderlei Gestalt einforderten; gleichwohl trat er für eine vorsichtige Flexibilisierung der rituellen Praxis ein.

Nachdem er die Seite gewechselt hatte, konnte der massiv vorgetragene Vorwurf nicht ausbleiben, er habe, eigensüchtige Interessen in den Vordergrund stellend, die reformerische Sache der Konziliaristen verraten. Dieser Vorwurf lastete fortan auf all seinen Vorhaben. Die Verteidigung des Cusanus ist weder in dem 1441 abgefassten *Dialogus concludens Amedistarum errorem ex gestis et doctrina concilii Basilensis* noch in dem Brieftraktat an Rodrigo Sanchez, *De potestate romanae ecclesiae* (1442), glänzend ausgefallen, wenngleich in den Schriften geltend gemacht wird, dass das Konzil seinen Auftrag, die Christenheit zu einen, verfehlt und ein neues Schisma heraufbeschworen habe. Mit Felix V. war schließlich vom Konzil ein, allerdings glückloser, Gegenpapst inthronisiert worden. Durch die Union mit den Griechen, so führte Cusanus an, sei immerhin die schwärende Wunde der Entfremdung von der Ostkirche geschlossen worden. In *Apologia doctae ignorantiae* lässt er seinen Mitunterredner über sich sagen: »Du weißt [...], daß niemand den Baslern mit solch entschiedenem Eifer Widerstand leistete wie unser Lehrer.«[12] Das war gegen das eigene Gewissen angesprochen.

Zu der Zeit mühte sich Cusanus, zunächst von Eugen IV. und dann von Nikolaus V. ermächtigt, die deutschen Fürsten von ihrer klug eingefädelten Politik der Neutralität abzubringen. Er setzte seine ganze Beredsamkeit ein, um deren Gunst von den Konziliaristen, die noch immer in Basel tagten, abzuziehen und zur päpstlichen Seite hinüberzulenken. Die Fürsten galten als das Zünglein an der politischen Waage. Sie gingen nach ihrem Vorteil. Cusanus bereiste die Reichstage zu Mainz (1441), zu Frankfurt (1442) und zu Nürnberg (1444), um die Fürsten des Reiches für die päpstliche Sache einzunehmen: Er hatte Erfolg. Der »Herkules der Eugenianer« ermöglichte es, dass auf dem Fürstentag von Aschaffenburg (1447) ein Fürstenkonkordat abgeschlossen wurde, worin dem Papst weiterhin Rechte im Reich gesichert waren. Auf diesen diplomatischen Erfolg hin schloss Friedrich III. (1440-1493) das Konkordat von Wien. Dieser kirchenpolitische Triumph zwang 1449 den Gegenpapst Felix V. abzudanken. Im Jahr darauf löste sich das Konzil von Basel auf. Die päpstliche Seite hatte nun zwar kirchenintern Handlungsfreiheit gewonnen, aber sie musste in den Konkordatsabschlüssen den territorialstaatlichen Herrscherinteressen Zugeständnisse machen. Der scheinbare Sieg des Papsttums war in Wahrheit ein Sieg der Fürsten, die fortan die kuriale Politik stärker beeinflussten.

In den Auseinandersetzungen hatte sich Cusanus auch mit ehemaligen Weggefährten zu messen, die ihm den Seitenwechsel nicht verziehen. Einer von ihnen, Gregor von Heimburg – ein brillanter Jurist auch er –, stellte sich ihm entgegen. Wo Cusanus auf diplomatische Schwierigkeiten stieß, war auch Gregor von Heimburg bald zugegen, um die Sache der Gegenpartei zu der seinen zu machen und ihm geschliffen Paroli zu bieten. Wo immer es ging, hielt er Cusanus den Spiegel vor.

Cusanus hatte trotz aller Beteuerungen sein Kirchenverständnis doch merklich modifiziert. Es mochte ja sein, dass die Kirchenreform von unten im Angesicht der endlosen konziliaren Rankünen als aussichtslos anzusehen war, sodass nunmehr die Reformidee auf die vermeintlich »bessere« Seite hinüberzuretten war, von wo aus er sie als Reform von oben weiterzutreiben gedachte. Schwer wird es bleiben, hier das Karrierekalkül von der politischen Illusion zu scheiden. Deutlich wurde nach dem Übertritt allerdings, dass Cusanus das hierarchische Moment in seinen nachmaligen Verlautbarungen stärkte. Insofern hatten seine Gegner so Unrecht nicht: Cusanus war nicht einfach übergewechselt, um seinem Ideal treu bleiben zu können, vielmehr hatte er das Ideal erheblich »erleichtert«. Das Dilemma des Kirchenreformers Cusanus, das sich in seiner Brixener Zeit zu einem regelrechten Desaster auswachsen sollte, war hier bereits angelegt. Seine Reformversuche, die er aus dem Inneren der Kirchenorganisation heraus vorzutragen suchte, scheiterten nicht nur an widrigen Umständen, wie sie machtbesessene und missgünstige Naturen auftürmen konnten, sondern auch daran, dass seinen Ideen von der Institution immer schon Fesseln angelegt waren – der Reformschnitt war nicht allzu tief anzusetzen. Zudem waren seine Reformabsichten an einem Ideal ausgebildet, das die Kirche auf der verklärten Höhe ottonischer Zeiten sah, sodass sich zwischen reformerischer Radikalität und den zeitgemäßen Möglichkeiten ein gefährlicher Riss auftat. Die Brixener Ereignisse legten diesen Widerspruch offen. Es nutzte wenig, wenn der Kardinal selbst seinem Ideal lebte, indem er jegliche Prunkentfaltung bekämpfte und mit oft gelobter Selbstdisziplin sein Seelsorgeamt peinlich genau versah. 1460 etwa hatte er an den Kanzler Bernhard von Krayburg geschrieben: »Mit tiefem Leidwesen schreibe ich das, überzeugt, daß das Reich der Kirche sich vollkommen auflösen muß, da es innerlich geteilt ist, keineswegs in der Hoffnung, durch meine Vorschläge etwas ändern zu können; denn ich weiß, sie sind an Widerspenstige erteilt, und jeder sucht nur seinen Vorteil.«[13] Resignation allenthalben; verdächtig oft forderte der alternde Cusanus nun den unbedingten Gehorsam ein. Er mochte die Mühen der diplomatischen Konsenssuche immer weniger auf sich nehmen.

Auf zwei Ereignisse im Leben des Cusanus ist gesondert einzugehen. Zum einen ist seine fast zweijährige Legationsreise durch Deutschland und die angrenzenden Gebiete zu nennen, auf der er im Auftrag von Papst Nikolaus V. die dortigen Einrichtungen umfassend visitierte. Nachdem er 1450 offiziell die Kardinalsinsignien empfangen hatte, erfolgte am 24.12. seine Ernennung zum Legaten. Cusanus sollte den Jubelablass des Jahres 1450 in Deutschland verkünden. Ausgestattet mit Sondervollmachten, ging er daran, eine Generalreform dieser Kirchengebiete ins Werk zu setzen. Der einzigartigen Unternehmung folgte alsbald die Ernüchterung, denn trotz vielfältigen Bemühens war es dem Kardinal nicht gelungen, die Dinge in seinem Sinne zu wenden. Er entging knapp einem Attentat, örtliche Interessen dominierten, Privilegien wurden ins Feld geführt und seine Kompetenzen beargwöhnt; man erhob schließlich Beschwerde beim Papst. Der Reform erwuchs ernst zu nehmende Gegenwehr aus dem Umstand, dass Cusanus die Repräsentanten der deutschen Kirche fester an Rom zu binden trachtete. Der bis dahin Erfolgverwöhnte hatte mit dieser Mission seinen kirchenpolitischen Zenit überschritten.

Zum anderen ist auf die Zeit einzugehen, in der Cusanus, nunmehr Bischof von Brixen, energisch versuchte, die geschwächte kirchliche Macht in seiner Diözese gegen die landesherrschaftlichen Ambitionen des Tiroler Grafen und späteren Herzogs Sigmund (1427-1496) zu stärken. Am 23.3.1450 war Cusanus vom Papst zum Bischof von Brixen gekürt worden. Allerdings war die Einsetzung in dieses Amt mit einem Geburtsfehler behaftet, denn sie erfolgte realiter 1451 kraft königlicher Belehnung und gegen den erklärten Willen des Brixener Domkapitels. Seine Ernennung stand gegen eine legitime Wahl. Auch die nachträglich verbrieften Rechte vermochten daran wenig zu ändern. In Brixen residierte Cusanus ab 1452 und fand eine verschuldete Kirche vor, die er zunächst, dank seines kaufmännischen Geschicks, sanierte. Er straffte nicht nur den Einzug der Einnahmen, sondern ließ sich vom Kaiser die Bergrechte bestätigen. Cusanus kalkulierte modern, wenn er den Erzabbau zur favorisierten Einnahmequelle erkor. Auch suchte er sukzessive die verloren gegangenen Privilegien und weltlichen Herrschaftsrechte wiederzugewinnen. Zu diesem Zweck unterzog sich der Kardinal einem intensiven Aktenstudium, um die Rückgabe der vom Herzog entfremdeten Temporalien urkundlich stützen zu können. Hier leistete Cusanus, der von der Macht des überkommenen Rechts Überzeugte, Erstaunliches, um den Säkularisierungsbestrebungen des Herzogs Einhalt zu gebieten. Der Arbeitseifer des Fürstbischofs brachte die Diözese in Bewegung; er reformierte die Buchhaltung ließ Klöster visitieren, ging hart gegen den Verkauf von geistlichen Ämtern und gegen das Konkubinat des Klerus vor.[14]

Es schien zunächst, als sollte sein konsequent vorangetriebenes Vorhaben den Widerstand überwinden können. Der aber wuchs, was auch Cusanus nicht entging. So bemerkt er 1454 in einem Schreiben: »Meinem Domkapitel gefällt nicht mein Eifer, denn sie möchten den Frieden mit dieser Welt haben. Alle scheinen sich gegen meinen heiligen Vorsatz zu verschwören. Die Drohungen der Adligen nehmen zu, der Herzog tut so, als wüßte er nichts, oder begünstigt die Gegner.«[15] Der Kardinal genoss weder die Loyalität der Brixener Kirche, noch war Herzog Sigmund willens, die Einschränkung seiner landesherrschaftlichen Befugnisse – vor allem der um seine Einkünfte besorgte Adel rebellierte – hinzunehmen. Seiner Reform, mit der Cusanus ein Musterbistum installieren wollte, fehlte der gesellschaftliche Konsens. Daran änderte sich nichts, als er ab 1455 seine Diözese einer Untersuchung unter Einbeziehung von Laien unterzog. Der Herzog blickte, darin mit dem heimischen Adel im Einvernehmen, mit Verachtung und wachsender Feindschaft auf den bürgerlichen Emporkömmling. Die adligen Damen der Abtei Sonnenburg ließen den Kardinal seine inferiore Abkunft spüren; sein Reformeifer zerbrach an ihren Mauern.

Bis zur Wende des Jahres 1456/57 hielten Cusanus und der Herzog eine leidlich stabile Beziehung aufrecht. Cusanus sah sich sogar in der komfortablen Lage, dem Herzog einen bedeutenden Kredit zu gewähren. Unter dem Druck des Tiroler Adels brach Sigmund 1457 schließlich das Stillhalteabkommen. Der Vorwurf des Nepotismus lieferte den Vorwand. Cusanus, der schließlich im Verbund mit Papst und Kaiser gegen den Herzog agierte, hatte indes das Kräfteverhältnis falsch eingeschätzt, denn als Sigmund zur offenen Konfrontation schritt, zeigte sich, wie mäßig der Schutz ausfiel, den ihm seine auswärtigen Gönner bieten konnten. Um sein Leben fürchtend, floh Cusanus im Juli 1457 zur Feste Buchenstein und harrte dort bis zum September des nachfolgenden Jahres aus. Pius II. riet zum Nachgeben, um den Herzog für den Türkenkreuzzug günstig zu stimmen. 1458 hatte Cusanus endlich Schnee und Berge hinter sich gebracht, um sich in die kurialen Geschäfte gefangen zu geben. Von hier aus betrieb der Gedemütigte energisch seine Wiedereinsetzung. Der kurzen Rückkehr nach Brixen im Jahre 1459 folgte alsbald ein militärisch geführter Schlag des Herzogs, der den Kardinal in Buchenstein einkreisen und gefangen setzen ließ. Sigmund zwang ihn zu schmählicher Kapitulation. Der Papst belegte den Herzog daraufhin mit dem Kirchenbann; lange Jahre diplomatischer Scharmützel schlossen sich an, die auf der Seite des Tiroler Landesfürsten inzwischen Gregor von Heimburg für seinen Dienstherren ausfocht. 1464, am Ende seiner Tage, willigte Cusanus in einen Vergleich ein, in dem er sich verpflichtete, einen Vertreter in der Diözese residieren zu lassen, während Sigmund die päpstliche Absolution erhielt. Die Hoffnung auf eine Lösung des Brixener Problems welkte ebenso, wie Cusanus der Querelen mit der römischen Kurie überdrüssig wurde. Er hoffte indes, dass die Schläge, die die Christenheit von den Türken erhielt, die Kirche aus ihrer Lauheit reißen und zu neuer Bewegung treiben würde. Eine verfolgte Kirche stieg immer zu neuem Glanz auf. Zog er Zweckoptimismus aus dieser Schicksalsgetriebenheit? Pius II. jedenfalls band Cusanus eng in die Kurienarbeit ein. Bereits 1457 hatte er ihn gedrängt: »Eines Kardinals Vaterstadt ist Rom allein. [...] Unpassend ist jede Entschuldigung: Ich werde doch nicht gehört, wenn ich zum Rechten mahne. Die Zeiten ändern sich nämlich, und wer einst verachtet war, wird nun ganz besonders geehrt. Komm also, ich beschwöre dich, komm! Denn nicht gerade deine Kraft darf eingeschlossen in Schnee und dunklen Tälern dahinsiechen. Ich weiß, daß es viele gibt, die dich sehen, hören, dir folgen wollen, unter denen du mich stets als gehorsamsten Hörer und Schüler finden wirst.«[16]

Am 11.1.1459 wurde der Kardinal mit dem päpstlichen Stellvertreteramt betraut. Der Generalvikar in temporalibus wusste in Abwesenheit des Papstes die Geschicke des Kirchenstaates klug zu leiten. Neben Juan de Torquemada (gest. 1468) galt Cusanus als der angesehenste Theologe und Kirchenjurist der Kurie. Er berief am 10.2.1459 eine Reformsynode ein, um eine Reform der Kurie zu beginnen. Seine diesbezüglichen Vorstellungen legte er in seiner *Reformatio generalis* nieder, die sich auf das Haupt der Kirche, was die Kardinäle – das sog. kleine Konzil – und den Papst selbst einschloss, erstrecken sollte. Deren Leitideen gaben die Grundlage für die Reformbulle *Pater aeternis* ab. Als der Papst starb, versandete die Reform in der Maschinerie einer Kommission. Die Bulle ist nie publiziert worden.

Noch einmal sollte der Kardinal eine Reform – wenn auch nur im lokalen Rahmen – beginnen dürfen. 1463 übertrug ihm der Papst eine Abtei bei Orvieto. Cusanus befriedete auf Geheiß des Papstes zunächst die sich befehdenden Stadtparteien, um sich sodann als Reformer zu betätigen. Seine Anstrengungen verfingen sich jedoch im Interessensgestrüpp und erregten den heftigsten Unmut der Bürger. Der Kardinal, nach Rom beordert, musste die weitere Beförderung der Reform aufgeben. Die Klagen einer Gesandtschaft aus Orvieto, die sich über Maßnahmen seines Vertreters ereiferten, erreichten ihn am 16.7.1464 in der umbrischen Bergstadt Todi. Cusanus rang bereits mit dem Tod. Am 11.8.1464 schloss er für immer die Augen.

Seine sterbliche Hülle wurde in seiner Titelkirche beigesetzt; das Herz jedoch verbrachte sein Sekretär Peter von Erkelenz wunschgemäß in die Kapelle des 1458 von ihm gestifteten Hospitals in Kues. Vom Hospital beschirmt, überdauerte auch die einzigartige Bibliothek des Cusanus die nachfolgenden Jahrhunderte ohne auszehrende Verluste. Sie beherbergt neben den eigenen Schriften Werke von Dionysius Areopagita, Scotus Eriugena, Anselm von Canterbury, Bernhard von Clairvaux, Ramon

Lull, Albertus Magnus, Thomas von Aquin, Johannes Duns Scotus, Meister Eckhart, Heinrich Seuse und vielen anderen.

Um 1440 trat der Rechtsgelehrte, Diplomat und Handschriftensucher Cusanus mit einer philosophischen Arbeit in drei Teilen hervor. Dieser Entwurf war in seinen frühen Predigten vorbereitet. Die Predigten gehören zur Geschichte seines Denkweges, sind also keineswegs als minderwertig abzutun. Die drei Bücher von *De docta ignorantia* behandeln das Konkordanzthema in der Form einer Einheits-Vielheits-Philosophie. Cusanus verließ die Pfade scholastischer Universitätsphilosophie, um seine Methode des wissenden Nichtwissens und das Koinzidenzdenken vorzustellen.

Um 1444 folgte *De coniecturis*. Über die Mutmaßung philosophierend, baute er seine Intellektlehre mithilfe neuplatonischer Begriffsmittel aus und brachte gewichtige Korrekturen an seinem Begriff von Koinzidenz an. Auch gab er die Abschrift des *Opus tripartitum* von Meister Eckhart in Auftrag. Zwischen 1445 und 1448 verfasste er in dichter Folge *De deo abscondito, De quaerendo deum, De filiatione dei, De dato patris luminum, De genesi* sowie *Coniectura de ultimis diebus*. Daneben verfertigte er kleine mathematische Traktate, in denen er versuchte, die Kreiszahl π näherungsweise zu bestimmen. 1449 hatte er sich der Anwürfe des Heidelberger Scholastikers Johannes Wenck (gest. 1460) zu erwehren, der ihn für einen Zerstörer jeglicher Theologie und überdies für einen Pantheisten vom Schlage des 1329 verurteilten Meister Eckhart hielt. Überlegen begegnete Cusanus in *Apologia doctae ignorantiae* den professoralen Attacken, um schließlich mit dem Aristotelismus seines Kontrahenten abzurechnen.

Seit 1450 flossen drei Schriften aus der Feder des Cusanus, die einen Höhepunkt in seinem Schaffen darstellten: *Idiota de sapientia, Idiota de mente* und *Idiota de staticis experimentis*. Die drei Dialoge, mit dem scholastisch unverdorbenen Laien im Mittelpunkt, bieten die entwickelte Form der cusanischen Intellektphilosophie, die zudem in praktischen Messverfahren Anwendung findet.

In den unruhigen Zeiten der Brixener Auseinandersetzung entstanden, neben rein mathematischen Abhandlungen, *De pace fidei* und *De theologicis complementis*. Im Jahre 1453 ließ Cusanus die *Ethica Nicomachia* sowie die *Metaphysica* des Aristoteles – die Bessarion nachkorrigierte – für sich abschreiben.

In seinem Bestreben, das religiöse Leben zu erneuern, orientierte er sich an dem regeltreuen Leben der Windesheimer Kongregation. Die Klöster unterzogen sich strenger Reformregeln; das Benediktinerkloster Tegernsee gehörte dem Verbund an. 1451 trat Cusanus in regen Briefwechsel mit den Mönchen des Klosters. Zu ihrer Belehrung verfasste er *De visione dei* (1453) sowie *De beryllo* (1458), worin das Verhältnis von göttlichem und menschlichem Geist in den Mittelpunkt rückte, dem sich eine fundamentale Aristoteles-Kritik anschloss.

1459 schrieb Cusanus zwei kleine Werke: *De aequalitate* und *De principio*. In ihnen suchte er, mit neuplatonischen Denkmitteln versehen, den all-einen Gott in seiner universalen Begründungsfunktion schärfer zu fassen. Im Jahr darauf durchdachte er seinen philosophischen Ansatz vom Möglichkeitsbegriff her und legte die Ergebnisse im *Trialogus de possest* nieder.

Cusanus hat die Resultate seines Koranstudiums – die Auseinandersetzung war dem Vordringen der Türken geschuldet – in den Jahren 1460 bis 1461 in *De cribratio alkorani* ausgebreitet. Ein Jahr später folgte der hochspekulative Dialog *Directio speculantis seu li non aliud*, der seine Suche nach einem Koinzidenzbegriff im Begriff des Nicht-Anderen (non aliud) auf die Höhe brachte. 1463 schrieb er *De ludo globi*, worin er ein Spiel halb sphärisch gehöhlter Kugeln zum Ausgangspunkt für seine philosophischen Spekulationen über die Einübung von Tugenden nahm. In dem im selben Jahr abgefassten Traktat *De venatione sapientiae* trug er die Resultate seiner philosophischen Bemühungen zusammen, den Begriff des Werden-Könnens (posse fieri) dabei ins Zentrum stellend. Die Schrift entstand unter dem Eindruck der Lektüre von *Leben und Meinungen berühmter Philosophen* des Diogenes Laertios. 1464, in seinem Todesjahr, entstanden vermutlich die beiden letzten Schriften: *Compendium* und *De apice theoriae*, die hinsichtlich der Zeichenlehre und Könnensmetaphysik (posse ipsum) noch eine erstaunliche spekulative Höhe halten.

2. Deus – Universum – Mens

Selbstvergewisserung im wissenden Nichtwissen (docta ignorantia)

In seinem philosophischen Erstlingswerk – der Schrift *De docta ignorantia* – hat Cusanus seinem Gönner, dem Kardinal Julian Cesarini, eine »Denkmethode [...] in theologischen Dingen« dediziert, die er selbst als »kühnen Versuch« ankündigte.[17] Nicht mehr und nicht weniger wollte er, der bislang hauptsächlich als Kirchenrechtler in Erscheinung getreten war, gefunden haben als eine bis dahin nicht gekannte Art und Weise, über Gott, das Universum und die Bedeutsamkeit Christi nachzudenken. Seine Ansichten hierüber legte er in drei Büchern vor.

Der Terminus »docta ignorantia«, der der Schrift ihren programmatischen Namen verlieh, war indes nicht neu.[18] Cusanus weist in der *Apologia doctae ignorantiae* selbst auf seinen Gewährsmann hin: Augustinus. In dessen Brief an Proba hat es im Sinne der Illuminationslehre geheißen: »Es ist also in uns sozusagen ein gewisses wissendes Nichtwissen, das jedoch vom Geist Gottes weiß, der unserer Schwachheit zu Hilfe kommt.«[19] Cusanus konnte sein Programm einer neuen Denkungsart damit legitimieren. Mithilfe dieser Methode entzog er dem Logizismus, wie er im späten Mittelalter aufgekommen war, den Boden der Gewissheit. Zur Schaffung des neuen Methodengrundes bediente er sich einer überkommenen Lehre: der negativen Theologie.

Für Theologen des Mittelalters war unbestritten, dass Gott nicht wie ein Ding zu erkennen war, zu dem der Erkennende einfach hinzutrat, um ihn als »Gegenstand« auszuforschen. Ihm kam grundsätzlich nicht das zu, was Dinge kennzeichnete: nämlich Räumlichkeit und Zeitlichkeit. Es war nun eines, gegen fideistisch orientierte Gemüter anzuerkennen, dass Gott allein durch geistigen Zugriff würde erschließbar sein, es war aber ein anderes, das Metaphysikum »Gott« völlig enträumlicht und entzeitlicht hinsichtlich seiner schöpferisch-begründenden Funktion auch wirklich zu denken. Schon Augustinus hatte den Stoßseufzer getan, dass es sehr leicht sei, das Fleisch zu verwünschen, aber sehr schwer, nicht fleischlich zu denken. Wenn Gott, wie Cusanus annahm, strikt als aktuale Unendlichkeit zu denken war, dann musste dieser herausgehobene »Gegenstand« besonders streng entdinglicht behandelt werden, entzog er sich doch allen Begrenzungsversuchen.

Eine Antwort auf das Problem schien die sog. negative Theologie bereitzuhalten, indem sie von Gott alle positiven Bezeichnungen abzog. Proklos, der Neuplatoniker, hatte sie im Anschluss an Plotin entwickelt. Für die Denker des Mittelalters allerdings wurde sie erst über die Rezeption des Schriftenkorpus des Dionysius Areopagita bedeutsam, die mit Johannes Eriugena einsetzte. Als radikale Kritik am augenfälligen Denken und Sprechen wusste sie zwar zu sagen, was Gott nicht war, aber sie musste doch stets voraussetzen, was anschließend ihrem negativen Ingrimm anheim fiel. Sie blieb der positiven Theologie, die nun Gott solche Namen wie »Sein«, »Gutheit«, »Wahrheit«, »Einheit« usw. zubilligte, insofern verhaftet, als sie zu den Voraussetzungen ihrer destruktiven Arbeit kein geklärtes Verhältnis einnehmen konnte, außer dem der abstrakten Ausgrenzung. Die Bestimmung »Gott« stellte ja keineswegs nur eine von allen Besonderungen entleerte Abstraktion dar, sondern repräsentierte im theologischen Kontext zugleich auch immer eine moralische Instanz von unverzichtbar personalem Zuschnitt. Der normative Inhalt wollte ebenso gewusst sein wie der schöpferische Vorgang. Die negative Theologie vermochte die Gefahr, dass auf dem von allen Konkretionen gereinigten Boden sich hernach Beliebigkeit einnistete, nicht zu bannen. Dazu hätte sie bestimmte Inhalte als unverzichtbar favorisieren müssen, was gegen ihr Bestreben war. So konnten auch Theologen, die sich ihrer ausgiebig bedienten, auf die positive Theologie niemals ganz verzichten. Der Kompromiss war auch in der Sprachkritik bemerkbar, bediente sich die negative Theologie doch ebenjener Sprache, die sie als reinheitsverfälschend ablehnte. Zwar konnte sie einiges hinsichtlich der Abgrenzung vom normalen Sprachgebrauch leisten, gleichzeitig lief sie Gefahr, jeglichen Erklärungsanspruch ad absurdum zu führen, der für die Welterschließungsfunktion von Metaphysik grundlegend war. Allein auf die negative Theologie gestützt, konnte unmöglich bestimmt werden, was Gott aus sich selbst zu sein hatte und wie er aus sich schuf. Dazu hätten ihre Vertreter die Negation als sprachtranszendierendes Mittel nicht nur gebrauchen, sondern aus ihren eigenen Voraussetzungen auch positiv erklären müssen.

Die negative Theologie hatte Cusanus das Bewusstsein dafür geschärft, dass Gott streng ungegenständlich zu denken war. *De docta ignorantia* zeigte sich von der daraus gewonnenen Wissensskepsis bestimmt. Weit weniger war allerdings in dieser Theorieform das Bewusstsein entwickelt worden, dass man nicht einfach *von* Gott, sondern allein *in* Gott Erkenntnis erlangen konnte. Da es jedoch für Cusanus nichts gab, was sich göttlicher Allmacht entzog, musste jeder, der zu Erkenntnis gelangen wollte, innerhalb göttlicher Allgegenwart erkennen. Es erwies sich als undenkbar, sozusagen den »fremden Blick« auf Gott zu richten, gleich so, wie wenn ein Mensch vom Mond aus die Erde betrachtet. Man hätte – mit Dietrich von Freiberg, Meister Eckhart und Hegel – sagen können: Indem der Erkennende irgendein Etwas erkennt, erkennt sich in Wirklichkeit Gott mit und durch sich selbst! Bereits Johannes Eriugena hatte so gedacht.[20] Der göttliche Grund zeigte sich in jeder Erkenntnis, obgleich er weder sinnlich gegenwärtig noch begrifflich zu umschließen war. Hier setzten die Überlegungen des Cusanus ein, die in zwei Grundprinzipien spekulativen Denkens zusammenliefen: die Lehre vom wissenden Nichtwissen (docta ignorantia), die die ungegenständliche Denkmethode bereitstellte, und die Einsicht vom Zusammenfall der Entgegengesetzten (coincidentia oppositorum), wodurch gewiss wurde, dass alle Identitätsaussagen nach dem Widerspruchsprinzip nicht länger als letzte verlässliche Aussagen gelten konnten, sondern in der Vernunfteinsicht auf ihren all-einen Grund zurückzuführen waren. Einmal im Zusammenhang aufgestellt, standen die komplementären Denkprinzipien als »Markenzeichen« für das, was seither als die originäre Denkart des Cusanus angesehen wurde.

Die Methode des wissenden Nichtwissens ringt philosophisch um die menschenmögliche Wahrheit von Erkenntnis. Dies zeigt sich an zwei Themenfeldern, die seit *De docta ignorantia* abgearbeitet werden: Zum einen sucht Cusanus die Möglichkeiten menschlicher Wahrheitserkenntnis präzise zu bestimmen (hinsichtlich der Seelenvermögen verstärkt ab *De coniecturis*). Zum anderen entwickelt er die theologisch-dogmatischen Grundbestimmungen nach der Weise einer mathematischen Deduktion aus dem Geist, die in ihrer notwendigen Abfolge keinerlei Ungewissheit zu kennen scheinen. Erst ein solches, mittels des wissenden Nichtwissens kontrolliertes Wissen sichert ihm jenes Terrain, von dem seine pythagoreische Zahlenspekulation ihren Ausgang nehmen kann. Sie hat in *De concordantia catholica* noch ganz gefehlt, aber für Konkordanz und harmonischen Ordo (proportio) in der Welt optierte er auch hier. Hatte Cusanus im Vorgängerwerk das Scheitern des Intellekts – wobei dort die Trennung in Verstand (ratio) und Vernunft (intellectus) noch ausstand – bereits konstatiert, so überbrückte er dies mit dem Glauben (fides). Das trat ebenso zurück wie der Einfluss der Illuminationslehre, die von Augustinus überkommen war.

Ein Bündel von Anregungen dürfte es gewesen sein, in deren Verwertung Cusanus zur Methode des wissenden Nichtwissens gelangte. So sei an die Kenntnisse erinnert, die er aus dem Werk Meister Eckharts geschöpft hat. In dessen Predigt *Ubi est, qui natus est rex Judaeorum* – sie galt lange Zeit als unecht – kann man eine Auslegung des Nichtwissens finden, die der des Cusanus ähnelt. Eckhart, der zunächst die Art und Weise der göttlichen Geburt des Sohnes im Seelengrund darlegt, führt aus, dass ein Mensch, der ein reines, inneres Werk wirken will, alle seine Seelenkräfte von ihren Außentätigkeiten nach innen abzuziehen hat. Er muss die der Seele zufallenden Weltbilder ganz vergessen, um so in ein innerseelisches Nichtwissen zu kommen. Ist aber, so fragt der Thüringer Meister, das menschliche Heil auf ein Nichtwissen zu gründen, noch dazu, wo der Umstand, etwas nicht zu wissen, einen eklatanten Mangel darstellt? Mangelhaft muss das Nichtwissen bleiben, insoweit der Mensch darin verharrt. Man soll aus dem Wissen in dieses Nichtwissen gelangen, denn dann »werden wir wissend werden mit dem göttlichen Wissen, und dann wird unser Nichtwissen mit dem übernatürlichen Wissen geadelt und geziert werden«[21]. Von der Welt nichts wissen heißt, sein Wissen von der Phänomenebene gründlich abzukehren, um es allein aus der göttlichen Ursache zu empfangen, wo es wesentlich und unanfechtbar wahr ist, denn wirklich werden die Dinge nur in ihren Wesensursachen gewusst; und die sind im all-einen Gott. Indem jegliches zufällige Weltwissen abgestreift wird, ersteht göttliches Wissen, d.h. ein über die natürlichen Dinge hinausliegt des Wissen vom Grunde allen Seins. Diese Konstellation impliziert, dass man von der Welt als Äußerlichkeit nicht nur *nicht* wissen soll, was immer noch ein Wissen von dieser impliziert, vielmehr ist von ihr *nichts* abzumerken. Man muss also wissen, dass die reine Wahrheit von den Dingen, die allein hinter den Dingen und somit im alles begründenden Gott gefunden werden kann, nur zu erschließen ist, wenn man das zufällig angenommene Weltwissen wissentlich opfert, um unmittelbares Götteswissen als Gabe dafür zu empfangen. Wo jedoch Eckhart für die Unmittelbarkeit dieser Gabe optiert, sieht Cusanus über hundert Jahre später eine Barriere errichtet, denn für ihn ist die unmittelbare Erkenntnis prinzipiell unerreichbar geworden, weil der Mensch diese intellektkontrollierte Reinigungsprozedur immer nur annähernd, niemals jedoch vollendet realisieren kann.

Dass die Dingphänomene nur abbildhafte Erscheinungen ihrer Urbilder repräsentierten, war platonisches Allgemeingut. Gewusst wurde auch, dass mithilfe der intramentalen Anamnesis ein Durchbruch zur Wesenserkenntnis möglich sein würde. Noch die Neuplatoniker hatten gelehrt, dass man sich dann, wenn sich die Vernunft, befreit von jeglicher materiellen Verstellung, rein geistig auf sich selbst zurückwendete, an die Urbilder erinnern könnte. Das Modell hatte Augustinus in *De trinitate* zwar favorisiert, bezüglich der Gotteserkenntnis aber um die gnadenhafte Erleuchtung (Illuminationslehre) ergänzt, weil es in seinen Augen um ein spezielles Verhältnis ging, in dem nur die gnädige Selbstoffenbarung Gottes Erkenntnis ermöglichte.

Aber auch jene Denker, die zwischen menschlichem und göttlichem Erkennen einen grundlegenden Hiatus annahmen – wie etwa Thomas von Aquin –, hatten indes immer noch der Idee angehangen, dass sich über die Analogiebeziehung zwischen den in Gottes Einheit versammelten Urbildern und dem menschli-

37

chen Intellekt eine gewisse Form von abbildlich-identischer Repräsentation finden ließe. In dem Streit, wie dies näherhin zu denken war, wurde zwischen drei Arten von Repräsentationsverhältnissen unterschieden. Im Univozitätsverhältnis sollte bei unterschiedlichen Relaten eine Wesensidentität, im Analogieverhältnis eine Identität mit einbegriffener perspektivischer Unterscheidung und im Äquivokationsverhältnis eine schwache Identifikation angenommen werden. Meister Eckhart hatte das Analogieprinzip auf die Relation von Gott und Geschöpfen eingegrenzt, um für die univoke Korrelation zwischen göttlicher und menschlicher Vernunft Platz zu bekommen. In seiner Intellektlehre hatte er dem metaphysischen Prinzip, dass Gott ohne Mittel in allem ganz sei, besondere Geltung verschafft.

Während sich bspw. Meister Eckhart im Verhältnis von göttlichem zum menschlichen Intellekt für Univokation aussprach, hatte Thomas von Aquin ein solches Ansinnen rundweg abgelehnt und für die Analogie plädiert. Cusanus nun betrachtet es – vielleicht unter dem Einfluss spätnominalistischer Debatten – als unmöglich, eine prägnoseologisch und mithin ontologisch eingeführte Form von Identität festzusetzen. Diesen radikalen Bruch mit der mittelalterlichen Ontologietradition besiegelt er mit dem hierauf angewandten Disproportionalitätssatz. Dessen Intention steht gleichwohl der Lehre Eckharts näher als der des Thomas von Aquin. In *De docta ignorantia* wird der Satz so eingeführt:

»Die Disproportionalität (proportio non esse) des Unendlichen gegenüber dem Endlichen ist evident. Mit einleuchtender Klarheit folgt daraus, daß man zum schlechthin Größten (maximum simpliciter) nicht zu gelangen vermag, wo immer es ein Überschreitendes und ein Überschrittenes (excedens et excessum) gibt, da sowohl das Überschreitende wie das Überschrittene endliche Größen sind. Ein derart Größtes aber muß unendlich sein. [...] Aus all diesem ergibt sich, daß sich nicht zwei oder mehr so ähnliche und gleiche Dinge finden, daß sich ihre Ähnlichkeit nicht ins Unendliche steigern ließe. Deshalb werden Maß und Gemessenes (mensura et mensuratum) trotz aller Angleichung immer verschieden bleiben. Mit Hilfe der Ähnlichkeitsbeziehung (per similitudinem) kann folglich ein endlicher Geist die Wahrheit der Dinge (veritas rerum) nicht genau erreichen.«[22]

Mit Aristoteles nahm Cusanus an, dass der menschlichen Natur ein Wissenwollen eigentümlich ist. Die gebräuchliche Forschungsmethode, wonach sich Wissen durch Vergleichsoperationen der Wahrheit bemächtigt, setzte voraus, dass gesicherte und zu sichernde Erkenntnis kommensurabel zu machen waren. Sie funktionierte dann, wenn das Vergleichen innerhalb begrenzter, endlich bestimmter Größenbezüge vorzunehmen war. Der Disproportionalitätssatz machte indes klar, dass ein solcher Bezug zum Unendlichen nicht herzustellen war, da es sich aller Vergleichbarkeit entzog. Seit Boethius war diese Deutung Allgemeingut. Inhaltlich ließ sie sich bereits bei Aristoteles finden.[23] Die weitgreifenden Implikationen wurden indes nicht konsequent verfolgt. Der Satz, wie ihn Cusanus gebraucht, drückt zunächst aus, dass zwischen dem Unendlichen und dem Endlichen jeder messbare – d.h. bestimmbare – Verhältnisbezug fehlt. Hier ist zunächst eine strikte Trennung zwischen der endlich-unvollkommenen Seinsweise alles Geschöpflichen und der unendlich-vollkommenen Seinsweise Gottes festgehalten. Im Vorgang des Messens, in dem der Verstand durch den forschenden Vergleich zwischen einem Bekannten und einem noch Unbekannten Bezüge herstellt, die auf Wahrheit ausgehen, zeigt sich nach Cusanus, dass zwischen dem angelegten Begriffsmaß und der auszumessenden Objektrelation niemals absolute Gleichheit herstellbar ist. Die erzeugte Proportion kann nur als Näherungsverhältnis im Erkenntnisprozess zustande gebracht werden, sodass das gewusste Verhältnis letzter Genauigkeit immer entbehrt.

H. G. Senger gibt zu bedenken, dass Cusanus den Anstoß zur »docta ignorantia« nicht aus dem Disproportionalitätssatz zog; er stütze nur, was bereits problematisiert war. Die grundlegende Erkenntniskritik ergab sich vielmehr aus der Beschäftigung mit der Kalenderreform, deren Ergebnisse Cusanus in der *Reparatio kalendarii* niederlegte. Verbesserte Kalenderberechnungen galten dem Ziel, den Ostertermin genau festzusetzen. Die spekulative Festlegung dieses wichtigsten Ereignisses der Christenheit war von einer hinreichend präzisen Planetenbahnberechnung abzulösen. Cusanus wird dabei bewusst, dass die Berechnungen der Planetenbewegungen immer unzureichend bleiben müssen, weil »alle Bewegung der Körper jenseits des Himmels für den menschlichen Verstand inkommensurabel und in einem gewissen, nicht rationalisierbaren Verhältnisbezug ist und in einen nicht begreifbaren (surdam) und unnennbaren Ursprung fällt, weil jedwedes gegebene menschliche Maß, das eine Bewegung näherungsweise mißt, immer noch mehr angenähert werden kann (data quacumque mensura humana propinque motum mensurans dabilis est semper propinquior)«[24].

Die genaue Wahrheit (punctalis veritas), welche die »ars calculatoria« erzielen kann, ist hinsichtlich der Planetenbewegung nicht wissbar, da sie der Präzision ermangelt. Jene Begriffe, die nach Maßgabe des Verstandes gebildet werden, können diese Bewegung nicht exakt messen. Diesem Ungenügen liegt kein Instrumentenfehler zugrunde, sondern es ist prinzipiell der Beschränktheit des Verstandes geschuldet. *De docta ignorantia* wird diese erkenntniskritischen Einsichten in die Methode des wissenden Nichtwissens überführen.

M. J. Hoenen hat auf eine andere Quelle der methodisch entwickelten »docta ignorantia« verwiesen, die »einen archimedischen Punkt der cusanischen Entwicklung« darstellt. Er hat einen Text aus dem Umfeld des Albertisten Heymericus de Campo gefunden, den Cusanus sich zur Vorlage nahm.²⁵ Hier taucht das wissende Nichtwissen bereits in antizipierter Form auf, sodass Hoenen sagen kann: »Es war dieser Traktat, der dazu geführt hat, daß Cusanus seine Gedanken voll und ganz auf die *regula doctae ignorantiae* und die *coincidentia oppositorum* zu konzentrieren begann.«²⁶ Cusanus reduziert bezeichnenderweise die aristotelischen Anteile des Textes, um die platonischen zu verstärken. Für die Niederschrift von *Le docta ignorantia* (Buch II, c. 7-10) hat er die Basis geliefert. Hoenen gibt im Anhang seines Artikels dazu eine aufschlussreiche Textsynopse.

Erkenntnis beginnt – wie bei Aristotelikern üblich – auch für Cusanus mit sinnlicher Perzeption. So bleibt für ihn der Satz gültig: Nichts ist im Intellekt, was nicht vordem in den Sinnen ist.²⁷ Aber eine solche Erkenntnis ist nebulös und tritt dem Verstand (ratio) ungeordnet gegenüber, sodass sie zu wirklicher Erkenntnis rationalisiert werden muss. Gewissheit ist jedoch gemäß der platonischen Lehre allein zu gewinnen, wenn die Urbilder oder Wesensbestimmungen der Dinge gekannt werden. Die Sinnendinge verstellen allerdings das reine Wesen ihrer selbst, weil sie selbst nur abbildlich ihre Urbilder repräsentieren, die in Gott rein sind und allein im Geist erfasst werden können. Aufgrund dieser Konstellation ist es nicht nur der unvollkommenen Natur des Verstandes geschuldet, dass keine Erkenntnisgewissheit gewonnen werden kann; dies liegt auch daran, dass die sinnlich wahrnehmbaren Phänomene ihre Wesensbestimmungen lediglich uneigentlich repräsentieren. Kein Verstand vermöchte auf die wirkliche Rückseite der Phänomene zu kommen. Da sich das Wesen eines Dinges niemals in seiner vollen Wahrheit in demselben zeigt, bleibt der Geist stets auf die Mutmaßung zurückgeworfen. Menschliches Erkennen ist somit in der von ihm ausgebildeten Begrifflichkeit gefangen, welche die eigentliche Wahrheit der Dinge niemals komplett erfasst, weil mit ihrer Hilfe das schlechthin Unbestimmbare nur eingeschränkt bestimmbar ist.

In der Konsequenz des Disproportionalitätssatzes hat es gelegen, dass Endliches – da nur *im* Unendlichen existent – allein *aus* dem Unendlichen zu begreifen war. Indem aber das Endliche seine Gegensätzlichkeit zum Unendlichen verlor und zur Erscheinungsweise des Unendlichen wurde, musste sein Begreifen nicht nur ins Unendliche fortschreiten, sondern der Begreifende konnte sich das immer »mitgemeinte« Unendliche in bewusster Negation aneignen. Hier war der radikale Perspektivenwechsel begründet, den Cusanus nun in der »regula doctae ignorantiae« methodisch unterbaute. Die negative Theologie war für dieses Vorhaben, das Negativität als reflektierte Bewusstseinsform einsetzte, zu eng.

Sollte Wissenwollen nicht vergeblich sein, dann musste sich der Erkennende zunächst über die Begrenztheit seiner geistigen Mittel aufklären. Jedes bestimmte Wissen, das er erwarb, war nur ein flüchtiger Schattenriss vor dem Hintergrund des uneigentlich mitgewussten Unendlichen. Erkenntnis war somit als immer währender Prozess zu fassen, der sich an keinem Endlichen beruhigte. Cusanus' wissenschaftshistorische Innovation ergab sich daraus, dass er den zeitgemäßen Wissensstand hinsichtlich seiner Überbietbarkeit reflektierte. Diesem Wissen wurde zugleich eine ihm wesenhafte Ungenauigkeit attestiert, die nicht einfach einen Mangel namhaft machte. Das begrenzte Wissen war zugleich auf die unausdenkbare Fülle göttlicher Unendlichkeit finalisiert; es war als Erschließungswissen anzusehen, das allein in endlos kumulierender Form Resultate erbrachte, die ihrer Natur nach sogleich auf Überholung angelegt waren. Dies auch deshalb, weil nunmehr verendlichendes Beziehungsdenken als verkürzendes Verstandesdenken, als beschränkte begriffliche Zurechtlegung, erkannt war, während in der neuen Perspektive die unendliche Verflochtenheit der Weltphänomene anerkannt wurde, der sich die beschränkten Begriffe immer nur annähern konnten. Erkennen wurde für Cusanus zu einem mentalen Prozess, der im Vollzug unendlich variierbare Bezüge einschloss.

Das Erkenntnisvermögen begrenzt sich im Noch-Nicht allein durch sich selbst, es wird nicht vom Vorhandensein der Erkenntnisgegenstände bestimmt und eingeschränkt. Da begrenztes Denken das Unendliche nicht umfasst, kann es sich nur ausgrenzend »hineindenken«. Das Begrenzte ist somit weder außerhalb des Unendlichen angesiedelt, noch kann es als dessen Teil angesehen werden (im Unendlichen gibt es keine Teile). Die ausgrenzende Begrenzung erweist sich als ein Erfassungsmodus des Verstandes. Darin wird der multirelationale Beziehungskonnex, wie ihn die das Unendliche repräsentierende Welt aufweist, immer mitgeführt. Erkennen ist nicht länger ein objektgebundenes, nachvollziehendes Ordnen vorgegebener Strukturen, sondern nachschaffende Selbststrukturierung des Geistes, die er in Rückwendung auf seinen göttlichen Grund vollzieht. Erkennt das Denken die Unmöglichkeit, die absolute Einfachheit zu begreifen, dann erkennt der Geist in seiner Rückwendung auf den Grund das in sich hervorgebrachte Bild der selbst bestimmten Einheit. Die Welt über die die Unendlichkeit anzeigenden Repräsentationen zu begreifen schließt rezeptives Nachbilden der Vielheit aus; es erfordert hingegen, die Vielheit gemäß der Eigenstruktur des Denkens in diesem nachzuschaffen. Die Begriffe gehen nicht im Definitionsakt auf; sie werden vielmehr zu Momenten unbegrenzt erschließender Selbstbewegung des Geistes, der im fortwährenden Selbstentwurf seine Sinnstrukturen ermittelt. Letzten Halt gewährt ihm dabei die theologisch vermittelte Gewissheit, über den Glauben an Christus auf Gottes

Gutheit ausgerichtet zu sein. Man kann die christologische Komponente bei Cusanus auch als Sicherung für den gnoseologischen Vorstoß ansehen.

Der Nichtwissende stand *in* der Unendlichkeit; sein Denken, Tun und Erkennen waren allein darin zu verorten. Er musste die traditionellen Gewissheiten daran neu vermessen und erfuhr, dass das, was bisher als sicheres Wissen gegolten hatte, nicht nur überholbar war, sondern gleichsam mit Blick auf das Unendliche überholt werden musste. Er musste sich als nichtwissend erkennen! Erst diese Einsicht ermöglichte den Aufbruch zu bisher Ungedachtem. Cusanus erinnerte an Sokrates, denn nur, wer sich als nichtwissend erkennt, kommt sich auf den Grund, um sich und seine eingeschliffenen Erkenntnis- und Handlungsweisen zu überwinden. Wer nicht um sein Nichtwissen weiß, verharrt im Althergebrachten, meint, in seinen logischen Konstrukten seien die Weltbildungsprinzipien unwiderleglich eingefangen. Cusanus stellte nicht das Wissenkönnen infrage, er stellte die Sicherheit des Wissens auf den Prüfstand und fand, das es nicht hielt, was es vorgab zu sein. Wissen war möglich, schon weil gewiss war – es war dies freilich eine andere Form von Gewissheit –, dass das Unendliche in der Mannigfaltigkeit des Endlichen in verfremdeter Form präsent war. Gewiss war auch, dass diese Verfremdung nicht einfach wegzudenken war, indem das widersprüchliche Ganze analysiert und logisch widerspruchsfrei zurechtgelegt wurde. Im Unendlichen koinzidierten die Gegensätze, und ebendieser Umstand war jetzt zu denken. Hier versagte die Schullogik, die das Prinzip vom zu vermeidenden Widerspruch zu ihrer Grundlage hatte. Gleichwohl hatte sie auch vorzeigbare Ergebnisse erzielt. Sie ähnelte allerdings einer Leiter, die, einmal benutzt, wegzuwerfen war, um die Ebene koinzidentaler Logik zu ersteigen.[28]

Die Möglichkeit der Erkenntnisbeschränkung bezieht sich

aber nicht nur auf den unendlich entfernten Gott allein, sondern zugleich auf die unendliche Variabilität endlicher Wesen, in deren unbegrenzter Verknüpfung die Unendlichkeit Gottes in einer anderen Form aufscheint. Cusanus begibt sich damit in eine doppelte Frontstellung; denn einerseits bestreitet er, dass man zu festen Gewissheiten gelangen könne, wenn man aus dem Wesen Gottes spekulativ deduziere. Andererseits ist auch der Weg von den Dingen her versperrt, denn auch auf deren Erkenntnis lässt sich keine unerschütterliche Gewissheit bauen. Will man nämlich deren Wesen erkennen, so muss man dies tun, indem man das alles begründende Wesen Gottes erkennt. Und so schließt sich der Kreis. Cusanus hat indes von diesem Dilemma ein klares Bewusstsein gehabt. In *De venatione sapientiae*, einer späten Schrift, in der er all seine philosophischen Bemühungen Revue passieren lässt, ist zu lesen: »Nun wird dir deutlich, daß die philosophischen Jäger, die sich mühten, die Washeiten der Dinge (quiditates rerum) ohne Kenntnis der Washeit Gottes zu erjagen, und die, die sich mühten, die immer dem Wissen aufgegebene Washeit Gottes (quiditatem dei) zum Gegenstand des Wissens zu machen, nutzlos sich mühten, da sie das Feld des wissenden Nichtwissens nicht betraten.«[29]

Die Erkenntniskritik des Cusanus erweist sich hier als immanente – nichtsdestoweniger fundamentale – Kritik zweier theologischer Methoden. Die einen, die ihre Ontologie allein auf das erkannte Wesen Gottes gründen wollen, müssen ihr Ziel zwangsläufig verfehlen, weil sie unmöglich aus der Unsicherheit ihres Wissens heraustreten können. Damit dürften wohl in erster Linie die Platoniker gemeint sein. Doch auch die Adepten des Aristoteles, die von der Dingerkenntnis ihren Ausgang nehmen, um abstraktiv zu letztem Wissen aufzusteigen, verfehlen notwendigerweise ihr Ziel, denn sie vergessen, dass sie vom Wesen der Dinge niemals ohne die Erkenntnis des Schöpfers hinreichend wissen können. Die einen abstrahieren also von den Erkenntnisbedingungen und wähnen, erleuchtet vom reinen Geist, spekulativ vorwärts schreiten zu können. Andere meinen offenkundig, Ding- und Gotteserkenntnis zunächst getrennt vornehmen zu können, um beide sodann zur Synthese zu bringen. Sie wissen nicht, dass die Erkenntnis der Dinge immer zugleich ihr Begründetsein in Gott thematisiert; dass sich beide Ebenen also gar nicht voneinander separieren lassen, weil das Sein der Dinge deren Bezogensein auf Gott impliziert.[30]

Indem Cusanus diese beiden Wege für nicht gangbar erklärt, wird er in negativer Form auf die Programmatik eines dritten Weges gedrängt. Danach ist unbedingt daran festzuhalten, Gottes Wesen im Zusammenhang mit der Wesenserkenntnis der Dinge zu thematisieren. Dessen ganzheitliche Immanenz in den Dingen ist insofern stets mitzudenken. Bei einer solchen Erkenntnis der Begründungsbezüge, die das Wesen jener Dinge ausmachen, muss indes auch klar sein, dass, da das unendliche Wesen Gottes unausdenkbar ist, auch das Wesen der Dinge nicht präzise erkannt werden kann. Somit wäre auch geklärt, dass vor dem Wissen vom Wesen des Einzelnen das Wissen vom Wesen Gottes steht, da es sich hier um vorgelagertes – koinzidental einzuholendes – Begründungswissen handelt. Man muss die Welt aus ihrem Grund denken; daran hält Cusanus im Anschluss an Meister Eckhart fest. Gewissheit, wenngleich sie nur annäherungsweise erzielt werden kann, lässt sich für Cusanus einzig und allein aus Ursachenwissen gewinnen, das auf die Rückseite der Phänomene geht. Dass der Erkennende aber auch auf der Rückseite nie das reine Wesen erhascht, sondern nur Rückseiten von Phänomenrückseiten, muss er sich klar machen, um sich selbst in dieser Mühe als immer besser Erkennender auszubilden. Und ebendiesen auf das Machbare gestimmten Erkenntnisoptimismus drückt Cusanus in der »regula doctae ignorantiae« aus: »Das ist der Sinn der Regel des wissenden Nichtwissens, daß man in den Dingen, die ein Mehr oder Weniger annehmen, niemals zu einem schlechthin Größten (maximum simpliciter) oder einem schlechthin Kleinsten (minimum simpliciter) kommt, wohl aber zu einem tatsächlich Größten und Kleinsten (actu maximum et minimum).«[31]

Jede Erkenntnisperspektive ist in der allumfassenden Unendlichkeit Gottes angesiedelt, beschränkt, und somit sind alle untereinander prinzipiell gleichwertig. In ausnahmslos jeder Erkenntnisperspektive scheint Gottes Unendlichkeit auf, gleichwohl in jeder anders, sodass Kommunikation zur kumulativen Wahrheitsermittlung nötig wird. Wenn es nämlich – aufgrund der unendlichen Differenz zwischen göttlicher Wahrheit und menschlichem Wahrheitsbegreifen – für den Verstand unmöglich ist, eine Übersicht über das Gesamtverhältnis zu erlangen, da der Verstand ja nur im erkennenden Vollzugsverhältnis als Verstand zu agieren vermag, dann erfasst er in diesem Vollzug auch immer eine spezielle Binnenperspektive des von Gott letztbewahrheiteten Seins. Der Verstand kann zwar alles in der Annäherung an Gott erkennen, aber er kann nie als Gott erkennen. Dann hätte er Gott in seinem Wesen erkannt. Da nun die letzten Wahrheiten der Dinge, die Urbilder, in Gott vereinigt sind und die kumulierende Erkenntnis stetig etwas mehr davon zu erkennen vermag, liegt die ansteigende Präzision in diesem gnoseologischen Verhältnis allein bei dem Erkennenden selbst. Mit jeder Erkenntnisanstrengung schiebt dieser den Vorhang zur Wahrheit einen Spalt weiter auf, ohne indes jemals ganz dahinter sehen zu können. Dabei ist unterstellt: Die Evidenz von Wahrheit kann nicht als Voraussetzung von Erkenntnis, sondern muss als deren jeweiliges Resultat angesehen werden. Könnte man, so Cusanus, auch nur ein Ding präzise erkennen, hätte man Gott in seinem Wesen erkannt, wie auch umgekehrt.

Indem der Erkennende sein Wissen permanent weiter verfeinert, erlangt er sozusagen einen Zipfel der absoluten Wahrheit, denn in jeglicher unvollkommenen Erkenntnis muss die in sich vollendete Wahrheit zugegen sein, wenn es denn wirkliche Erkenntnis sein soll. Um den Gedanken von der uneigentlichen Anwesenheit des Absoluten im Relativen vorstellen zu können, bedient sich Cusanus einer paradoxen Metapher, wenn er versichert, dass »das absolut Größte nur in nichtergreifender Weise erkennbar (incomprehensibiliter intelligibile) und ebenso nur in nichtbenennbarer Weise benennbar ist«[32]. Die Wahrheit des Absoluten ist demnach in jeder Erkenntnis gegenwärtig, ohne dass sie selbst begriffen werden könnte.

Die Regel und mit ihr der sie fundierende Disproportionalitätssatz markieren somit einen überaus erkenntnis- und begriffskritischen Ansatz im cusanischen Denken, der gleichwohl auf dem Optimismus aufruht, dass alles in Gott – wenn auch letztlich nicht erkennbar – begründet und in einem vielfältig verknüpften Kosmos organisch geordnet ist. Der Verstand tritt nicht einem Chaos gegenüber, an dem er verzweifeln müsste, sondern ist als ein Gottes Geist abspiegelndes Instrument selbst Teil jener nach Zahl, Maß und Gewicht wohl verwahrten Ordnung, die er im Vorgang der geistigen Anähnlichung immer tiefgründiger und komplexer ausforscht. Denken und Sein befinden sich in einer Art prästabilierter Harmonie, die der gemeinsame Urgrund garantiert. Der menschliche Geist hat den Kosmos nicht geschaffen, aber er schafft ihm die Begriffe nach, unter denen sich dieser verstehen lässt.

Der zu vollziehende Perspektivenwechsel betrifft allerdings weniger die Objekt- als die Selbsterkenntnis. Es ist nur zu begreiflich, dass der Begrenztheit wegen die Belehrung der Selbsterkenntnis in dem geschilderten Sinne schwer werden muss. Versehen mit den herkömmlichen Formen des Wissenkönnens, vermag das Wissen um sich selbst auch nur fragmentarisch zu sein. Cusanus hat es daher unternommen, ausgehend vom wissenden Nichtwissen und von koinzidentaler Logik, eine neue Erkenntnistheorie auszuarbeiten. Seit *De coniecturis* war er damit befasst, über die Möglichkeiten der verschiedenen Erkenntniskräfte (Sinne, Gedächtnis, Verstand, Vernunft/Intelligenz) und den Vorgang der verschiedenstufig ineinandergreifenden Erkenntnisgewinnung aufzuklären. Erkenntnis ist hier inhaltlich als Mutmaßung (coniectura) bestimmt.[33] Cusanus folgt ab *De coniecturis* der Einsicht, dass jenes Nichtwissen auch darüber belehrt, dass gegenstandsbestimmtes Wissen vom Geist nicht möglich ist. Göttlicher und menschlicher Intellekt weisen in der Urbild-Abbild-Relation gleiche Merkmale auf. Schon göttliches Wissen weiß nichts »von sich« selbst, sondern nur »sich selbst«, weil sein Modus nicht allein selbstbezüglich ist, sondern in unmittelbarer Interaktion besteht. Gott, der sich im Wort auf sich bezieht, ist als Mit-sich-selbst-Redender Subjekt und Objekt in einem. Rekurriert der menschliche Geist auf sich, vertieft er sich in seinen Grund, den All-Grund von Subjekt-Subjekt-Struktur, der alles Erscheinende zur Einheit in sich einfaltet und zu Vielheit aus sich ausfaltet: Beides enthält er und schließt es mit sich zusammen. Für den menschlichen Geist wird vor diesem Hintergrund das objektbestimmte Muster von der Dingerkenntnis problematisch.

Die Methode des wissenden Nichtwissens ermöglichte einen neuartigen Dynamismus in der Gnoseologie des späten Mittelalters.[34] Cusanus hielt sich nicht mit Korrekturen auf, er hat das Problem grundlegend überdacht. Bereits unter den Zeitgenossen war die Schrift *De docta ignorantia* zahlreichen Missverständnissen ausgesetzt. Einer der Kritiker, der Aristoteliker Johannes Wenck, hat in der 1442 verfassten Invektive *De ignota litteratura* anklagend die Stimme erhoben: »Und wenn besagter

Magister der docta ignorantia aller Gegensätzlichkeit zuvorkommen will, dann wird dort kein Widerspruch mehr sein [...]. Mit einer derartigen Behauptung aber reißt er die Wurzel aller Wissenschaft aus [...]. Wahrhaftig, dieser Mann kümmert sich wenig um die Worte des Aristoteles, weil er sagt, daß er von diesem Fundament aus immer weiter schreite.«[35]

Stand mit der Koinzidenzlehre der Satz vom ausgeschlossenen Widerspruch, die grundlegende Denkregel aller Unterscheidung, zur Disposition, so segelte das Schiffchen des wissenden Nichtwissens in genau diesem Fahrwasser. Sicheres Wissen schien unmöglich geworden. War es schon blasphemisch, wenn Cusanus behauptete, Wissen sei Nichtwissen (Dicit scire esse ignorare), so erhob sich überdies die Frage, wie man dieses Nichtwissen lehren sollte. Lehren hieß ja, in einem Akt der Gelehrsamkeit etwas positiv auszusagen. Wenck fand, dass Cusanus neben der Gelehrtenwürde die geltenden Rationalitätsstandards untergrub und somit jeglicher Theologie mit wissenschaftlichem Anspruch den Todesstoß versetzte.

Cusanus hat auf diese Anwürfe mit einem fingierten Lehrer-Schüler-Gespräch, das er unter dem Titel *Apologia doctae ignorantiae* publizierte, reagiert. Er ergriff die Gelegenheit, das wissende Nichtwissen als ein Wissen zu propagieren, das im Angesicht der unerreichbaren Unendlichkeit Gottes um seine Möglichkeiten weiß. Das wissende Nichtwissen als das Auge des Geistes (oculus mentis) bedenkt das Intelligible; es sieht nicht davon ab. Er behaupte keineswegs, so Cusanus klarstellend, dass »Wissen Nichtwissen sei«, außer natürlich auf die Art, dass »man um sein Nichtwissen weiß (quod se sciat ignorare)«[36]. Das *Nicht*wissen ist ein über sich belehrtes Wissen, aber eben darum kein *Nichts*wissen. Es beinhaltet menschenmögliches Wissen, in dessen reflektiertes Urteil das Wissen um die Nichtabsolutheit des Gewussten eingeht. Die Wurzel der belehrten Unwissenheit ist in der Gewissheit zu suchen, dass Gott nicht so gewusst werden kann, wie er ist. So also geht es in dieser Lehre darum, dass die Genauigkeit des menschlichen Wissens hinter der wirklichen Genauigkeit in Gott stets zurückbleibt.

Cusanus warf den Aristotelikern vor, diese notwendige Klärung zu verhindern. Daher gelte es, die gewohnte aristotelische Tradition zu durchbrechen, die gedankenlose Gewohnheit durch Selbstdenken abzuschütteln. Erkennen beginne bei der auslotenden Vorklärung des Erkenntnisvermögens. In diesem Punkt wusste sich Cusanus mit der Tradition, in der Meister Eckhart stand, einig. Statt aus den Phänomenen das Wesen der Dinge abzuleiten, müsse man die Form, die das Wesen eines jeden Dinges ausmachte, qua Vernunft nach-denkend in sich einsehen. Gott könne seiner außerordentlichen Sichtbarkeit wegen nicht gesehen werden, wie die gleißende Sonne das Auge in Blindheit setze. Gott hält sich nicht verborgen, doch seine überragende Intelligibilität lässt sich nur mittelbar – in der abbildlichen Ähnlichkeit der Geschöpfe – fassen. Somit ging Wenck auch darin fehl, wenn er vorbrachte, die Geschöpfe trügen dann zur Erkenntnis nichts bei.

Die Logik, auf die Wenck und die aristotelisierende Theologenschaft setzen, baut auf die Kraft des Verstandes (vis rationis). Ihre schlussfolgernde Methode trennt Entgegengesetzte (opposita), Widersprüche (contradictoria) und Extreme (extrema) ohnehin. Auf der Verstandesebene fällt der Kreismittelpunkt mit der Peripherie nicht zusammen, sodass man auf das Kreisbildungsprinzip stoße. »Aber auf der Ebene der Vernunft (in regione intellectus), die sieht, daß in der Einheit die Zahl und im Punkt die Linie und im Mittelpunkt der Kreis eingefaltet sind, wird das Zusammenfallen von Einheit und Vielheit, Punkt und Linie, Mittelpunkt und Peripherie in der Schau des Geistes (visus mentis) ohne Diskursivität erreicht.«[37] So ist die Zahl nicht die sie begründende Einheit, obgleich sie die entfaltete Einheitskraft ist. Zum Grund der Dinge gelangt man nicht auf geradem Wege vom Begründeten her, sondern vom im wissenden Nichtwissen korrigierten geistig Angeeigneten. Cusanus sieht in der Anerkennung dieses Umstandes eine Art geistige Demut, die den Unverbildeten in die Vorhand bringt. Das Koinzidenzdenken, dem das wissende Nichtwissen sekundiert, zerstört die Wissenschaft nicht, es betreibt vielmehr die Erneuerung ihres Prinzipiendenkens aus der schauenden Vernunft. Cusanus ist sich sicher: »Diese Betrachtung wird, wenn es auch schwierig ist, das Gewohnte aufzugeben, ohne Zweifel alle Arten des Schlußfolgerns sämtlicher Philosophen besiegen (vincet [...] omnium philosophorum ratiocinandi modos).«[38]

Aber Cusanus lehnte die Logik durchaus nicht ab. In *De venatione sapientiae* führt er aus, dass der Intellekt von Natur aus mit der Logik begabt sei und sie ihm bei seiner Jagd nach Weisheit helfe. Sie ist das genaueste Werkzeug zur Ermittlung des Wahren und Wahrscheinlichen; vielsagend spart Cusanus die Wahrheit (veritas) aus. Die Logik ist für ihn kein Selbstzweck, sie dient dem Geist als Mittel zum besseren Verstehen; ihr Gebrauch erhebt den Menschen über das Tierreich.

Wenck, der Universitätsgelehrte, sah in der »docta ignorantia« zu wenig Rationalität am Werke; es gab andere Stimmen, die deren zu viel wähnten. In dem Briefwechsel mit den Mönchen vom Kloster Tegernsee ging es darum, dieses Verhältnis zu klären. Nicht zufrieden mit der Mystik des Hugo von Palma, trat man an Cusanus heran, der den Anteil der Vernunft an der mystischen »unio« klären helfen sollte. Für den Kartäusermönch Vinzenz von Aggsbach war das Vorgehen des Cusanus zu rationalistisch; der Mensch habe Vernunft und Sinne abzustreifen, um sich im Gefühl der Liebe zum Höchsten aufzuschwingen. Er berief sich auf Dionysius Areopagita, wie Cusanus auch. In dem 1453 verfassten *Tractatus cuisdam Cartusiensis de Mystica Theologia* kritisierte er u.a. Cusanus in diesem Sinne, um sich Hugo von Palma anzuschließen. Cusanus war zur Klarstellung genötigt. Aggsbach habe, so Cusanus, den Dionysius missverstanden, denn der Aufstieg zu Gott im Nichtwissen könne sich nicht allein durch das Gefühl vollziehen, da bewusst ausgewählt werden muss, was geliebt werde. Aggsbach allerdings setzte in die ekstatisch-nichtwissenden Offenbarungen einer Katharina von Siena mehr Vertrauen als in das wissende Nichtwissen.

In *De venatione sapientiae* fasst Cusanus seine Bemühungen um das wissende Nichtwissen zusammen. Die Vernunft zieht aus der Unendlichkeit Gottes Nutzen, denn sie weiß, dass dessen Unerschöpflichkeit ihre dauernde Vervollkommnung in der Weisheit absichert. Die Bestärkung der Vernunft trägt den Forscherdrang:

»Die Vernunft (intellectus) verlangt danach zu wissen. Es ist ihr nicht bloß das natürliche Verlangen angeboren, das Wesen ihres Gottes zu erkennen, sondern vielmehr ihren Gott so groß zu wissen, daß seiner Größe kein Ende ist, und er also größer ist als jeder Begriff (conceptus) und alles Wißbare. Denn die Vernunft würde nicht mit sich selbst zufrieden sein, wenn sie nur das Abbild eines so geringen und unvollkommenen Schöpfers wäre, der größer und vollkommener sein könnte. Wegen seiner unendlichen und unbegreiflichen Vollkommenheit ist er durchaus größer als alles Wißbare und Begreifbare. Jedes Geschöpf sagt, daß dieser sein Gott und es selbst sein Abbild ist, keinesfalls sei es das Abbild eines Geringeren.«[39]

Gemäß seiner Andersheit partizipiert der Intellekt an der Wahrheit (veritas). Er hat somit auch intellectualiter an dessen Abbild, dem Wahren (verum), teil, das hirsichtlich seiner Klarheit stetig steigerbar ist. Demgegenüber ist das Wahrscheinliche (verisimile) des sinnlichen Abbildes Abbild des geistig Wahren; dessen Urbild und Wahrheit liegen im Intellekt.

In jeder Liebe, in der jemand zu Gott strebt, ist Erkenntnis, auch wenn das Wesen Gottes nicht erkannt wird. »So ergibt sich ein Zusammenfallen von Wissen und Nichtwissen bzw. ein wissendes Nicht-Wissen (docta ignorantia).«[40] Der Geist (spiritus) bleibt hinter der Liebe nicht zurück, da er unbegrenzte Bewegung zu Gott ist. Dionysius habe sagen wollen, dass der Mensch über alles Intelligible, ja über den Geist (mens) hinausgehen müsse, um in die Dunkelheit des Nichtwissens einzutreten; da ist Gott. So ist im Negativen das (Über-)Positive zu verkosten. Cusanus spannt hier Affekt und Intellekt zusammen, um den Gegensatz von voluntativem und intellektivem Zu-Gott-Streben zu harmonisieren.

Coincidentia oppositorum: Gott, der All-Eine in Allem

Koinzidental zu denken ist für Cusanus seit *De docta ignorantia* zentrales Anliegen. Koinzidenzdenken führt die Gegensätze auf ihren Einheitsgrund zurück und begreift sie als daraus entfaltet; es impliziert keine Rationalitätsabkehr, wenngleich eine dingüberschreitende Logik ins Auge gefasst ist. Koinzidenzdenken ist ein methodisch zu handhabendes Verfahren, bei dem das widerspruchsvermeidende Denken des Verstandes über seine eigene Voraussetzung – den gegensatzlosen Urgrund, der in allen Gegensätzen uneigentlich anwesend ist – durch Vernunft aufgeklärt wird.

Der Terminus »co-incidere«, eine Bildung, die im klassischen Latein nicht vorkommt, besitzt eine doppelte Bedeutung: Er bezeichnet sowohl das Ineinsfallen als auch das Aneinanderhängen (Ineinanderfallen) der Gegensätze. Man hat ihn bei Heymericus de Campo aufgefunden[41], aber auch Meister Eckhart verwendet ihn.[42] St. Meier-Oeser hat zeigen können, dass »coincidere« in der trinitätsphilosophischen Debatte seit der zweiten Hälfte des 13. Jahrhunderts geläufig ist.

Gegenüber den aristotelischen Vorgaben (Kategorienlehre) wertet Koinzidenzdenken die Relation stark auf; sie avanciert von einem akzidentellen Zwischen-Sein zur substanziellen Seinsform. Aristoteles hatte sie als schwächste Kategorie angesehen, da sie der vorausgesetzten Substanz nur inhärierte. Lull hingegen erkannte, im Anschluss an Augustinus' Trinitätslehre, dass in der göttlichen Dreieinheit Relationen, die die Hypostasen verbinden, selbst von substanzieller Natur sein müssen; zufällige Akzidenzien konnten als Beziehungen hier nicht angenommen werden. Diese Einsicht suchte er in seiner *Logica nova* zu systematisieren. Sie ist in die cusanische Trinitätslehre eingeflossen.

Im frühen 14. Jahrhundert ist intensiv darüber debattiert worden, wie die trinitätstheologischen Aussagen über Gott als ersten, unzusammengesetzten Anfang mit dem aristotelischen Widerspruchsprinzip in Einklang zu bringen seien. Johannes Duns Scotus hat, um das Problem in den Griff zu bekommen, eine Formalunterscheidung (distinctio formalis) eingeführt, welche die wesensmäßige Einheit Gottes in der Trinität unberührt ließ, gleichzeitig jedoch verhinderte, dass von den göttlichen Hypostasen Widersprüchliches (contradictoria) ausgesagt wurde. Cusanus vertrat diese Position in seiner Frühzeit selbst, überwand sie aber mit Einführung der Koinzidenzlehre. St. Meier-Oeser hebt zu Recht hervor, dass das Konzept einer »distinctio in divinis«, von Scotisten wie auch in Lulls Korrelativenlehre vertreten, zum »vorkoinzidentiellen Entwicklungsstand des cusanischen Denkens«[43] zu rechnen ist.

Die absolute Ursache – dies hat bereits Meister Eckhart gegen die Kausallehre des Thomas von Aquin eingewandt – enthält, wenn sie alles bestimmt, das Verursachte in sich, wie das Verursachte in der Ursache bleibt.[44] Gott selbst ist ununterschiedene Unterscheidung (indistincta distinctio).[45] Indem Cusanus an Eckhart anknüpft, überwindet er die Distinktionsphilosophie. Der Zusammenfall des Gegensätzlichen besitzt im Kern eine Dreierstruktur: zwei Gegensätze in einem Grund. In der trinitarischen Ursachenkoinzidenz von Wirk-, Exemplar- und Zielursache wurde dieses Allprinzip erfasst. Albert der Große hat das Ineinsfallen der Ursachen sowohl als »Tres causae in unam incidunt« und auch als »coincidunt in unam« vorgestellt. Albert hatte freilich, wie Cusanus betont, die Koinzidenzlehre nicht. Auch Heymericus de Campo hat im *Compendium divinorum* von einer »omnimoda coincidentia« hinsichtlich der drei Ursachen gesprochen. R. Haubst nimmt an, dass Cusanus hierüber auf die Koinzidenzlehre gelenkt worden ist. Dies soll durch die Beschäftigung des Cusanus mit den Transzendentalbegriffen des Lull begünstigt worden sein; sie übersteigen das Widerspruchsprinzip, da sie in Gott zirkulär austauschbar sind. Zudem sind die Grundprinzipien des Seins als dynamische Korrelation von Tätigem, Tubarem und Tun (-tivum, -bile, -are) gedacht, wo Aktivität und Passivität in eins fallen.[46] Gegen diese verbreitete Annahme hat St. Meier-Oeser zeigen können, dass die Behandlung der Ursachenkoinzidenz als Motivation für die Koinzidenzlehre nicht ausreicht. Von jener Tradition trennt Cusanus, dass sie kein generelles Zusammenfallen der Gegensätze, keine »coincidentia contradictoriorum«, kennt; erst Cusanus bricht radikal mit der Distinktionslehre seiner Vorgänger.

Koinzidenzdenken will die Gegensätzlichkeit der Weltphänomene nicht eliminieren, sondern die Rationalität des Gegensätzlichen – als Grundstruktur von Welt – aus dem all-einen Grund begreifen. Da Cusanus das Geschaffene als mannigfaltig verendlichte Unendlichkeit ansieht, muss dessen prinzipielle Verfasstheit aus dem Unendlichen grundlegend erschlossen werden, wobei die Gegensätze generell ihre Opposition verlieren müssen. Wenn die unendliche All-Einheit den Gegensatz zur Vielheit verloren hat, muss sie als Einfaltung von allem (complicatio) zugleich auch Ausfaltung (explicatio) sein. Da alle Gegensätze *in* der göttlichen Einheit ausgemacht werden, wird einsichtig, dass die Extreme darin in sich »zurückgebogen« sind und ineinander übergehen müssen. Koinzidenzdenken ist immer auch ungegenständliches Korrelationsdenken, da ein Gegensatzpol seine Negation sogleich mit sich führt; der finale Zirkel des »Stirb und Werde« für das Universum ersteht daraus. Während der Rekurs auf aktuale Unendlichkeit die Einheit der Gegensätze nur umfangstheoretisch legitimiert, bietet sich durch die Einbeziehung des selbstbezüglichen Logos die Möglichkeit, zu zeigen, wie die Gegensätze aus dem Allgrund hervorgehen. Handlungstheoretisch weist dieser Selbstbezug drei korrelational sich aufeinander beziehende Konstitutionsmomente auf, die auf das Trinitätsdogma appliziert werden können. Nur so bietet die Lehre schöpfungstheoretisch gesehen ein akzeptables Produktionsmuster.

Die aristotelische Gegensatzlehre nahm im Verhältnis der Gegensatzpole eine Finalität an, die auf der unterlegten Beziehung von »habitus« und »privatio« basierte, wonach sich immer der Mangel-Pol auf den Haben-Pol ausrichtet und von dort bestimmt wird. Statt die Gegensätze in negative (Mangel) und positive (Haben) aufzuteilen, nimmt Cusanus ein umkehrbares Verhältnis an, da sich im Koinzidenzdenken jeder Gegensatzpol multifunktional verhält und mit allen anderen Gegensätzen korreliert. In der aktualen Unendlichkeit der All-Einheit kann die natürlich erscheinende Vorordnung einer Bestimmung gegenüber einer anderen nicht mehr anerkannt werden. Kategorienpaare wie Ursache und Wirkung, Substanz und Akzidens, die so behandelt wurden, müssen neu gedacht werden. Die Substanzialisierung der Relation komplettiert Cusanus mit der Einsicht in die universelle Korrelationalität dingübergreifender Bezüge im Universum.

Cusanus formulierte mithilfe des Koinzidenzprinzips Kritik an der mittelalterlichen Methodik des Welterfassens. Sie richtete sich gegen die Vorherrschaft einer Verstandeslogik, die den Geist davon abhielt, Gegensätzliches zu denken. Dies geschah, indem sich das Denken dem aristotelisch-boethianischen Satz vom auszuschließenden Widerspruch unterwarf und indem es sich in Demutserfahrung übernatürlicher Offenbarung auslieferte. Koinzidenzdenken stand sowohl zur ungeprüften aristotelischen Schullogik als auch zur Einfalt mystischer Weltüberwindungserlebnisse quer. Im einen Fall triumphierte die Verstandes- über die koinzidentale Vernunftlogik, im anderen Fall erfolgte die Preisgabe von Rationalität überhaupt. Cusanus wollte das Denken über seine wirklichen Möglichkeiten aufklären; dazu musste man sich über die Denkvoraussetzungen klar werden. Koinzidenzdenken sollte das Widerspruchsprinzip nicht abschaffen, sondern aus dem Vorbegreifen der All-Einheit erst eigentlich begründen. Der Widerspruch zu allem Widersprüchlichen war dabei ohne Widerspruch zu denken, sodass der widerspruchslose Ursprung die Fülle alles Gegensätzlichen aus sich heraus setzen kann.

Der auf sich referierende Logos – die göttliche Vernunft – sollte diese Heraussetzung leisten. Diese Reflexion verwickelt jedoch die drei logischen bzw. ontologischen Grundprinzipien des Aristoteles in Paradoxien: das Identitätsprinzip (A = A), das Kontradiktionsprinzip (wenn x, dann nicht nicht-x) und das Prinzip vom ausgeschlossenen Dritten (entweder x oder nicht-x). Wenn man die Identität – statt sie als Prädikationsakt zu sehen – als auf sich referierenden Produktionsakt versteht, dann schwinden die klaren Unterscheidungen der beiden anderen Prinzipien: Aus

Wenn-Dann und Entweder-Oder wird ein paradoxales Sowohl-als-Auch. Galten die aristotelischen Prinzipien für ein endliches, dingbestimmtes Aussagenuniversum, so versagten sie vor der aktualen Unendlichkeit. Aristoteles erkannte nur die potenzielle Unendlichkeit an: das Immer-mehr-bestimmbar-Machen. Eine Unendlichkeit, außerhalb der sich nichts befinde, die also Teil ihrer selbst sei, wies er als absurd ab. Cusanus jedoch fasste Gott als eine solche aktual unendliche Identität, vor der folgerichtig Kontradiktions- und Tertium-non-datur-Prinzip versagen mussten. Es ist aber eines, den aktual unendlichen Gott als allumfassende transkontradiktorische Einheit zu verstehen, was von der Weltvielfalt absieht, ein anderes, die übergegensätzliche Identität als gegensatz- und damit vielheitshervorbringend auszuweisen. Die Spannung in der Koinzidenzphilosophie resultiert daraus, dass Cusanus versuchen muss, den Einheitsbegriff im Sinne eines selbstreferenziellen Identitätsbegriffs zu deuten, ohne die Einheit mit der Vielheit verloren zu geben.

Abteilendes Verstandesdenken verfehlt die unendliche Ganzheit des All-Einen. Koinzidenzdenken ist Ganzheitsdenken, gewappnet mit der Gewissheit, die Ganzheit in Annäherung denken zu müssen, da sie, obgleich existent, niemals an sich begriffen werden kann. »Coincidentia oppositorum« und »docta ignorantia« thematisieren einander. Jede Metaphysik, die von der Gegensätzlichkeit der Weltzustände und Denkresultate abzusehen nötigt, verfehlt in den Augen des Cusanus notwendigerweise die Wahrheit, die der Mensch natürlicherweise erstrebt. Je mehr er sich darin perfektioniert, desto mehr verdeckt er sich die Erkenntnismöglichkeit bezüglich der Unausschöpflichkeit des Unendlichen. Gegensätzlichkeit prinzipiell *in* der unendlichen Einheit Gottes zu denken heißt, die allumfassende Einheit in allen Gedankeneinheiten als alles begründende Koinzidenzeinheit mitzudenken. »Einheit denken« bedeutet Koinzidenz denken, was nur möglich ist, wenn der denkende Vollzug begrifflicher Einheitsbildung selbst als Koinzidenzphänomen begriffen wird. Geist (mens) und Vernunft (intellectus) sind selbst Koinzidenz. Denken und Sein haben ein gemeinsames Ursprungsprinzip. Wenn die Koinzidenzeinheit bis in die verendlichte Vielheit hinab reicht, dann ist sie auch in den Weltphänomenen anzutreffen.

Koinzidenz ist keine Bestimmung, die allein die göttliche Besonderheit anzeigt. Sie ist keine Reformulierung der thomasischen Lehre vom »actus purus«, sie ist deren philosophische Überwindung. Die koinzidentale Methode erinnert den gewöhnlichen Theismus daran, dass es defizitär bleibt, die göttliche Einheit nur aus aller Vielheit herauszuheben. Gott ist in seiner Einheit alles: Er ist der vorauszusetzende All-Eine, der in seinem Wesen nicht erkannt werden kann. Koinzidenzdenken macht deutlich, dass die wahre Einheit als Zusammenfall mit der absoluten Fülle des Gesamts begriffen werden muss, dass die Schöpfung nicht als akzidenteller Abfall, sondern als substanziell begründete, in Gott zurücklaufende Selbstgabe zu begreifen ist. Es erinnert den Schulplatonismus daran, dass der dem Eleatismus zugrunde liegende Gegensatz von Sein und Nichtsein vor der unendlichen Einheit seine Gültigkeit einbüßt. Das ist neu. Koinzidenzdenken macht klar, dass die unendliche All-Einheit vor Sein und Nichtsein angesiedelt ist, da sie als in sich gegensatzlose Einheit diesen Gegensatz begründet. Damit sind in der Folge sowohl der Chorismos der (pseudo-)platonischen Ideenlehre als auch die stoisch-naturalistische Lehre von rein objektbezogenen Abbildern (Species-Lehre) einer denkenden Korrektur zu unterziehen.

Der Zusammenfall der Entgegengesetzten (coincidentia oppositorum) umfasst als Oberbegriff zwei Arten von Gegensätzen. Der Zusammenfall konträrer Gegensätze (coincidentia contrariorum) benennt Gegensätze, die innerhalb einer gemeinsamen Gattung übereinkommen, während sich der Zusammenfall der Widersprüche (coincidentia contradictoriorum) auf Gegensätze ohne gemeinsame Gattung bezieht.[47] Der Zusammenfall der »contraria« war dem Aristotelismus (Kategorienlehre) geläufig, nicht jedoch der Zusammenfall von »contradictoria«. Hier überholt die Koinzidenzlogik die aristotelische Verstandeslogik. Neuscholastische Interpreten haben gemeint, die »coincidentia contrariorum« von den Gegensätzen im Sein aussagen zu können, wohingegen die »coincidentia contradictoriorum« auf Gegensätze im Denken beschränkt bleibe. Danach ist das aristotelische Diktum, wonach Widersprüchliches real unmöglich ist, weiterhin in Kraft. Dies hat Cusanus nicht gedacht.[48]

Als die Geburtsstätte des Koinzidenzdenkens ist immer das Buch I von *De docta ignorantia* angesehen worden. Hier liegt freilich der Ausgangspunkt, die entfaltete Methode indes – die Entwicklungsstadien kennt – ist da nicht zu finden. Um die Eigenheiten dieses Denkansatzes zu bemerken, muss man allerdings zunächst in dieses Stück spekulativer Philosophie, das die Unterscheidung von Ontologie und Gnoseologie nicht kennt, eindringen.

»Da das schlechthin und absolut Größte (maximum simpliciter et absolute), dem gegenüber es kein Größeres geben kann (quo maius esse nequit), zu groß ist, als daß es von uns begriffen werden könnte – ist es doch die unendliche Wahrheit –, so erreichen wir es nur in der Weise des Nichtergreifens. [...] Indessen ist das absolut Größte ganz und gar aktuell (in actu), da es all das ist, was sein kann. Wie es nicht größer sein kann, so kann es aus demselben Grunde nicht kleiner sein, ist es doch alles, was sein kann. Das Kleinste aber ist das, dem gegenüber ein Kleineres nicht möglich ist. Da nun das Größte von der oben geschilderten Art ist, so ist einsichtig, daß das Kleinste mit dem Größten zusammenfällt (minimum maximo coincidere). [...] Gegensätzliche Bestimmungen kommen darum nur den Gegenständen zu, die ein Mehr oder Weniger zulassen, und zwar zeigen sie sich hier in verschiedener Weise. Dem absolut Größten kommen sie in keiner Weise zu, da es über jedem Gegensatz steht (supra omnem oppositionem est). Weil also nun das absolut Größte in absoluter Aktualität alles ist (omnia absolute actu), was sein kann, und zwar derart frei von irgendeiner Art des Gegensatzes, daß im Größten das Kleinste koinzidiert, darum ist das absolut Größte gleicherweise erhaben über alle bejahende und verneinende Aussage. All das, was als sein Sein begriffen wird, ist es ebenso sehr, wie es dieses nicht ist, und all das, was als Nichtsein an ihm begriffen wird, ist es ebenso sehr nicht, wie es dieses ist. Vielmehr ist es dieses in der Weise, daß es alles ist, und es ist in der Weise alles, daß es keines ist. Es ist so sehr in höchstem Maße dieses, daß es in geringstem Maße eben dieses ist (ita maxime hoc quod est minime ipsum).«[49]

Cusanus beginnt seine Beweisführung scheinbar traditionell, indem er Anselm von Canterburys Gottesbeweis anklingen lässt. Er nimmt ihn allerdings nur als Ausgangspunkt; denn alsbald verlässt er dessen Gedankenführung. Im *Proslogion* leitet Anselm den Beweis folgendermaßen ein: »Und zwar glauben wir, daß du etwas bist, über das hinaus nichts Größeres gedacht werden kann (quo nihil maius cogitari possit).«[50] Anselm hat von dem, was im Verstand ist, zwingend auf das schließen wollen, was auch für sich selbst existieren kann. Dasjenige nämlich, über das hinaus Größeres nicht gedacht werden kann (quo maius cogitari nequit), kann nicht allein im Verstand sein, weil ansonsten auch gedacht werden könnte, dass es in Wirklichkeit existiert, was größer wäre, als wenn es allein im Verstand sei. Würde indes so gedacht, begäbe man sich in einen Widerspruch zum Inhalt von »quo maius cogitari nequit«; es würde etwas Größeres gedacht, als der Inhalt dieser Aussage repräsentiert. Dies ausschließend, beendet Anselm die erste Stufe seines Beweises: »Es existiert also ohne Zweifel etwas, über das hinaus Größeres nicht gedacht werden kann, sowohl im Verstande als auch in Wirklichkeit (in re).«[51]

Vergleicht man nun Anselms Variante »quo maius cogitari nequit« mit dem »quo maius esse nequit« des Cusanus, so fällt der Austausch von »posse cogitari« durch »posse esse« auf. Cusanus argumentiert auf der Grundlage des wissenden Nichtwissens. Zunächst sichert er sich das Beweisresultat: Das schlechthin Größte steht über allem, was durch uns begriffen werden kann, womit unter Zuhilfenahme Anselms die Transzendenz des »maximum absolutum« demonstriert ist. Solange gedacht werden konnte, dass dieses Höchste nicht *ist*, war die Existenz Gottes als notwendige noch nicht erwiesen. Worum Anselm im *Monologion* noch rang, dies schien ihm im *Proslogion* durch die Einführung der Formel »etwas, über das hinaus nichts Größeres gedacht werden kann« (aliquid quo nihil maius cogitari possit) präzise benannt zu sein. Allerdings stößt er hier auf ein Problem, das in der Schwebe bleibt. Anselm ist es zwar gelungen, die Notwendigkeit Gottes einzuführen, aber er musste auch dartun, dass die so gewonnene Existenzbestimmung von jeglichem Denkinhalt unabhängig ist: Wenn Gott Grund von allem ist, muss er es auch vom Denken sein. In dieser Eigenschaft muss er gegenüber dem Begründeten als ein Anderer ausgewiesen sein. Anselm hat diese Verwicklung gesehen und im *Proslogion* zur Sprache gebracht: »Herr, Du bist also nicht nur einer, über den hinaus Größeres nicht gedacht werden kann, sondern Du bist etwas Größeres, als gedacht werden kann, weil nämlich gedacht werden kann, daß etwas derartiges existiert. Wenn Du eben das nicht bist, kann etwas Größeres als Du gedacht werden, was nicht geschehen kann.«[52]

Wenn aber Gott etwas Größeres – nach seiner notwendigen Existenz – sein muss als »etwas, über das hinaus Größeres nicht gedacht werden kann«, weil man Ersteres eben auch denken kann, dann ist damit jener All-Grund festgehalten, der in seiner Andersartigkeit als einzig Eines über allem steht. Indes, diese Besonderheit kann eben auch gedacht werden. So verläuft sich der Letztbegründungsgedanke in einem unendlichen Regress, denn »Gott ist etwas, das größer ist als das, was größer ist als das, über das hinaus Größeres nicht gedacht werden kann, dies allein deshalb, weil auch das gedacht werden kann«[53].

Den eigentlichen Beweis für die Existenz des außermentalen Absoluten, den Anselm in einem zweiten Schritt versucht, führt Cusanus gar nicht. Er müsste auch stets voraussetzen, was er zu beweisen trachtet. Der Existenz des transzendenten Größten ist er sich gewiss. Er hat im eigentlichen Sinne nicht die Existenz eines Gottes herauszustellen, sondern die Form göttlicher Absolutheit als Folie für die »docta ignorantia« zu erweisen. Hier kann der Rückgriff auf Anselm nicht weiter helfen.

Beider Dissens ist leicht einzusehen. Anselms Beweis liegt die Vorstellung der Komparation zugrunde, wonach die Wesenheiten existierender Dinge gemäß ihrer Seins-Würdigkeit verglichen werden können. Das Größte aber ist das höchste Wesen, die würdigste und vollkommenste Existenz, was eine Skala niederwertiger Wesen voraussetzt. Anselms Absolutum ist von der Art, dass dessen Sein alle Vielheit von sich ausschließt, um darin seine einzigartige Würdigkeit in Form gegensatzloser Einheit zur Geltung zu bringen. Bis zu diesem Punkt ist Cusanus bereit, dem Abt zu folgen. Dann jedoch möchte Cusanus demonstrieren, wie das Absolute in jedem einzelnen Weltinhalt immanent gegenwärtig ist: wie Gott, das Größte, alles in allem ist (omnia in omnibus). Wie bereits Meister Eckhart feststellte, muss, um dies zu denken, Anselms Beweislogik überstiegen werden. Fortan ist ein Denken gefragt, das Gott nicht nur an die Spitze von allem setzt, sondern ihn als das Form-Innerste eines jeden seiner Geschöpfe anspricht, über deren Summe er zugleich unendlich hinaus ist. Da, wo kein Außen mehr angebbar ist, ist jegliche Differenz zu Gott entweder ins Nichts aufgelöst oder zur Binnendifferenz in der unendlichen Einheit herabgestimmt.

Cusanus ist inhaltlich über die Begrifflichkeit der Neuplatoniker, die die Einheit (unitas) Gottes als absolut transzendente Einheit über jeglicher Vielheit ansiedelten, hinausgegangen, indem er diese Einheit als all-einen Grund auffasst. Göttlicher Besonderheit entspricht es nicht allein, das Größte zu sein; ein solch unendlicher Gott ist darin einzigartig, dass er als Größtes in Allem – selbst im Kleinsten – gegenwärtig ist. Das Größte *ist* das Kleinste, was allein koinzidental zu denken ist. Es ist der Begriff des Minimums, der eine Lehrdifferenz zwischen Cusanus und der neuplatonischen Tradition, der sich auch Anselm verpflichtet fühlte, schafft. Wird nun die cusanische Koinzidenzeinheit als Fortführung der neuplatonischen Einheitsauffassung gedeutet – wie dies die henologische Betrachtung lehrt –, dann ist dieser bedeutsame Unterschied sogleich verwischt. Daher ist es von hoher theoretischer Bedeutung, wie jenes Minimum begriffen wird.

Was will Cusanus sagen, wenn er vom Minimum spricht? Cusanus hat ausgeführt, dass der Einheit, die mit dem Größten zusammenfällt, nichts gegenüberstehen kann, weil sie ja das Größte ist, worin alles ist. Dieses Größte ist das absolut Eine (unum absolutum), welches alles ist. Genau in diesem Zusammenhang führt Cusanus nun das »minimum« ein, das mit dem Größten zusammenfällt, weil es nicht in einen äußerlichen Gegensatz zum »maximum« treten kann. Was er erläutern will, ist, dass jenes Kleinste allein *im* Größten *als* Modus des Größten zu denken ist. Ist das Minimum nämlich vom Maximum einbegriffen, dann gilt auch: Das Maximum hat totaliter im Minimum gegenwärtig zu sein. Wie also das Minimum im Maximum *selbst* als Maximum ist, so muss das Maximum im Minimum selbst als Minimum sein, denn das Maximum ist – oder besser: fasst in sich – alles Sein! Die fragliche Stelle, die dies zum Ausdruck bringt, lautet: »Infolgedessen ist das absolut Größte ganz und gar aktuell, da es all das ist, was sein kann (sit omne id quod esse potest).« Diese Stelle wird verschieden interpretiert. In H (S. 17) wird übersetzt: »da es all das ist, was *es* [das absolute Größte selbst] sein kann«. Dagegen machen G. v. Bredow und B. Mojsisch geltend, dass man übersetzen muss, dass das Maximum alles ist, »was sein kann«. Die Handschriften enthalten beide Varianten, alle Druckausgaben jedoch die Letztere.

Das Minimum ist nicht reines Nichts, es ist alles mögliche Sein (omne possibile esse), das In-Sein im Maximum, das noch nicht wirklich ist, aber wirklich werden kann. Das Maximum steht nicht als abgesonderte Wirklichkeit, als reiner »actus«, dem Möglichsein des Minimums gegenüber, das Minimum erscheint vielmehr als Seinsweise des Maximums. Danach ist das Absolute, also die Koinzidenzeinheit, alles mögliche Sein in Wirklichkeit (actu). Es kann gesagt werden, dass das gegensatzlose Größte so mit dem Kleinsten koinzidiert, dass dieses Größte in allem Geschaffenen ist, weil es selbst der Wirklichkeit nach alles mögliche Sein – d.h. das Kleinste – bereits ist. Wenn nämlich alles Geschaffene nur im Größten sein kann, muss dieses im Größten selbst – wo seine urbildhaft-vollkommene Wesenheit verankert ist –, dieses Größte, d.h. der in sich vollendete Grund alles Geschaffenen, selbst sein.[54] Das Größte erscheint, bildlich gesprochen, als die alles umhüllende Glaskugel einer unendlichen Menge kleiner Glasperlen, die alle von der einen Glasnatur abkünftig sind und dennoch in ihrer Summe das Behältnis niemals ausfüllen könnten. (Dies Bild ist allerdings insofern schief, als jenes Werden vom möglichen (dem geringst-vollkommenen) Sein zum wirklichen (dem höchst-vollkommenen) Sein nicht dargestellt werden kann.) Auf diesem Gedanken von der Immanenz des Wirklichseins im Möglichsein wird Cusanus später seine Könnensmetaphysik aufbauen. Die oben zuerst erwähnte Fassung das zitierten Satzes würde sich nahtlos in die Actus-purus-Lehre des Thomas von Aquin einpassen, während die zweite (und wohl adäquatere) Form im Sinne Meister Eckharts die All-Einheits-Lehre hinsichtlich der Immanenz Gottes in der Schöpfung herausstellt. Das Minimum ist eben kein depotenziertes Abbild des göttlichen »actus purus«, sondern es ist mit allem identisch, was sein kann, d.h. mit allem möglichen Sein, in welchem Gott in seiner vollen Wirklichkeit präsent ist. Cusanus hat hierauf seine Überlegungen zum Modus gestützt, die er später vertieft.

Die Moditheorie ist als Korrektur an der Lehre von der Realdistinktion (distinctio realis) zu verstehen, die Thomas von Aquin vertreten hatte. Sie bildete bei Cusanus ein Komplementärstück zur Koinzidenzeinheit. Wollte man nämlich den einen Gott mit seinem Wort (logos) zusammendenken, dann musste angenommen werden, dass es sich nicht wesentlich und somit aktual wirklich von seinem Wesen unterschied. Der Logos stellt in ursprünglicher Wesenheit die Wesenheit Gottes dar. Beide sind eines, nicht aber einer! Somit kann hier eine formal-gedankliche Unterscheidung getroffen werden, nicht jedoch eine »distinctio realis«. Sie ist auch nicht zwischen den drei Personen der Trinität anzunehmen, sind doch diese als »unitas«, »aequalitas« und »conexio« ein und desselben Wesens. Gott selbst ist das »principium unitrinum«.

Thomas von Aquin hatte im Rahmen seiner Theorie von der »analogia entis« eine Realdistinktion zwischen göttlichem und geschöpflichem Sein ausgemacht, was ihm umgehend den Vorwurf eintrug, das alles umfassende Sein aufzuspalten. Wenn man jedoch, wie Cusanus, in der Koinzidenzunendlichkeit den Gegensatz von Einheit und Vielheit aufhebt, entfällt dieser Dualismus. Dann lässt sich zeigen, dass das Wesen des Geschöpflichen eine andere Seinsweise (modus essendi) der unendlichen Einheit darstellt. Zwischen dem göttlichen Allformer und den Urformen der Geschöpfe ist eine substanzielle Formidentität anzunehmen, die sich nur hinsichtlich der begrifflichen Perspektive unterscheidet.

Der Gedanke vom koinzidental zu denkenden Minimum erfuhr Akzentsetzungen. In *De venatione sapientiae* hat Cusanus aus der Koinzidenz von »maximum« und »minimum« abgeleitet: »Folglich ist es als Größtes und Kleinstes zugleich (pariter), keinem gegenüber kleiner, da es das Größte ist, noch größer, da es das Kleinste ist. Es ist vielmehr aller großen oder kleinen Dinge allergenaueste (praecisissima) Formal- oder Exemplarursache und Maß.«[55] Aus der Koinzidenzeinheit soll direkt die Differenziertheit von Seiendem deduziert werden. Sie umfängt nicht nur alle Unterschiede, sondern begründet sie wesentlich (nach der inneren urbildlichen Form) und verleiht den vielheitlich bestimmten Dingen ihr präzises Maß. Das befriedigt nicht, denn Cusanus bescheidet sich mit einem gedanklichen Formalismus, der nur umfangstheoretisch gestützt ist. Die Absicht, Koinzidenzeinheit und unendliche Diversifikation im selbstreferenziellen Identitätsprinzip zusammenzudenken, hat Cusanus in *De non aliud* vollendet umzusetzen gesucht.

In *De beryllo* artikuliert er deutlich sein Ansinnen, nunmehr das Minimum als Erkenntnismedium zu gebrauchen. Hat er in *De docta ignorantia* vom Maximum herausgearbeitet, dass es zugleich Minimum sein muss, so richtet sich jetzt sein Blick auf das Minimum hinsichtlich seiner Maximität als Begründungskraft für arithmetische und geometrische Formen. Koinzidenzlehre impliziert jetzt, dass »wir auf Kleinstes sehen müssen, wenn wir Größtes untersuchen. Das Eine oder die Einheit ist einfacher als der Punkt. Die Unteilbarkeit des Punktes also ist

Ähnlichkeit der Unteilbarkeit des Einen selbst. Wir wollen annehmen, daß das Eine [...] sich offenbaren und mitteilen will durch [...] Ähnlichkeit; und das Eine zeichnet oder gestaltet sich, und es entsteht der Punkt.«[56] Das Eine, das sich in der Ähnlichkeit des unteilbaren Punktes darstellt, begründet so die punktuale Aneinanderreihung zur Linie, wobei das Linienkontinuum gleichfalls von seiner Einheit (Unteilbarkeit) umfasst ist. Es ist im Punkt ein und alles, somit allumfassendes Gründungsprinzip in den Entfaltungen Linie, Fläche und Körper. Cusanus hat das Konstruktionsprinzip, nach dem bereits Platon im *Timaios* die Welt erstehen ließ, koinzidental begründet. Cusanus ist hinsichtlich der All-Identität, da ihm traditionelle Begriffe nicht genügten, zu ungewohnten Bildungen fortgeschritten.

Sein Ringen, über die Neuformulierung der Gottesnamen die unendliche Selbstidentität näherungsweise namhaft zu machen, durchzieht das ganze Werk. Methodisch ist hier ein Rätselwissen (aenigmatica scientia) erfordert. Harmonisierungsüberlegungen, etwa bezüglich der Platoniker und Aristoteliker, greifen ein. Die Umbenennung soll darauf hinlenken, wie Koinzidenz richtig zu denken ist. Intendiert wird, mit dem ungewohnten Begriff eine Methode anzuzeigen, deren Anwendung den gemeinten Inhalt philosophisch erschließt. So muss bspw. das Können-Ist (possest) als Denkanweisung begriffen werden, »posse« und »esse« koinzidental zu denken. Indem das Denken auf seinen Grund reflektiert, gewinnt es im »nomen compositum« etwas Festes, auf das weitere Erkenntnisschritte aufbauen können. Ist das Sein der Geschöpfe bedacht und eingesehen, dass alles, was ist, sein kann, da, was nicht sein kann, nicht ist, dann ist das Sein der Phänomene auf seinen Grund – das Können-Ist (possest) – befragt und kann strukturell erschlossen werden.

Das Verständnis von Koinzidenz hat verschiedene Stadien durchlaufen. Am Beginn stand die Koinzidenz von Maximum und Minimum; das »maximum absolutum«, dem in seiner unendlichen Fülle nichts Gegensätzliches gegenüberstehen kann, ist vor jedem Gegensatz zu denken (supra omnem oppositionem). »Über alle Gegensätzlichkeit und allen Widerspruch ist also Gott erhaben, dessen Sein durch beide Glieder des Gegensatzes notwendig erscheint.«[57] Gottes Nicht-Sein zu denken ist unmöglich, denn in den gegensätzlichen Bestimmungen »Gott ist« und »Gott ist nicht« wird Gottes Sein bejaht. Als Unendliches kommt es vor dem Gegensatz von Bejahung und Verneinung unendlich »entfernt« zu stehen. Widersprechendes kann nicht gedacht werden; jedes Denken der Koinzidenzeinheit verfehlt diese, weil es ihr, die über Sein und Nichtsein ist, ein Sein zulegt. Der Begriff des Einen (unum), der absoluten Einheit (unitas absoluta) als all-einer Ursprung ist bestimmend. Die Koinzidenz von »contradictoria« beschränkt sich auf den Ursprung, der als Eines und Nichteines zugleich angesehen werden kann. Dessen Identität ist unbestimmte Gleichheit mit sich. In *De coniecturis* geht Cusanus darüber hinaus. Jetzt weist er das Hinaussein über Trennung und Verbindung von »contradictoria« der göttlichen Einheit, die Verbindung der »contradictoria« jedoch Geist/Vernunft (mens/intellectus) zu. Die Koinzidenz als kompatible Konkordanz wird nun auch Kennzeichen des Geistes und bietet als Abbild in der Vernunft die Gewähr dafür, die Koinzidenz im Ursprung mutmaßend erfassen zu können. Die »unitas absoluta« tritt jetzt nicht nur vor die getrennten Gegensätze, sondern auch vor deren Verbindung. Das Alleinsein des Ursprungs tritt als Nichts diesem unableitbar gegenüber, sodass für die Andersheit des Geschaffenen kein Grund im »unum« angegeben werden kann. Die »unitas absoluta« steht vor der in Andersheit partizipierbaren Einheit, ist Voraussetzung der Konkordanz der Gegensätze. Cusanus befindet sich nunmehr im Bannkreis des neuplatonischen Prinzipiendualismus (zwei Begriffe von Einheit), den er zu durchbrechen sucht. In *De principio*, die Aufspaltung des Unum-Begriffs wird manifest, gelingt dies noch nicht, während in *De visione dei* das »unum absolutum« als die sich selbst bestimmende absolute Unendlichkeit (infinitas absoluta) einen ersten Ansatz liefert, das Problem zu lösen. Der Vorstoß findet in *De non aliud* eine erste Vollendung, indem das »unum absolutum« – über die Zwischenstation »idem est« – zum »non aliud« umgedeutet wird. Ein zweiter Weg wird in der Könnensphilosophie eingeschlagen; das Hervorgehen der Dinge aus der Ursprungsidentität ist besser darstellbar.

Cusanus bestimmt in *De genesi* die Koinzidenzidentität als das »absolut Selbe« (idem est). Im absoluten Anfang, der sich selbst zum schöpferischen Beginn bestimmt, fallen Anfang und Ende zusammen. Das unbedingt Erste ist Selbstbedingtes dann, wenn alle Bedingungen zu seinem Entstehen oder Wirken als von ihm unmittelbar gesetzte angegeben werden können. So aber hat es die Sphäre kausaler Weltzusammenhänge verlassen; als Anfangs- oder Allgrund unterliegt es dieser nicht, denn es ist ihr Werk, Kausalität hervorzubringen. In diese schöpferische Freiheit, die das Erste auszeichnet, da es die Universalität von Kausalität auflöst, indem es den kausalen unendlichen Regress aufhebt, könnte nun die Willkür Gottes Einzug halten. Es ist auffällig, dass Cusanus die begründungstheoretische Reichweite eines personal gedachten Gottes, dessen Wille entscheidet, was geschieht und was nicht, auf die Ursprungshandlung einschränkt, um zu zeigen, dass Gott als »Der Selbe« die Weltzusammenhänge mit Notwendigkeit und in ihrer grundsätzlichen Differenziertheit aus sich heraus setzt. Das zu denken ist nur möglich, wenn sich die absolute Vernunft Gottes von der Notwendigkeit, sich in die Welt ausdifferenzieren zu müssen, bestimmt zeigt. Die Einführung des Gründungswillens begräbt zwar die Ansicht, dass Gott irgendeine Notwendigkeit auferlegt werden könnte.

Hat sein Wille den Schöpfungsvorgang in autarker Manier ausgelöst, handelt er aber gemäß göttlicher Vernunft. Dann ist »das Herrschergesetz nichts anderes als der Verstand (ratio) des Herrschers [...], der uns als Wille erscheint«[58].

In diesem allbegründenden Selben sind alle Gegensätze, die die Welt in Spannung halten, das Selbe selbst, da das Selbe mit Notwendigkeit nur das Selbe – d.h. sich selbst – bewirkt. Da es nicht von einem Anderen sein kann – sonst wäre seine Selbigkeit nicht mehr wahrhaft die seine –, aber die Welt mannigfaltig gegensätzlich verfasst ist, muss das absolut *eine* Selbe als alleiner Urgrund das Selbe als jeweils *anderes* Selbes begründen können. Indem in ihm selbst Sein und Nicht-Sein koinzidieren, steht das absolute Selbe über jeder Verschiedenheit als einzigartige, weil absolut gegensatzlose Einheit. Cusanus begnügt sich nicht mit der neuplatonischen Einheitsdoktrin, denn es muss für den Schöpfer erwiesen werden, dass Gott nicht nur die Welt zur Einheit zusammenzwingt, sondern dass er auch alle differenzierten Weltgehalte aus sich hervorbringt (und mit Notwendigkeit in der Mannigfaltigkeit erhält), die, in sich fein abgestimmt, den Kosmos repräsentieren. Um diesen Schritt vollziehen zu können, ist die reine Einheitssetzung zu überschreiten. Dann wird einsichtig, dass der schöpferische Gott seine Selbigkeit in eine unendliche Fülle von Andersartigkeiten ein und derselben Selbigkeit ausgibt, sodass aus einem einzigen Formprinzip die Verschiedenartigkeit der Formen im Universum nicht nur begründet, sondern auch in die Einheit zurückgeführt werden kann. Heikler Punkt ist die Einführung des Andersseins, denn die absolute Selbigkeit ist niemals zu sich anders, sondern nur »selbig«. Der »Vorgang« des Selbstprädizierens (das Grüne grünt; das Selbige »selbigt«) als Einheitsvervielfachung bringt kein wirklich Anderes hervor. Die Vermannigfachung ist einzig aus der Erfahrung motiviert. Das Aposteriori wird zum Apriori umgestimmt. Cusanus zeigt nur, dass im Anderssein nichts anderes erscheint als das unendlich Selbe, nunmehr im *Modus* des eingeschränkt-unendlichen Selben.

Mannigfaltigkeit der Welt ist für Cusanus Größenvervielfachung. Das Verschiedene erscheint als etwas, was sich selbst gegenüber das Selbe und zugleich zu anderem anders ist. Es ist wie mit der Zahl: Während die Zahl als Größe eine abzählbare Einheit darstellt, repräsentiert eine jede ein anderes Quantum. Dass ein Ding in seiner Identität mit sich übereinkommt, bewirkt die ihm vom Schöpfer mitgegebene Wesensform. Dass es sich zu anderen Dingen in seiner Selbigkeit wie ein jeweils Anderes verhält, resultiert nach Cusanus daraus, dass seine Form keine absolut vollendete darstellt, wie das beim Geber aller Formen (forma formarum) vorfindlich ist. Während das absolut Selbe in nicht partizipierbarer Weise über der Vielheit angesiedelt ist, befinden sich die Partizipationen der geschöpflichen Dinge am Absoluten im Zustand unendlich skalierbarer Ähnlichkeit, sodass sie auch untereinander als ähnliche aufzufassen sind. Da sie niemals ganz übereinstimmen, können sie auch niemals völlig identisch sein. Verähnlichung (assimilatio) schließt eine gewisse Koinzidenz (quaedam coincidentia) des Abstiegs des Selben zum Nicht-Selben und des Aufstiegs des Nicht-Selben zum Selben ein.[59] Das absolute Selbe ruft in der Schöpfung das Nicht-Selbe zu sich, um das Selbige an die Schöpfung im Modus der Ähnlichkeit weiterzugeben. Assimilation bedeutet, sich mit sich über ein Anderssein zu identifizieren. Da sich die Selbigkeit selbst nicht vervielfältigt, gibt sie sich in ihrer wesentlichen Eigenschaft – selbig zu sein – an alles aus; allem ist sie wiederum Telos. Sein des geschöpflich Selbigen ist abhängiges Selbig-Sein. Dieses Sein ist auf Gott ausgerichtet, sodass es ihn in der Selbstperfektionierung erstrebt, um sich in ihm in seiner Eigenheit zu vollenden. Seine Vollendung findet es im gottverursachten Wesen seiner selbst. Schöpfung heißt, dass das unendliche Eine sich in sich unbegrenzt ausdifferenziert. So verstanden, ist sie als »Identifikationsprozess« (M. Alvarez-Gómez) aufzufassen.

Die Ähnlichkeit erscheint auch als harmonische Ordnung, die das absolut Selbige in unabschließbarer Mannigfaltigkeit repräsentiert. Zugleich ist postuliert, dass das absolut Selbige von dieser niemals erreicht werden kann, da ihr das defizitäre Prinzip der Andersheit (das bezüglich seines Herkommens nicht geklärt ist) anhaftet. Resultat der Überlegung ist, dass alle Dinge als Größen einer unbegrenzbaren Reihe funktional aufeinander bezogen sind, weil sich sowohl deren Identitäten als auch die Differenzen zwischen ihnen aus dem all-einen Grund begründen: Ihr Anderssein erscheint als unendliche Modifikation ein und derselben Selbigkeit, denn »das Selbe ist Anderem gegenüber nicht mißtönig oder fremd«[60]. »Es ist offenbar, daß der Ursprung oder Anfang der Welt nicht in einem Anderen liegt; das absolute Selbe (idem absolutum) ist vielmehr Anfang, Mitte und Ende der Welt. [...] Nur das absolute Selbe ist das völlig entsprechende Maß von allem, das irgendwie meßbar ist.«[61] Für die Genesis einen derart philosophisch dominierten Begründungsdiskurs zu führen bedeutet, die mosaischen Anthropomorphismen ganz ausdrücklich zu tilgen. Cusanus hat die Deanthropomorphisierung des Schöpfungsdenkens in *De non aliud* und in der Könnensphilosophie weit vorangetrieben. Er empfand deutlich, dass seine bisherigen Lösungsansätze unzureichend geblieben waren. Wenn behauptet wurde, dass das Selbe das Nicht-Selbe zu sich ruft, um die Diversifikation in die vielen Selben darzustellen, war zu klären, wo das Nicht-Selbe herkam. Es war nur *gesetzt*, sein Erscheinen war nicht begründet.

Einen weiteren Schritt tat Cusanus in *De dato patris luminum*. Anknüpfend an die Bibelstelle (Jak 1, 17), geht er davon aus, dass das, was die Geschöpfe vom Vater der Lichter empfangen haben, gemäß der Schrift gut ist. Er folgert: Wenn dies so ist, dann sind die Geschöpfe auf die beste Weise von einem Gott, der kein hocherhabener Anderer sein kann. Gott schenkt den Geschöpfen nicht *etwas*, sondern *sich selbst*. Er verlässt seine Schöpfung nicht, da der schöpferische Vorgang ein innergöttlicher ist. Somit ist Gott Schenkender und Geschenk (dator et donum) zugleich. Das immanente Begründungsverhältnis, das Gott zu seiner Schöpfung hat, erscheint einmal im Verhältnis von Schöpfer und Geschöpf: Wenn sich Gott ohne Verminderung seiner selbst den Geschöpfen ganz und unmittelbar mitteilt – hierin folgt Cusanus eng der Theorie des Meister Eckhart –, dann scheint es, dass Gott und Geschöpf dasselbe sind. Es scheint sodann auch jedes Geschöpf auf irgendeine Weise Gott zu sein. Das Geschöpf ist geschenkter Gott (deus datus), denn Gott kann nichts anderes geben als sich selbst (nisi se ipsum). Cusanus bricht hier ab. Er hat den Vorbehalt bereits im »videtur« (es scheint) formuliert. Denn, so schließt er an, es scheint sich zwar um eine univoke Einheit (nach dem Muster: ein Mensch zeugt den ihm nach der Natur gleichen Menschen) zu handeln, aber dem ist nicht so. Man muss nämlich beachten, dass zwar nur Eines ist, dass dieses aber einmal als das Selbe nach der ewigen Weise des Gebers (Gott) und ein andermal als die zeitliche Weise der Gabe (Geschöpf) gesehen wird. Das Eine existiert also in zwei voneinander getrennten Modi; die Transzendenz ist fürs Erste gerettet. Cusanus muss auf einen Perspektivenwechsel in der Erkenntnis zurückgreifen, um die Differenz in die ontisch gefasste Einheit hineinzubekommen. Ihn plagt das gleiche Problem wie Spinoza, der auch nur durch Perspektivenwechsel die Diversifikation der göttlichen Substanz in Modi zuwege brachte. Gleichwohl gestattet ihm die Modikonzeption, der »distinctio realis« aus dem Wege zu gehen.

Das Konzept schlägt zum anderen auf das Verhältnis von göttlicher zu geschöpflicher Form durch. Die Selbstgabe Gottes an die Geschöpfe ist nonkausales Sichverströmen. Die Unterteilung in Ursache und Wirkung hat hier ihre Erklärungskompetenz eingebüßt, denn die Gabe der Form ist zunächst als stufenlose Emanation zu denken: Die Ursache ist in der Wirkung, wie die Wirkung in der Ursache bleibt. Wenn die Form dem Ding das Sein gibt, dann, so der Einwand des Cusanus, ist im Auge zu behalten, dass die Form hier nicht zu etwas (bereits Vorhandenem) hinzutritt, sondern das Sein selbst in jedem Ding ausmacht. Demgemäß steht Gott (dator formarum) als »forma omnium formarum« für die absolute Form des Seins. Hier nun bricht Cusanus ab und versichert, dass die Unendlichkeit Gottes in den Dingen nur im Abstieg endlich eingeschränkt aus der universalen Form aufgenommen werden könne, womit das Absolute im jeweils besonderen Ding immer anders empfangen und kontrahiert wird. Insofern die Dinge sie selbst sind, ist ihre wahre Wesensform sichtbar, sodass deren Sich-selbst-Gleichheit mit ihrem Anderswerden kontrastiert. Das Selbe (ipsum) schließt also die Negativität des »aliud« von sich aus.

Cusanus beschäftigte sich damit, wie die Negativität des Andersseins in den Erschaffensvorgang integriert werden kann, ohne dass eine deduktive Lücke klafft. In *De non aliud* konturiert er mithilfe des »non-aliud« (Nicht-Anderen) sein selbstreferenzielles Identitätsverständnis neu. Dem hatte Meister Eckhart in seiner Indistinctum-Theorie vorgearbeitet.[62] Gott als der ununterschiedene All-Eine war nur dann zureichend gedacht, wenn er sich von sich unterschied und dennoch er selbst blieb. Als »unum qua indistinctum« war er einerseits vom Geschaffenen unendlich unterschieden, andererseits aber völlig ungeschieden. Das »indistinctum« unterschied sich einerseits so wie der (kontradiktorische) Gegensatz von Gegensätzlichem. Während sich das Unterschiedene durch Unterschiedenheit von sich selbst unterschied, unterschied sich das Ununterschiedene durch Ununterschiedenheit vom Unterschiedenen. Je mehr aber das Ununterschiedene sich vom Unterschiedenen unterschied, desto mehr unterschied es sich andererseits von sich selbst, wurde also desto ununterschiedener zum Unterschiedenen, da es in seiner Unterschiedenheit sich sogar von sich selbst unterschied. Somit war das Ununterschiedenste dasjenige, das sich selbst durch seine Unterschiedenheit von dem, von dem es sich unterschied, nicht unterschied. Eckhart hatte in paradoxaler Form den Selbst- mit dem All-Bezug Gottes zu verknüpfen gesucht. Von der Sentenz Eckharts »In deo enim non est aliud« ausgehend, konnte Cusanus seine Koinzidenzdialektik vom »non-aliud« aufbauen. Im Hintergrund standen Proklos und Dionysius Areopagita. Proklos hatte in seiner *Theologia Platonis* (II, 3) vermerkt: »Das Eine selbst ist nichts anderes als Eines (Unum est nichil aliud quam unum).«[63]

In *De visione dei* klingt der Einheitsbegriff in der Form an, die seit *De coniecturis* vorgeherrscht hat: Da es neben der unendlichen Einheit keine Andersheit (alteritas) geben kann, muss diese in der unendlichen Einheit als eingeordneter Modus erscheinen. Andersheit ist kein Ursprung des Seins, da es vom Nichtsein her benannt wird. Dies deshalb, weil das eine das andere (aliud) nicht ist; jegliches ist anders. Wie jedoch Einheit und Andersheit prinzipiell zusammenzudenken sind, ist hier noch offen. Das »non aliud« sollte über das »unum absolutum« hinausgehen und die Idem-Identität in Richtung auf den selbstreferenziellen Logos weiterentwickeln. Den Unterschied zum Idem-Konzept vorgängiger Schriften hat Cusanus deutlich markiert. »Du magst auch bemerken, daß das Nicht-Andere nicht ebenso viel bedeutet wie das Selbe (idem). Da das Selbe nichts anderes ist als das Selbe, deshalb ist das Nicht-Andere ihm und allem, was man nennen kann, vorgeordnet.«[64] Für das Erste ist ein Begriff zu finden, der allgrundierend ist und auf sich reflektiert, der das »nihil« in das »aliud« integriert, das noch in *De genesi* dem »idem« als »non-idem« fremd gegenüberstand. Selbstidentität sollte die Allbegründung einbinden; Identität mit sich konnte dann nur unendliche Unterschiedenheit von sich und in sich bedeuten.

Cusanus wendet in *De non aliud* das aristotelische Grundverständnis vom Wissen um, indem er die »definitio« (etwas ist nichts anderes als ...) zum ersten Thema macht. Die Definition gibt unter Angabe der »differentia specifica« das Wesen der Sache an; grundsätzlich kann alles definiert werden. Cusanus substantiviert das Prädikatsnomen (ist nichts anderes als ...) und macht es zum Nicht-Anderen (non aliud); das wird von Cusanus als absolute Definition vorgestellt, die sich und damit zugleich alles definiert, d.h. Anderes als Einzelnes ausgrenzt (»alles *andere*« ist in sich »*nicht anders*«). Das Nicht-Andere wirkt in den Anderen nicht-andernd (non aliare), was in negativer Form auf das »idem« verweist. Das Nicht-Andere wird von keinem Anderen bestimmt, das Andere aber vom Nicht-Anderen. Das ist auch der Übergang vom absoluten (Vernunft-)Wissen zum Sein: Selbstdefinition ist Selbstexplikation oder ontologischer Schluss mit sich selbst. Die aristotelische Prädikatenzusprechung wird zur Selbstprädikation der göttlichen Vernunft umgedeutet.

Die Definition kann zwar prinzipiell alles definieren, nach aristotelischer Ansicht nicht jedoch sich selbst und zugleich alles andere.[65] Cusanus appliziert hier untergründig sein Modell aus *De visione dei* vom allsehenden Gott, der, auf sich sehend, alles sieht und erschafft. Selbstbestimmung begründet das Allesverschieden-Sein. Cusanus verlässt den umfangstheoretischen Ansatz früherer Jahre.

Die selbstreferenzielle Grundform der »definitio« erscheint bei Cusanus in dem Satz: Das Nicht-Andere ist nichts anderes als das Nicht-Andere (»Non aliud« est non aliud quam non aliud.)[66], das Definierende ist somit das Definierte. »Definitio« bezeichnet die Selbstbestimmung des Nicht-Anderen, das »definitum« deren Resultat. Damit integriert Cusanus eine Besonderheit der lullschen Definitionslehre, die sich radikal von der aristotelischen darin unterscheidet, dass in ihr nicht über die spezifische Differenz, sondern über die spezifische Tätigkeit definiert wird.[67] Das Nicht-Andere begründet sowohl das Andere (das Andere ist nichts anderes als das Andere) als auch das Nichts (das Nichts ist nichts anderes als das Nichts) in der Form, dass man sagen kann: Es steht als allbegründender Grund unendlich weit über allen Gegensätzen, ist aber in allen Anderen in negierter Form präsent (statt: »etwas ist x« oder »etwas ist nicht x«: »etwas ist nicht-x« (»Wasser ist nicht Erde« oder »Wasser ist Erde nicht«)). Das negierend Unterscheidende am Anderen ist im Nicht-Anderen negiert – das Nicht-Andere ist »negatio negationis« –, das zugleich Anderes als Unterschiedensein setzt. Die Negation ist inneres Ausgestaltungsprinzip des Positiven. Das Nicht-Andere ist in dieser Funktion »principium essendi et cognoscendi« und geht den Substanzen mit ihren Verschiedenheiten voraus. Ähnliches gilt für das Verhältnis von Substanz und Akzidens: Die Substanz ist nur durch die Akzidenzien, was sie selbst ist, und realisiert sich darin; die Akzidenzien sind umgekehrt von der Substanz völlig abhängig, denn ohne sie sind sie nichts. Akzidenzien sind nur durch und in der Substanz, die eigentlich *ist*. »Definitio« ist Seinsgrund (ratio essendi) von allem, ist Selbstterminierung als Alldetermination, verbindet das »unum exaltatum« mit dem »unum in alio«. Selbstheit ist in allem.

Das Nicht-Andere, oder die unbestimmte Beziehung auf sich, welche nichts von sich aus-, aber alles in sich einschließt, drückt das aus, worauf Cusanus die »coincidentia oppositorum« in der selbstreferenziellen Identität zunehmend angelegt hat. Der änigmatische Begriff steht für eine Identität vor Sein und Nicht-Sein, die als Widerspruch ohne Widerspruch (zu sich) zugleich als Widerspruch zum sich Widersprechenden (der Geschöpfe, die untereinander immer anders sind) fungiert.

Die absolute Selbstreferenz des Nicht-Anderen speist sich aus dem aristotelischen Denken des Denkens (noesis noeseos), das als Logos resp. als sich selbst schauender Heiliger Geist, der, indem er sich schaut, zugleich alles schaut, reüssiert. Der Logos begründet nicht nur die gegensätzliche Vielheit, er erscheint zugleich als das allübergreifend Identische in aller Verschiedenheit. Die cusanische Variante der All-Einheits-Philosophie verschwistert sich hier zwar mit der Logos-Philosophie des Aristoteles (neuplatonisch umgewidmet), doch der Gedanke an einen selbstursprünglichen Ursprung will auch hier so recht nicht zünden. Zwar hat Cusanus erreicht, dass das Nicht-Andere – anders als im Verhältnis von Selbst (idem) und Nicht-Selbst (non idem) – sowie das Nichts (nihil) keinen relativen Gegensatz mehr zum Ursprung bilden, aber die Konnotation von »aliud« und »nihil« im Nicht-Anderen bringt keine »Werdensdynamik« (D. Pätzold) hervor. Das Indifferenzabsolutum, wie man im Anklang an Schelling wohl sagen kann, ruht still in sich. Die »Bewegung« passiert – anders als Cusanus sagt – durch Perspektivenverschiebung im Kopf.

Das Nicht-Andere ist jedoch zugleich als begriffliche Anleitung zu sehen, wie gedacht werden kann, dass Gott in seiner Schöpfungsmannigfaltigkeit ist. E. Sonderegger hat darauf hingewiesen, dass in der Form »x ist das Nicht-Andere als (quam) x« keine simple Identitätsaussage vorliegt, sondern dass Cusanus das Nicht-Andere in x in kontrahierter Form anwesend sein lässt und es also nicht tautologisch leer läuft. Indem x das Nicht-Andere in spezifischer Weise realisiert, definiert sich das

Nicht-Andere in x zu x. Das Nicht-Andere bestimmt sich (im es Denkenden) selbst zum Bestimmen. Allein, die sich selbst definierende Definition hebt die Konkretion zugleich auf, indem sie auf das Nicht-Andere als den Einheitsgrund zurückverweist. Nur so aber kann von Ungewissem auf Gewisses rückgeschlossen werden.

Cusanus gebraucht aus *De visione dei* das Bild des allsehenden Gottes; das Sehen unter Koinzidenzbedingungen. Normales Sehen benötigt ein Zusehendes, um sich im Schauen zu bestätigen. Die absolute Schau des Nicht-Anderen schaut hingegen nur sich; sie hat kein Gegenüber. Indem sie sich selbst sieht, ist das Nicht-Andere ununterschieden alles. Es bestimmt sich im Rekurs auf sich und – ununterschieden davon – alles. Im geistigen Nachvollzug schaut der Geist nunmehr im Anderen das Nicht-Andere – in der Welt den allgründenden Identitätsgrund.

Der Geist ist auf das Nicht-Andere, das sein Grund ist, hin bestimmt. Er ist dazu ausersehen, dessen Selbstschau als Differenzierungshandlung nachzuvollziehen. Der Geist sieht, wie das Nicht-Andere sich und alles definiert, und vollzieht dies in koinzidentaler Vernunftschau in sich nach. Wird dieser sich auf sich beziehende Logos handlungstheoretisch ausgelegt, erhält man eine abstrakte Triade (non aliud, non aliud, non aliud), die mit den herkömmlichen Bezeichnungen (Vater, Sohn, Heiliger Geist) besetzt werden kann. Diese Substitution ist freilich recht beliebig. Die Triade absolut selbstischen Nichtandersseins erscheint in jedem einzelnen Geschöpf: dem Anderen, das zu sich nicht anders, aber zu allem anderen und dem Nicht-Anderen anders ist. Indem das Andere nichts anderes als das Andere ist, so schließt Cusanus, hat sich das Nicht-Andere in das Gegenteil seiner selbst fortbestimmt, um dieses sogleich wieder aufzuheben.

Befand sich das Nicht-Andere als absolut Selbstbezügliches im Modus der Selbstprädikation, so trifft dies auf das Andere nicht mehr zu, denn das Andere ist per definitionem vom Nicht-Anderen abkünftig. Indem hier die Begründungskausalität zur Teilhabekausalität restringiert wird, dominiert erneut jene schlechte Vermittlungskausalität, die Hegel in seiner Differenz-Schrift zu Recht als »erzwungene Herrschaftsidentität« brandmarke. Das Anderssein ist darin nur nach der Seite seiner nicht anders seienden Selbstidentität positiv bestimmt, nicht jedoch hinsichtlich seiner Funktion begriffen, als kumulativ wirkendes Konkretionsmoment antreibend im Absoluten zu wirken. Das Anderssein muss eine Scheinrealität bleiben, da sein innerer Zweck in der Aufhebung seiner selbst gesehen wird.

In den soseienden Geschöpfen ist die Nichtandersheit als kontrahiert oder beschränkt anzusehen. Sie sind in der Fülle je anderes Selbstsein. Dies ist eine Folge der holistischen Annahme, dass sich das Absolute nur ganz in jedes endliche Selbstsein mitteilt. Gegen Platon sichert das Modell – das Nicht-Andere ist das Wesen der Wesenheit des Anderen – Cusanus den Vorteil, keine Mannigfaltigkeit von Seinsgründen, wie in der Ideenlehre aufgetreten, annehmen zu müssen. Vor dieser spekulativen Folie kann Cusanus sagen: Alle Anderen haben ihre Wesenheit (ihre wesensprägende Formbestimmung) in der universalen Abhängigkeit (kein Anderes ist das Nicht-Andere, alle sind von ihm her) vom Nicht-Anderen; zugleich ist das allbegründende Nicht-Andere in allem Anderen gegenwärtig. Dieses Innesein, das Cusanus so wichtig ist, beschreibt er als einen Widerschein des Nicht-Anderen im Anderen oder als Metamorphose, d.h. als immanente Selbstbeschränkung des Nicht-Anderen im Anderen. Hier nun erliegt Cusanus dem Trug, die Differenzierungsleistung dem absoluten Prinzip zu überantworten, wo er doch an anderer Stelle einräumen muss – und der Wahrheit viel näher ist –, dass der qua Verstand Begreifende das Andere durch Ausgrenzung aus dem unendlichen Nicht-Anderen bestimmt. Wir treffen auf den bekannten Satz: »Jede Bestimmung ist Negation.« Der Erkenntnismodus determiniert, aber nicht das Absolute selbst, wie Cusanus glauben machen will. Nur in dieser Übertragung erscheint die Selbstbestimmung des Nicht-Anderen als eine Form reflexiven Sehens, das auf den Grund von allem schaut. Jene Begriffsdialektik ist ob ihrer spekulativen Höhe oft referierend gefeiert worden, ohne dass man sich über ihren Erklärungswert Rechenschaft gegeben hätte. Analytisch ist zu fragen, ob die spekulative Überwindung des neuplatonischen Einheitsdualismus jenseits aller Kritik bleiben kann.

Während der vorgängige Begriff des Selbst (idem) eine einfache, selbstreferenzielle Positivität ausdrückte, hat Cusanus mit dem »non aliud« eine doppelte Verneinung installiert: eine in sich reflektierte Positivität. Im ersten Fall belässt Cusanus die Negativität auf der Seite der »alia«. Er implantiert den selbstreferenziellen Logos in das Nomen, um bei Substantivierung des Nomens (non aliud = nichts anderes) die Fixierung von Denkbestimmungen zu verhindern. Hier aber deutet sich der erste innertheoretische Widerspruch an, den Cusanus zu lösen sucht, indem er darin gedanklich von einer Seite auf die andere geht. Die cusanische »Dialektik« operiert dabei mit Denkresultaten, die sie begriffstechnisch selbst nicht hinreichend durchschaut. Das Sprachspiel mit seinen unaufgeklärten Bedeutungskonnotationen ist gleichwohl die Bedingung für die unbedenkliche Anwendung auf alle denkbaren Sachverhalte. Das »aliud« am »non aliud« entspricht seiner Wortart nach einem Indefinitpronomen; es bezeichnet die Negation von irgendetwas. In dieser Eigenschaft ist etwas nichts anderes als ‥ es ist. (Ein Spaten ist nichts anderes als ein Spaten.) Man kann dem auch die Form geben: x ist als x anderes (= alles andere) nicht. Das zweite Relat ist aber gegenüber dem ersten multivalent, sodass Cusanus in-

83

nerhalb dieser offenen Form (nichts anderes als ...) beliebig viele Identifizierungen vornehmen kann, weil darin automatisch von differenzsetzenden Konkreta abgesehen wird. Es ist näherhin auch gleichgültig, welches Relat mit »eines« und welches mit »anderes« belegt wird. Cusanus arbeitet mit zwei unterschiedlichen Bedeutungsfeldern, wenn er in einem Fall die Form »x ist *nicht anders* als x« verwendet, im anderen die Form »x ist *nichts anderes* als x«. Indem er das Anderssein am Nicht-Anderen ohne Relatbezug (was eine unendliche Möglichkeit von relationalen Bezügen einschließen soll) substantiviert, verdünnt sich das Moment freier Selbstbezüglichkeit zu einer am Anderen prädizierbaren Eigenschaft (statt: der Baum ist grün, nun: der Baum ist *nichts anderes* als ...). Damit hat ihn die Substantivierung des Nomens eingeholt. Sind in der Form »Das Nicht-Andere ist nichts anderes als das Nicht-Andere« die Begriffsrelate vertauschbar, so gilt dies für die Form »Das Andere ist nichts anderes als das Andere« nicht mehr. Die Relation ist kausal ausgerichtet, sodass die korrelative Beziehung in perspektivisch zu beschreibende »Hinsichten« zerfällt.

Was aber bleibt immer identisch in dieser »Dialektik«? Der Name mit sich selbst und mit anderen Namen. Ein gesetzter Name (Platzhalter für ein konkretes Ding) steht zunächst einmal für sich selbst und ein andermal für den bezeichneten Gegenstand. In der Form »Erde ist nichts anderes als Erde« entspricht der Name »Erde« dem Gegenstand in einer Weise, dass das Bezeichnete der Bezeichnung nichts mehr hinzufügen kann. Die hier gültige Beziehung reduziert sich auf einen Zuweisungsakt im Sinne einer einfachen Zeigehandlung. Dies lässt die Identität von Bezeichnung und Bezeichnetem unbefragt.

Zurück zu den spekulativen Erträgen, die Cusanus mithilfe seiner »Begriffsdialektik« auf der Ebene kontingenter Andersheit etablieren kann.

»Wer im Anderen das ›Nichtandere‹ als eben das Andere erkennt, der erkennt, daß im bejahender Satz ein verneinender bejaht wird. [...] der schaut im Erwärmten das Nichterwärmte als Erwärmtes und im Abgekühlten das Nichtabgekühlte als Abgekühltes [...] im Geschaffenen das Ungeschaffene als Geschaffenes [...] und ganz allgemein im Bejahten das Nichtbejahte als Bejahtes (generaliter in affirmato non-affirmatum affirmatum) und schaut den negativen Satz als ein Prinzip des positiven von der Art, daß nach der Aufhebung des negativen eine Bejahung bestehen bleibt.«[68]

Da im Begründeten der Grund und im Grund alles Begründete ist, ist der Allgrund im Begründeten in negativer Weise aufzuspüren. Cusanus kann zwar die Kontraktion des Nicht-Anderen zum Anderen nicht wirklich deduzieren, aber er verschafft der Vernunft die koinzidentale Sicht, im Maximum des einen Gegensatzpols den anderen Pol enthalten zu sehen. Diese Vernunftschau, die im Bejahten das Nichtbejahte als Bejahtes sieht, erschließt der Urteilsfähigkeit einen sichereren Grund, als sie ihn rein verstandesmäßig hat finden können.

Cusanus macht auch klar, dass derjenige, der das Nicht-Andere im Anderen als Anderes sieht, der Vernunftlogik des sich ausschließenden Widerspruchs folgt, während derjenige, der im Anderen das Nicht-Andere als nicht das Andere schaut, eben die höhere Perspektive des Geistes oder der Vernunftlogik vom Zusammenfall der Widersprüche einnimmt. Hier erkennt der Geist, dass »das Nicht-Andere nicht ein Anderes gegenüber dem Anderen, sondern im Anderen das Andere«[69] ist. Schaue ich Gott bspw. in der Zeit, dann schaue ich ihn als Zeit, schaue ich die Zeit in Gott, dann schaue ich die Zeit als Gott, d.h. in ihrem vom Urgrund begründeten Wesen.[70]

Die Präsenz des Nicht-Anderen im Anderen ist allein negativ im Vernunftdenken erfassbar. Gott ist nicht die Welt, aber die sichtbare Welt ist in ihrem Wesen unsichtbarer Gott, ihr negativ zu erfassender Wesensgrund. Dieser ist allerdings nur über das Koinzidenzdenken der Vernunft näherungsweise einzukreisen. Dessen Erkenntnis qualifiziert sich im unabschließbaren Durchgang durch die Welt der Andersheiten, ohne indes zu letzter Gewissheit aufzusteigen. Der geschöpfliche Geist ist in der Lage, Wahrheit zu schauen. »Jener Geist, dessen Kraft zu allem dringt, durchforscht alles und schafft die Begriffe und Bilder aller Dinge; er schafft sie, [...] da er die begrifflichen Bilder der Gegenstände nicht aus einem anderen gestaltet, wie auch der Geist, der Gott ist, die Wesenheiten der Dinge nicht aus einem anderen formt, sondern aus sich oder dem ›Nicht-Anderen‹. Wie er [...] von irgendeinem Geschöpf nicht verschieden ist, so ist auch das Denkvermögen nicht von irgendeinem seiner Erkenntnisgegenstände verschieden.«[71]

Von der philosophischen Spekulation, die sich um das Selbe (idem) aufbaut, ist im Weiteren zu den Überlegungen fortzugehen, die um den Begriff des Könnens (posse) gebildet werden. Während Erstere sich in der Hauptsache mit der platonischen Einheitsspekulation auseinander setzt, korrigiert im zweiten Fall Cusanus die aristotelische Tradition aus ihrem Zentrum, dem Begriffsfeld, das sich von Möglichkeit und Wirklichkeit bestimmt zeigt.

In der Schrift *De possest* sind für Cusanus Möglichkeit und Wirklichkeit im absoluten Können gleich ewig; so ist in Gott das absolute Wirklich-Sein (esse actu) vom absoluten Können-Sein (posse esse) nicht zu trennen. Als Koinzidenz von Können und Sein ist er »das Können ist« (posse est) oder präziser das »Können-Ist« (poss-est), »potentia« und »actus«, die das Geschöpfliche gegensätzlich strukturieren, aus der Koinzidenzeinheit begründend. Gott ist nicht, wie noch bei Thomas von Aquin, auf sich bezogene reine Wirklichkeit (actus purus). Das übergegensätzliche Können des Können-Ist begründet – umfangstheoretisch gedacht – sowohl die Möglichkeiten als auch die Wirklichkeiten des Seins aus sich, aber es ist weder reine Potenz noch reine Wirklichkeit. Es steht als »potentia infinita« über allem Sein. Als erstes Prinzip ist es Anfang und Ende von allem: Als begründender Anfang gibt es allen Möglichkeiten Wirklichkeit, als final gedachtes Ende ist es die vollkommene Verwirklichung alles Möglichen. Die absolute Wirklichkeit Gottes *ist*, weil sie sein kann. Da sie alles ist, was sein kann, kann sie nicht nicht sein.

Gegen die Tradition ist hier »die Möglichkeit gleichrangig neben die Wirklichkeit gestellt« (L. u. R. Steiger). Mehr noch: Das Sein ist nicht länger der letzte Grund; es ist aufs Geschöpfliche beschränkt und wird vom Können letztbegründet – »esse ist ein Prädikat von posse« (L. u. R. Steiger). Das »Ego sum qui sum«, das die Idem-Spekulation geleitet hat, erfährt in *De possest* eine neue Ausdeutung als »Ego sum deus omnipotens«.[72] Gottes Allmacht ist die Verwirklichung aller Möglichkeit.

Gottes Wirklichkeit ist komplikativ alles (complicatio omnium), was sein kann; ohne sein explikatives Können kann nichts sein. Alles ist ursprunghaft in ihm eingefaltet; allein von ihm her kann jedwedes in *seine eigene* Wirklichkeit hinausgehen. Einfalten und Ausfalten sind eine »Bewegung«, wie Ein- und Ausatmen. Das Nicht-Sein der endlich Verwirklichten – denn die endlichen Dinge sind nicht, was sie sein können – hebt Gott mitumgreifend letztlich in der Koinzidenzeinheit auf. So ist er gegenüber dem endlichen Geschöpf – das im Schöpfungsvorgang vom Nicht-Sein ins Sein geführt wird – Anfang und Ende, Ermöglichungsgrund und Vollendungsziel, Verwirklichungsmacht (potestas) und Allmöglichkeit (possibilitas) in einem. Das Nicht-Sein, das den Weltzuständen anhaftet, eröffnet ihnen jenen Möglichkeitshorizont, vor dem sie alles sein können.

Handlungstheoretisch gewendet, kann der Grund als »Machen-Können« (posse facere) und »Werden-Können« (posse fieri) erscheinen. Machen-Können ermächtigt das abgeleitete Werden-Können dazu, als »potentia passiva« zur »potentia activa« werden zu können. Cusanus macht dies am Buchschreiber klar. Im Vorgang des Buchschreibens verwirklicht sich ein Können (posse activum) ebenso wie das miteingefaltete Geschriebenwerden des Buches, d. h. das passive Wirklichwerden des Buch-werden-Könnens (posse passivum). Im Buch-schreiben-Können ist zugleich das Nicht-Sein des Buches eingefaltet. Das Buch ist im Geist des Schreibers insofern, als seine Verfertigung in dessen Können liegt. Je mehr sich dessen Können aktualisiert und das Buch Wirklichkeit wird, desto mehr verwirklicht sich im Buch-werden-Können das Buch-machen-Können; ohne das Machen-Können hätte es aber nicht werden können. Über allem ist das absolute Können (posse absolutum) »so, wie es alles Können, über Tätigsein und Erleiden, über Tun- und Werdenkönnen hinaus, einfaltet, und du begreifst das Können selbst als wirklich seiend. Von dem Sein aber, das wirklich ist, sagst du, es sei alles, d. h. das absolute Können. Und so willst du sagen, daß, wo alles Können wirklich ist, man zum ersten allmächtigen Ursprung gelangt.«[73] Allerdings gibt der Ursprung seine allmächtige Könnens-Kraft an das endliche Sein-Können niemals ganz aus. Kein Geschöpf ist das Können-Ist, sodass es auch sein kann, was es nicht ist. Zu seinem Können-Sein muss ein seinsermöglichender Akt hinzutreten, damit es wirklich wird. Dies zeigt an, dass das Potentia-actus-Schema für die geschöpfliche Wirklichkeit seine strukturierende Kompetenz behält. Der Begriff vom »possest« ist weitgehend ein Umfangsbegriff, der die Differenz von »potest esse« und »actu est« auf den Einheitsgrund zurückführt, das Hervortreten und Ineinanderübergehen der Gegensätze aber nicht besonders im Blick hat.

In *De venatione sapientiae* konzentriert sich Cusanus darum auf das Werden-Können (posse fieri), um das schöpferische Hervorgebrachtwerden des Endlichen aus dem unendlichen Können zu betrachten. Das Werden-Können avanciert zur geschaffenen Möglichkeit mit eigenem Sein, ist passive Potenz hinsichtlich des Machen-Könnens, aber aktiv weltschaffendes Prinzip hinsichtlich des Geworden-sein-Könnens (posse factum). Es ist als Seinsmodus der geschaffene Selbstunterschied zum Können-Ist (possest). Das Machen-Können initiiert die Setzung des Werden-Könnens, das sich im Weltwerden unbegrenzt entfaltet und dem Gewordenen einen Verwirklichungshorizont aufspannt.

Der tätige Gott, das Machen-Können, überführt, erhält und vollendet Endliches zum Wirklich-Sein. Da der Vollzug des Werden-Könnens (posse fieri) in den Mittelpunkt der Betrachtung rückt, gibt Cusanus der handlungstheoretischen Betrachtungsebene mehr Raum. In dieser finden sich die drei Momente Machen-Können, Werden-Können und deren Verknüpfung zusammengespannt. Schaffen und Geschaffenwerden sind in Gott koinzidental zu denken, wie das auf sich gewendete Sehen Gottes Schaffen ist. Gottes Sein ist Schaffen, wie in *De visione dei* vermerkt. Das schaffende Prinzip, Verwirklichungsagens der Welt, wird in *De venatione sapientiae* thematisiert.

In *De ludo globi* hat Cusanus dieser Betrachtung insofern vorgearbeitet, als er die Bewegung als Vermittlung zwischen Möglichkeit und Wirklichkeit eigens in den Blickpunkt rückt. Ausgehend von den formgebenden Künsten, legt er dar, wie der Formgeber in seinem Geist die Form zunächst entwirft, sich in der Ausführung müht, die Materie hinsichtlich ihrer Möglichkeit für die Form geeignet zu machen, um schließlich die Meisterschaft seines Machens in der Überführung zu zeigen. Die Form war zunächst im Geist als geistiger Archetypus wirklich, in der aufnehmenden Materie in der Weise der Möglichkeit.

Erst in der Bewegung geht die Form im material Aufnehmenden zur Wirklichkeit über, in der Abgrenzung materialer Möglichkeit. So vollzieht sich auch das Schaffen Gottes (creare dei), obgleich es vom Machen des Menschen (facere hominis) unendlich weit entfernt ist.

»Der göttliche Geist also, der die Welt in sich entwirft – diese Idee ist der Geist selbst, der der Idee gleich ist –, heißt Urbild-Welt. Gott wollte aber die Schönheit seiner Idee deutlich zeigen und sichtbar machen. Er schuf die Möglichkeit oder das schöne-Welt-werden-können und die Bewegung, damit es aus der Möglichkeit dahin geführt wurde, daß die Welt sichtbar wurde; in ihr ist die Möglichkeit Welt-zu-sein, wie Gott wollte, und so konnte sie wirklich bestimmt werden.«[74]

Die Materie verwirklicht sich nicht selbst; aus ihrer Wirklichkeit wird die Welt nicht gemacht; sie ist als Geschaffenes Ermöglichungsprinzip und Medium, sodass die Welt durch das Machen Gottes von der Seinsweise (modus) der Möglichkeit in die der Wirklichkeit qua »Geistbewegung« auf sich überführt (transire) werden kann. Möglichkeit und Dauerbewegung sind hier noch unterschieden – im Werden-Können (posse fieri) von *De venatione sapientiae* gehen sie zusammen.

Der Blick wendet sich in dieser Schrift von dem, was etwas *sein kann*, zu dem, was es *werden kann*. Das »potest esse« wird vom »posse fieri« abgelöst. Die Wirklichkeit eines Endlichen wird hinsichtlich seiner theophanischen Natur oder als Möglichkeit, auf das vollendende Ziel hin zu werden, bestimmt. Werden-Können ist in seiner unbegrenzbaren Strebeform Explikation des vollendet wirklichen Ermöglichungsgrundes. Es begründet alles endlich Seiende in seiner dynamischen Strebeform, wenngleich es am endlich Seienden zu seinem Ende nicht kommt, sondern stets darüber hinausweist. Werden-Können dynamisiert das Geworden-Sein auf sein Vollendet-werden-Können hin, das wirklich allein im absoluten Können ist. In dem triadischen Zirkel von »posse facere«, »posse fieri« und »posse factum« schließt sich über die Vermittlung des »posse fieri« das »posse facere« mit sich selbst zusammen. Der Quellgrund sich selbst initiierender Dynamik fließt in sich selbst zurück.

Dem »posse fieri« wächst dabei die Rolle eines Materialisationsprinzips zu (posse fieri aut materia). Während der griechische Demiurg ein Former aus dem Stoff war, wurde der Gott des Mittelalters als Schöpfer aus dem Nichts verstanden, um dem Prinzipiendualismus von Form und Materie zu entgehen. Auch Cusanus musste mit dem Materiebegriff operieren, ohne Gefahr zu laufen, die Materie als zweites Konstituens neben dem göttlichen Formwirken annehmen zu müssen. In seiner Spekulation über den Begriff des Könnens räumt er der Materie in der Form des Werden-Könnens eine eigentümliche Position zwischen Schöpfer und Geschöpf ein. Materie tritt bei Cusanus weder als zweites, passives Prinzip zur aktuierenden Form aristotelischen Zuschnitts noch als minderste Seinsstufe in der Hypostasenfolge neuplatonischer Emanation auf. Sie ist weder dem Sein noch dem Nichts zugehörig, weder endlich noch unendlich, aber auch kein aus sich seierdes Zwischen-Sein. Als »potentia« ist sie nicht reine Potenzialität (materia prima) ohne Wirklichsein, ebenso wenig ewige, anfangslose Potenzialität (materia aeterna), da sie nicht für das absolut Unendliche steht. Sie ist nicht ewig, aber sie ist unbegrenzt und immer während (aeva). Materie ist nicht aktual, sondern potenziell unendlich, endlos andauernd (perpetua). Materie kann sich nicht selbst zur Wirklichkeit bringen; sie benötigt ein aktuierendes Grundprinzip; sie ist Geschöpf und folgt dem verwirklichenden Formwillen des Schöpfers. Werden-Können (posse fieri) ist somit aus dem göttlichen Machen-Können (posse facere) zu begreifen, das in seinem Bewirkten immer anwesend ist. Ebenso ist das Werden-

Können dem Geworden-sein-Können (posse factum) der endlichen Dinge inhärent. In Umkehrung der aristotelischen Akt-Potenz-Philosophie geht hier die Möglichkeit oder das Werden-Können der Wirklichkeit des Gewordenen voraus. Damit gewährleistet Cusanus, dass im Geworden-Sein der endlichen Dinge die Möglichkeit zu vollkommenem Sein nicht erlischt; die vom endlichen Geworden-Sein nicht ausgeschöpfte Potenzialität garantiert einen Möglichkeitsüberschuss, da die endliche Wirklichkeit eines Dinges niemals die unendliche Wirklichkeit erreicht, gleichwohl aber auf sie finalisiert ist. So ist das Gewordene von göttlicher Überwirklichkeit vom Anfang und Ende her umfasst: begründet aus Ursache und Ziel (causa efficiens et finalis). Daraus ergibt sich eine Dreierstruktur: Dem ungeschaffenen Können-Ist (aktual unendlicher Ursprung) folgt das gewordene Werden-Können (potenziell unendliche Materie), darauf erscheint das geschaffene Geworden-Sein (aktual endlich). Wie das Können-Ist der unerreichbare Horizont des Werden-Könnens ist, so das Werden-Können der nicht durchschreitbare Horizont des Gewordenen in seiner singulär werdenden Möglichkeitsverwirklichung. Der Bedingungsgrund ist ein Können, das Seinsmodi setzt (Potenzialität und Aktualität), die aufeinander verweisen und gemäß der »regula doctae ignorantiae« nicht getrennt voneinander gedacht werden können. Das Materialitätsprinzip (Werden-Können) ist also nicht als formloser Stoff jenseits der verwirklichten Einzeldinge real, sondern begrifflich als apriorische Gedankenbestimmung zu fassen.

Was sein will, muss werden können – so die Maxime des Cusanus. Das Gewordene ist vom Anfang und vom Ende her im Werden-Können begründet, das selbst wieder vom omnipotenten Machen-Können zu seinem Können ermächtigt ist. Werden-Können ist zwischen Ewigkeit und Zeit angesiedelt; es hat einen Anfang als Erstgeschaffenes und weist auf seinen Grund vor. Als selbst nicht werden könnend muss es ewig andauernd (perpetuum) über das Geworden-Sein hinausweisen. Das Werden-Können versteinert im Faktischen nicht; das Universum – ein dynamisch verfasstes Gefüge wirkender Kräfte – pulsiert nach dem Takt des »Stirb und Werde« in sich.

Das Werden-Können ist alleiniges Weltwerdungs- und also Weltbildungsprinzip. Die Möglichkeit, die sich im jeweils Anders-Sein der Weltgehalte unbegrenzt auffächert, ermöglicht die Hinspannung des Werdenden auf sein Vollendet-Sein. Es ist angespannte, selbst bewirkte Verähnlichung auf Gott hin. Nur der ewig Unendliche eröffnet dem Werdenden jenen Spielraum, in dem es unbegrenzt vollkommener werden kann, um mehr und mehr an ureigener Identität zu gewinnen.

Das vorgängige Machen-Können muss machen können, dass das Werden-Können werden und das Gewordene zu dem werden kann, was es in seinem Können ist. Es verwirklicht das Werden-Können zum Geworden-sein-Können. Es muss eine dynamisierende Kraft verleihen, eine Wirkkraft, die auf das Werden-Können übergeht.[75]

Die Übertragung des Wirkens vom Machen-Können hat Cusanus am Beispiel des Erwärmens dargelegt. Die Wärme verwirklicht im zu Erwärmenden die Möglichkeit, warm werden zu können. Hat dieses Warm-werden-Können einen bestimmten Grad erreicht, so schlägt es an seiner Grenze in ein Warmmachen-Können um. Ist das zu Erwärmende so weit erwärmt, dass es nicht weiter erwärmt werden kann (ohne seine eigentümliche Wirklichkeit zu verlieren), dann entsteht aus seiner Möglichkeit eine Wirklichkeit, in deren Vermögen es liegt, nur noch wärmen zu können. So schlägt aus dem erwärmten Holz schließlich Feuer. Dabei geht das Holz nicht selbst in Feuer über, vielmehr wird das Erwärmende, das im Erwärmbaren nur der Möglichkeit nach ein Erwärmendes sein konnte, jetzt, wo

93

die Wirklichkeit des Erwärmbaren von der Wirklichkeit des Erwärmenden verdrängt ist, zum dominant Wirklichen. Es wechselt am Grenzmaximum (das Erwärmende ist das Maximum der Erwärmbaren) des Erwärmens vom Modus der Möglichkeit in den Wirklichkeitsmodus. Das Erwärmbare selbst geht nicht ins Erwärmende über; der Modus des Machens lässt am Aktiven und Passiven den Rollenwechsel geschehen. Die Modi sind nur Momente des einen Machens, das sich in seinem wirkenden Wirklichsein einzig selbst ermöglicht. Abstieg und Aufstieg koinzidieren darin. Die gemachte Möglichkeit findet ihre Ruhe nur in der Vollendung ihrer selbst, der Wirklichkeit, zu der sie durch das Machen-Können überführt werden muss. Die Möglichkeit ist ein vom Anfang und Ende her im Machen-Können begründetes Durchgangsstadium zum Wirklich-Werden.

Das »posse fieri« bildet eine wichtige Vorstufe für G. Brunos Materiebegriff; es bringt die Formen nicht aus sich hervor, denn diese sind in seiner Möglichkeit immer schon angelegt – ihr Herausgehen aus der intelligiblen »Materie« vollzieht sich nach einem Schöpfungsplan. Bruno wird dies abstreifen: Die Weltseele wird zur inhärenten Form der universalen Materie.

In *De apice theoriae* verbindet Cusanus das Prinzip von *De non aliud* mit der Spekulation in *De possest*. Das Können selbst (posse ipsum), das Können allen Könnens (posse omnis posse) ist der letzte Zentralbegriff, den Cusanus bildet. Gegenüber dem »posse fieri« wird jetzt das Werden direkt ins »posse« rückverlegt. Dynamisiert bringt es den Übergang zum Werden und Gewordenen unmittelbar zum Ausdruck. Nur das, was sein kann, existiert, denn ohne das vorgängige Können selbst kann nichts sein. Der Geist muss einsehen, dass er im Sein-Können, Erkennen-Können etc. das allumfassende Können selbst bezeichnet, sodass es jedem konkreten Können (Können mit Beifügung) voransteht. »Das Können selbst ist also die Washeit (quiditas) und der Grundbestand (hypostasis) von allem. In seiner Macht ist sowohl das, was ist, als auch das, was nicht ist, notwendigerweise enthalten.«[76] Gegenüber dem Können-Ist (possest) scheint ihm jetzt das »posse ipsum« zutreffender, denn im »poss-est« blieb das Können *neben* das Sein gerückt. Das »posse ipsum« hat kein Sein, das vom Können getrennt wäre; sein allumfassendes Können-Selbst ist sein dynamisiertes Gründungssein. Auch ist es kein Begriff von spekulativer Abgesondertheit; alle wissen, das nichts existiert, was ohne es sein kann.

Alles, was möglich ist, setzt die Möglichkeit selbst voraus. Dies aber meint Gott und nicht die Möglichkeit als unendlich mögliche Begründungspossibilität, denn selbst das Können-Selbst ist ermöglicht – und so ad infinitum. Den Gedanken »des unendlichen Re- oder Progresses« (B. Mojsisch) hat Cusanus nicht denken können.

Das Universum: ein multifunktionales Beziehungsgeflecht

Das wahre Eine, sagt Hölderlin im *Hyperion*, ist das in sich Unterschiedene, das die Vielheit versöhnt. Dieser Gedanke, der sich gegen den hypertrophen Einheitsbegriff des Neuplatonismus richtet, worin das Viele nur nach der Seite der Unterordnung unter ein Höchstes begriffen wird, könnte auch als Leitmotiv über der Lehre vom Universum stehen, wie Cusanus sie vorgetragen hat. Ganz allgemein: »Die Einheit der Welt ist durch Vielheit eingeschränkt, um Einheit in Vielheit zu sein.«[77] Dies liefert einen umstrukturierten Begriff vom Universum.[78] Es tritt als funktional unendlich vernetzte Totalität von Singularitäten auf. Der Universumsbegriff erscheint in zwei Bedeutungen: einmal als »universum« im Sinne von »Kosmos« und ein andermal als »universum contractum«, wobei das eingeschränkte Universum mit dem Bedeutungsgehalt von kontingenter »Welt« (mundus) zusammengedacht ist. Das absolute Eine (das absolut Größte) erscheint im konkret-eingeschränkten Größten (maximum contractum) als sich ausdifferenzierende Einheit. Im Universum wird Ewigkeit zu endloser Dauer, absolute Wirklichkeit zur Möglichkeit, aktuale zur privativen Unendlichkeit: geschaffener Möglichkeitshorizont, göttlicher Weltplan, in dem die endlichen So-Seienden unbegrenzt aneinander wirklich sein können.

Wenn Gott auch in seiner Schöpfung allgegenwärtig ist, fallen Gott und Welt nicht zusammen. »Die Welt (mundus) ist nämlich nicht so vollkommen erschaffen, daß Gott in ihrer Schöpfung alles, was er machen konnte, gemacht hat, obwohl die Welt so vollkommen gemacht ist, wie sie werden konnte.«[79] Gott hat nach seinem Willen eine sehr vollkommene Welt geschaffen, aber sein Machen-Können ragt weit über das Werden-Können hinaus. Das Universum bleibt dem Willen seines Schöpfers unterworfen, zu dem es in der Vollendung zurückstrebt. Der theonome Vorbehalt verwurzelt diese Welterklärung im Mittelalter; Cusanus benötigt dann die Inkarnation als kosmisches Ereignis, um diese Dualität zu überbrücken und zeigen zu können, dass die Weltüberwindung durch den Menschen real möglich ist. Cusanus begreift sie nicht asketisch, sondern als geistige Leistung.

Ausgehend von dieser ersten Kontraktion, die strukturell die übergreifende Allpräsenz eines Allgemeinen im verendlicht Konkreten – hier folgt Cusanus Aristoteles – zum Ausdruck bringt, folgen weitere »Konkretionen« in Gattung und Art. Schließlich langt man bei den Singularitäten, dem vereinzelten So-Sein irdischer Dinge, an. Die wahre Welt ist diejenige, die per Einfaltung (complicatio) in Gott wesentlich ist. In *De coniecturis* lässt Cusanus die opponierenden Modi Einheit und Andersheit ineinander laufen (Figur P), sodass innerhalb verschiedener Abstufungen Einfaltung als Ausfaltung und Ausfaltung als Einfaltung erscheint.

Die Stellung des Universums kann auch anders bestimmt werden. Betrachtet Cusanus die Reihenfolge des schöpferischen Hervorgangs, so ergibt sich ihm eine Tripelstruktur. Darin folgt auf die größte »Welt«, für die Gott steht, als große Welt das Universum; auf der dritten Stufe steht der Mikrokosmos, der Mensch.[80] Die kleine Welt ist Gleichnis der großen, wie die große Welt Gleichnis der größten ist. Gott ist weder unmittelbar in jedem einzelnen So-Sein – denn er ist darin nur vermittels der Welt (mediante universo), die nicht neben, sondern allein in den Dingen existiert –, noch macht es einen Sinn, zwischen Gott und Welt eine vermittelnde Mitte (etwa die platonische Weltseele) anzunehmen.

Die Schöpfungstriplizität verkürzt sich zu einer dualen Sichtweise, wenn die Sonderrolle des menschlichen Geistes in Rede steht. Der Mensch ist als natürliche Ganzheit Teil des Universums, ja er ist sogar derjenige Teil, in dem dessen Vollkommenheit höchst vollendet widerscheint. Im Geist jedoch ist seine Naturgebundenheit ganz aufgehoben. Gemäß neuplatonischer Lehre (Proklos) steht der Geist über der Natur, da er diese determiniert und nicht sie ihn. In diesem Zusammenhang erscheint das Universum als verschlüsselter Repräsentationsraum Gottes, dessen Wesenheit allein im Geist – in der Form höchstmöglicher Wahrheit – erkannt werden kann.

Zu den Besonderheiten der cusanischen Lehre vom Universum gehört, dass sie innovativ hat werden können, weil sie rückwärtsgewandt war. Die Ansichten des Cusanus stützten sich auf eine Natursicht, wie sie Thierry von Chartres ausgebildet hatte. Im Gegensatz zur aristotelisch bestimmten Lehre des 15. Jahrhunderts verband die Lehre aus dem 12. Jahrhundert die Rezeption des platonischen *Timaios* mit neuplatonischen Theoriestücken, stoischer Physik sowie naturkundlichen Resultaten der Zeit. Cusanus bediente sich zum einen der Trinitätsspekulation, wie sie Thierry in der Fortführung Augustinus' formuliert hatte, zum anderen griff er auf dessen Ontologie zurück, die die Seinslehre mit der mathematisch behandelbaren Größenbetrachtung (Komputistik) verband. Thierry hatte Platon wieder mit Pythagoras verknüpft; Cusanus führte dieses quantifizierende Weltverstehen in seiner Theorie des Messens fort. Auch hatte Thierry gelehrt, dass das Denken das gesamte Sein einmal nach der Einfaltung in Einem (complicatio = Alles in Eins) und ein andermal nach dem Modus der vielheitlichen Ausfaltung (explicatio = Eins in Allem) auffasste. In der ersten Form war das Universum in der urbildlichen Einheit Gottes aufgehoben, in der anderen erschien die Gesamtheit des Kosmos als die abbildliche Fülle göttlicher All-Gegenwart. Mit Thierry verband ihn, dass in einem einheitlichen Schöpfungsvorgang die aristotelische Trennung von himmlischer und irdischer Physik keine Begründung erfahren konnte. Er stellte sich damit gegen die Schulgelehrten, die nicht begriffen, dass aus dieser Ganzheitsbetrachtung ein funktional geordnetes Universum resultierte, das sich sowohl einer universalen Mathematisierbarkeit als auch einer Betrachtung unterziehen ließ, in der die Verstandesgegensätze »flüssig«, d.h. in ihrer, qua Vernunft aufzuspürenden, gegenseitigen Durchdringung zu denken waren.

Um seine holistische Sicht vom Universum zu begründen, musste Cusanus zunächst erörtern, in welcher Weise Schöpfer und Schöpfung verbunden waren. Schöpfung hatte etwas vom Schöpfer Abgeleitetes zu sein. Doch welcher Status kam ihr zu? Wenn sie nämlich als ein akzidentelles Zufallsprodukt des für sich seienden Göttlichen angesehen wurde, dann war zwar ihr minderer Rang beschrieben, aber unbeantwortet blieb die Frage, wie sich Gottes ureigenste Schöpfung minderte. Fehlte es Gott an Macht, Vollkommenes hervorzubringen? Das war nicht zu denken! Minderte er die Schöpfung gar selbst? Beschränkte Gott sich selbst in seiner Vollendungsmacht? Auch dies schied aus. Minderte sich die Schöpfung etwa auf dem Wege ihrer emanativen Hervorbringung, indem Mittelwesen die vollkommene Gabe Gottes nur unzureichend nach unten weiterreichten? Wie also konnte widerspruchsfrei gedacht werden, dass sich die unterschiedslose Einheit Gottes zum vielheitlich Anderen ihrer selbst vermittelte, ohne dass sie sich selbst beschränkte oder beschränkt wurde?

Meister Eckhart hatte für das Problem eine neuartige Antwort parat. Er hält fest, dass für die Beziehung Gottes zum Universum nur ein univokes Unmittelbarkeitsverhältnis gelten kann. Nach seiner Ansicht hat Gott seine Einheit unmittelbar dem Universum, dem einen Ganzen, das alles enthält, mitgeteilt, um die Teile dieses Ganzen auf dessen Einheit harmonisch hinzuordnen. Damit stellt er sich gegen Avicenna, dem zufolge Gott zunächst die vermittelnde Intelligenz erschaffen hat, welche die göttliche Gabe in abgeminderter Form an die Schöpfung weitergibt. Wenn aber, so Eckhart, die absolute Einheit alles in sich enthält, ist eine Fremdvermittlung als Minderungsgrund auszuschließen. Man kann also sagen: Gott, der kein Außen hat, vermittle sich im Schöpfungsprozess mit sich selbst. Schöpfung ist dann jedoch als Selbstmanifestation Gottes zu begreifen, die sich im Zurückgehen auf ihren Grund in Gott vollendet. Schöpfung erscheint im absoluten Selbstbezug als das sich selbst aufhebende Andere des Absoluten selbst. Gott vermittelt sich in ein einziges Universum (die All-Einheit in ein All), in dem sich die Vielheit als aufeinander abgestimmte Teil-Ganzes-Beziehung zur letzthin harmonischen Universumseinheit fügt. Eckhart bemerkt, dass »das ganze Universum als ein einziges Ganzes [...] von einem einfachen Einen stammt, als ein Eines von einem Einen, zuerst und unmittelbar«[81]. Gott teilt der Schöpfung nicht etwas mit, sondern sich selbst. Cusanus hat diesen Unmittelbarkeitsgedanken in seine Universumsspekulation aufgenommen. In einer Predigt, in der er sich der Vorleistungen Eckharts versichert, zeigt er, dass das Sein Gottes in allen Existierenden ganz ist, ohne auf dieses oder jenes eingeschränkt zu sein. Gottes Sein ist somit in allen, aber in keinem spezifisch begrenzt. Da kein Seiendes von Gott durch besondere Präsenz ausgezeichnet wird, gründen alle Seienden im selben Sein, worin sie sich gegenseitig einschränken. Gott ist somit Alles (im Ganzen) und Nichts von allem (Konkreten); er ist Alleinungs- und Besonderungsgrund in einem. Hinsichtlich des Ortes ist er überall zugleich, dabei freilich nirgends besonders gebunden. Der ortlose Gott schwebt über der Zeit, weil er die Zeit schafft. So ist auch für Cusanus die Welt von Ewigkeit her, da Gott im ewigen Jetzt die Zeit hervorbringt. Wie es unmöglich ist, zwischen Ewigkeit und Zeit eine vermittelnde Dauer einzuschieben, da die Ewigkeit die Zeit aus sich entlässt, so vermittelt nichts zwischen dem Sein Gottes und dem Sein der Welt.[82] Auch kann es zwischen der unendlichen Größe Gottes und der endlichen Größe der Welt keine mittlere Größe geben. Die einzigartige Einheit Gottes teilt sich unmittelbar der einzigartigen Einheit des ganzheitlichen Universums mit, das allein hinsichtlich seiner materialen Aufnahmemöglichkeit begrenzt ist.

Gemäß dieser metaphysischen Weichenstellung ist die göttliche Einheit als ganze Vielheit unmittelbar präsent, sodass innerhalb der allübergreifenden Einheit des Universums sich die vielfältigsten Besonderungen auszudifferenzieren vermögen. Gott ist nicht eigentlich im Kosmos, vielmehr ist ebendieser, da durch ihn totaliter begründet, in ihm. Im Zentrum cusanischer Überlegungen steht also eine besondere Form des All-Einheits-Denkens, die ihre Eigentümlichkeit aus der Lehre von der »coincidentia oppositorum« zieht. Zum einen ist – nach Thierry von Chartres – Gott »die Einfaltung von allem insofern, als alles in ihm ist«. Zum anderen ist er »die Ausfaltung von allem, insofern, als er in allem ist«[83]. Die absolute Einheit Gottes umfasst die Einheit des Universums, in der sich Einheit und Andersheit nicht auseinander dividieren lassen. So ist die absolute Koinzidenzeinheit über die korrelative Einheit des Universums in allen Dingen präsent, wie diese Dinge, zusammengefasst in der einen Ganzheit des Universums im göttlichen Grund aller Dinge, die einzigartige Begründung ihres jeweiligen Wesens erfahren.

Diese Beziehung von universaler Interdependenz fordert einen spezifischen Begriff von konträrer Opposition, worauf K. Jacobi hingewiesen hat. Der traditionelle Begriff des relativen Gegensatzes (oppositio relativa) wies zwei Schwächen auf, die Cusanus überwandt. Zum einen war in der Tradition das Moment des gegenseitigen Ausschließens (ratio remotionis) von dem des Aufeinanderbezogenseins (ratio dependentiae) strikt getrennt. Cusanus dachte diese jedoch zusammen. Zum anderen legte die aristotelische Rückführung des konträren Gegensatzes auf »habitus« und »privatio« jenem eine Finalität bei, sodass die Fehlstelle der Privation dem positiv Besitzenden zustreben musste, eine korrelationale Umkehrung (das Positive erstrebt nicht die Fehlstelle) aber nicht gedacht werden konnte. Für Cusanus war es wichtig, dass jedes so-seiende Etwas sich auf sein Anders-Sein bezog und es zugleich von sich ausschloss. Die aristotelische Beschränkung auf isolierte Paarbeziehungen (ein Plus gehört zu einem Minus und umgekehrt) entfiel hier ebenso wie die gegenseitige Unterordnung der Relate (ein Plus ist höherwertig als ein Minus), da nun jedes Etwas zu jedem wie ein »Plus/Minus« zu vielen anderen »Plus/Minus« stand.[84]

Cusanus stellt den schöpferischen Gott als einen Quellpunkt vor, der als reiner Selbstbezug auf sich, als ideale Selbstdurchsichtung seiner selbst wirkt. Als Grund der Welt ist Gott dem

Universum niemals fern. Schöpfung heißt ja, dass sich alles *in* Gottes Machtzirkel zum Besonderen entfaltet. Gottes Wesen muss die Welt als sein Erscheinen in sich selbst manifestieren, d.h., er muss im Anders-Sein seiner selbst zu sich zurückkehren, um als der wahrhaft Vollendete anerkannt werden zu können. Dieses Sich-zeigen-Müssen, Sich-für-die-menschliche-Vernunft-Öffnen, entspricht dem notwendigen Heraustreten-Müssen, indem die starre Grenze zwischen göttlicher Unendlichkeit und Kontingenz durch die Selbstmanifestation Gottes überwunden wird. Endliches ist Offenbarung des Unendlichen – ist »manifestatio dei«. Dem korrespondiert die theophanische Rückbewegung auf sich, denn jenes Heraustreten verfolgt den immanenten Zweck, die kontingent verfassten, vielfältigen Erscheinungsweisen in das allbegründende Wesen, die Wesenheit ihrer idealen Wesen, zurückzuführen.

Cusanus denkt die Ordnung des Kosmos in funktionalen Bezügen, als dynamisches Gebilde aufeinander einwirkender Kräfte, in Relationen und Korrelationen. Das macht die Transzendenz Gottes zwar nicht überflüssig, aber der kosmischen Strukturgesetzlichkeit ist eine Geschlossenheit garantiert, die wundersame Eingriffe des Schöpfers entbehrlich werden lässt. Der Kosmos, wie er in der universalen Aufeinanderbezogenheit all seiner Teile existiert, repräsentiert bereits das göttliche Wunder in der Form seiner unausdenkbaren Harmonie. Es bedarf also keiner korrigierenden Eingriffe durch Gottes Willen.

Gott ist im einschränkenden Universum uneingeschränkt präsent und weist darin, dass er stets über die kontingente Gegenwart hinaus ist, der faktischen Kontingenz ihren Vollendungshorizont zu. Eine Stufe tiefer wiederholt sich diese Vermittlungsform, da nunmehr das Universum seinerseits in eingeschränkter Weise in allen Einzeldingen ist, diese ihre Vollendung jedoch in der universalen Ganzheit finden. Eine solche

Analogie ermöglicht es zu sagen, dass Gott »durch Vermittlung des Universums in allen Dingen ist und die Vielheit der Dinge durch Vermittlung des einen Universums in Gott ist«[85]. Somit ist die All-Einheit in eingeschränkter Form in jedem Einzelding enthalten, wie jedes Eine in der allumfassenden Ein-Allheit aufgehoben ist. Und so, wie alle Glieder eines Organismus auf die bestmögliche Weise durch den Schöpfer sind, was sie sind, sodass jedes zu jedem anderen anders ist, so finden sich, wie das Ganze in allen seinen Teilen nur ganzheitlich ist, die Teile als funktional geordnete Beiträger zum Ganzen wieder. Diese Art der prästabilierten Harmonie funktioniert indes nur, insofern ein Teil unmittelbar zum Ganzen steht und sich alle Teile in diesem repräsentiert finden, wobei jedwedes durch jedwedes unmittelbar den Gesamtzusammenhang abspiegelt. Das Konzept holistischer Repräsentation gewinnt monadologische Züge. Im cusanischen Gedankengang wird der Satz des Anaxagoras, dass »alles in allem« oder »jegliches in jeglichem« sei[86], mit dem Prinzip zusammengespannt, dass es in der Welt keine zwei Zustände gibt, die so verschieden ausfallen, dass sie nicht doch in irgendeiner Hinsicht miteinander übereinkommen. Jedes Ding hängt demgemäß mit der vielfältig aufgefächerten Fülle des kosmischen Ganzen zusammen. Es gibt in diesem Universum nur ein Innen, kein Außen. Ein Weltinhalt, der sich von allen Weltinhalten absolut scheiden ließe, stellt gedanklich wie real eine Unmöglichkeit dar. Wenn dies so ist, dann muss in die Bestimmung universale Verflechtung notwendigerweise einbezogen werden. Ein solcher Bestimmungsvorgang kann niemals zu einem absoluten Abschluss geführt werden. Nichts ist mit letzter Präzision zu wissen.

Daraus ergibt sich eine – modern gesprochen – funktionalistische Sicht auf die Weltzustände. Das vereinzelte So-Sein eines Dinges ist fortan als ein Dasein begriffen, dessen Wesen sich allein aus dem unendlichen »Netzwerk« multivalenter Bezüge erschließen lässt. Man hat hier nicht mehr ein Ding, zu dem eine Relation (oder Eigenschaft) als Akzidens hinzuzudenken ist; vielmehr besteht die Substanzialität dieses Dinges in seiner unendlichen Bezüglichkeit, die niemals mit letzter Präzision erkundet werden kann. Das aristotelische Inhärenzmodell (Kategorien) ist von Cusanus, unter Rückgriff auf die Trinitätsspekulation bei Augustinus und Ramon Lull, abgewiesen worden. In der göttlichen Trinität war die Relation zwischen den göttlichen Personen (Substanzen) nicht länger minderes Akzidens, sondern musste als substanzielle Vermittlungsform anerkannt werden, wenn die Einig-Dreiheit nicht zerbrechen sollte. Cusanus zieht die rationale Trinitätsdeutung, die von orthodoxen Denkern auf die Transzendenz beschränkt wurde, vom Himmel auf die Erde.

Im holistischen Modell ist ein Teil-Ganzes spezifischer Repräsentant des Gesamtuniversums. Als Mikrokosmos aufgefasst, fungiert es als spezifisch zusammengezogen-eingeschränkter Makrokosmos. Im Universum sind zwar alle Teileinheiten versammelt, aber kein Teil kann alles oder das All selbst sein. Daher repräsentieren die Teile im Ganzen das Universum so, dass sie sich, indem sie aufeinander bezogen sind, gegenseitig zu ihrer jeweiligen Bestimmung einschränken. Sie sind also nur sie selbst, indem sie alles Andere nicht sind. Der universale Zusammenhang kann sich innerhalb dieser holistischen Sicht nur in seine Relate entfalten, wenn es keine zwei Dinge geben kann, die absolut gleich oder miteinander identisch sind. Diese Form der Monadologie – Leibniz hat sie popularisiert, ist allerdings nicht der eigentliche Erfinder derselben – ergänzt den Satz vom universalen Zusammenhang nach der Seite hin, dass die Spannung, welche die kosmische Harmonie trägt, nur aufrechtzuerhalten ist, wenn sich die Dinge im Zusammenhang voneinander unterscheiden. Aufgrund ihrer Verschiedenheit wirken sie miteinander und spezifizieren sich aneinander in der Abgrenzung voneinander. Im Kosmos ist weder ein absoluter Gegensatz noch die absolute Einheit zu finden. Gottes Koinzidenz-Einheit ist Garant der universalen Bezüglichkeiten; sie können nur gedacht, nicht aber gesehen werden.

Jenes Besondere erscheint vom abzählbar Einzelnen zur Singularität fortbestimmt. Wenn auch die Vielheit *in* der aktual unendlichen Einheit gedacht wird, so tritt sie nun als unbegrenzbare Vielfalt von Einheitsrepräsentanten in der Form eines bodenlosen Auseinander-Seins in Erscheinung, das freilich kein beziehungsloses Nebeneinander vorstellt. Als multivalent bezügliches Aneinander-Sein reiht es sich zum lückenlosen Kontinuum des einen Alls auf. Die einzelnen So-Seienden haben darin kein Bestehen für sich; ihr strikt gesondertes Selbst-Sein resultiert aus ebendiesem universalen Relationsgefüge, in dem jedes auf sich zusammengezogene Eine das nicht ist, was alle anderen Einen sind. Einzelnes erscheint als gesonderter Repräsentant absoluter Einheit und ist vollkommen in seiner unvertretbaren Singularität. Da das Einzelne von seiner ewigen Ursache singulär gemacht worden ist, kann es unter keinen Umständen in ein Nicht-Einzelnes aufgelöst werden. In *De venatione sapientiae* führt Cusanus aus: »Da das Eine nichts anderes ist als das Eine, ist es offenbar einzigartig, weil es in sich ungeteilt und vom anderen verschieden ist. Das Einzigartige umfaßt doch alles; denn alle Gegenstände sind einzelne, und jeder ist unwiederholbar. [...] Es erfreut sich also jedwedes seiner Einzigkeit, die so groß ist in ihm, daß es sich nicht vervielfachen läßt, weder in Gott noch in der Welt [...]. Darin erfreuen sich eben alle einer Teilhabe an der Ähnlichkeit mit Gott.«[87]

Seiendes im geschöpflichen Universum ist immer nur individuell existent, wobei die »species« oder Form eines Dinges nicht als solche existiert, sondern allein in der Verwirklichung zum konkreten Einzelding. Singularität rührt also nicht von materieller Einschränkung des Formseins her, sie resultiert einzig aus der sich selbst verwirklichenden Form. Materie ist kein »principium individuationis«, wie die alte Metaphysik dachte. Die Art (species) bedeutet Vollkommenheit, die zwar in jedem Singulären mehr oder weniger repräsentiert wird – sie ist unüberschreitbare Grenze –, aber die darin kontrahierte, konkret aktualisierte »species« weist in ihrer Möglichkeitsfülle über Einzelnes hinaus. Kein Singuläres ist die vollendete Wirklichkeitsfülle ihrer »species«, sodass es immer auf *seine* Vervollkommnung angelegt ist. Im Streben nach der unerreichbaren Wirklichkeitsvollendung ist es Perfektibilität zu sich.

Der Gedanke der durch Singularitäten ausgestalteten Ganzheit muss nun mit dem der korrelational verfassten Harmonie verknüpft werden, um die Gegenläufigkeiten zum Ausgleich zu bringen. Die Kategorie der Relation, in normalscholastischer Sichtweise als akzidentelle Eigenschaft eingestuft, wird bei Cusanus in den Rang einer substanziellen Begründungsform erhoben. Das, was der Schöpfer geschaffen hat, konnte nicht Chaos, musste geplantes, geordnetes Ganzes, musste Kosmos sein. Vor Gottes All-Einheit, in der die Gegensätze ununterscheidbar in eins zusammenfallen, erscheint das Universum als jener Ort, an dem Extreme in sich zurücklaufen, um sich zu verschwistern: Jede Differenz führt zur Verbindung mit sich, jede Verbindung ist irgendwo zur Differenz auseinander getrieben – sich vereinzelnde, vervielfältigte Einheiten stehen im Einklang, bilden die unbegrenzbare Vielfalt einer universell sympathischen Einheit. Das Singuläre fungiert als teil-ganzer Ausdruck des Allgemeinen, das es aber mit seinen höherwertigen »Verknüpfungsmöglichkeiten« stets ins übergeordnete Ganze zurückbindet. Die Kategorie der Endlichkeit erhält einen Bedeutungszuwachs: Die unendlich korrelationale Verflechtung ist nun unbegrenzbare Totalität.

Freilich bleibt der Kosmos bei Cusanus weiterhin hierarchisch strukturiert, indem von unten nach oben die Einheit gegenüber der Vielheit ein Übergewicht (aber in der Welt kein absolutes) erlangt. Gleichwohl teilt sich diese Einheit jeder noch so geringen Vielheit mit, denn als Einheit begründet sie die Einzelheit der im kosmischen Zusammenhang Vereinzelten. Göttliche Schöpfungskraft sichert nicht nur als göttliche Einheit den Zusammenhalt des Kosmos, sondern begründet auch die Mannigfaltigkeit des Irdischen und Himmlischen aus einem zureichenden Prinzip. Auf der Ebene des Universums ist die göttliche Einheit in der angepassten Fülle ihrer Möglichkeiten erfasst. Dies richtet sich in seiner Konsequenz gegen die aristotelisch-scholastische Lehre von der Seinsanaloge (analogia entis), deren Vertreter (u.a. Thomas von Aquin) gelehrt hatten, dass, da Unendliches mit Endlichem nicht verglichen werden kann, der unendlichen Ursache ein vollkommeneres Sein als dem Verursachten zuzusprechen sei. Cusanus hat die erste Annahme zwar geteilt, aber anders gefolgert. Bereits die frühen Kritiker des Thomas sahen, dass damit der Seinsbegriff gespalten war, was der göttlichen Allmacht widersprechen musste. Im Gefolge der Überlegungen, die Meister Eckhart angestellt hatte, überschreitet Cusanus mit seinem Begriff von Koinzidenz-Einheit die kausal-hierarchische Entgegensetzung von göttlichem und geschöpflichem Sein. Göttliche Unbedingtheit bildet ja nicht den Beginn einer Kette, auf der jene unendlich mannigfaltigen Besonderungen zufällig aufgereiht wären, vielmehr ist das Unbedingte die Verkettung in ihrer notwendigen Abfolge. Gott steht daher nicht für *eine* Wirklichkeit – dann wäre sie zur Verstandesgröße herabgemindert –, Gott ist die in sich unendlich besonderte Wirklichkeit in all ihren Möglichkeiten überhaupt.

Cusanus bestritt energisch, dass wir das Universum aus göttlicher Perspektive begreifen können. Da wir, wohin wir uns auch wenden, immer *im* Gehäuse des Universums erkennen, versagen hier absolute Einteilungsschemata. Begriffe können nur so rein konstituiert werden, wie es die Umstände erlauben; und die Umstände gründen in einem Universum, das die Zurichtungsmöglichkeiten für Erkenntnismittel bestimmt. Bestimmungen wie »Mittelpunkt« oder »Umfang« verlieren da ihre erklärende Kraft. Wo kein absoluter Mittelpunkt auszumachen ist, kann eine Umfangsbestimmung keinen Sinn mehr machen. Es gibt keine absolut nichtrelativen Aussagen *über* das Universum, es gibt nur noch relativ bezügliche Aussagen *im* Universum. Wo Gott überall und nirgends gegenwärtig ist, er, der im übertragenen Sinne Mittelpunkt und Umfang, Anfang und Ende markiert, da ist der sog. Mittelpunkt überall. Eine endgültige Grenze kann dem unbegrenzten Kosmos nicht sinnvoll zugewiesen werden. Bei aller unausschöpflichen Pluralität der Beobachterstandpunkte sind diese hinsichtlich ihrer Bedingtheit gleichwertig, gleich gefesselt und gleich offen für die Erkenntnis des Ganzen. Die Erkenntnis als wesentlich ungenau zu begreifen war Aufgabe der methodisch angelegten Reflexion in der *Docta ignorantia*. Cusanus hat erkannt, dass es kein »Koordinatensystem« von Begriffen geben kann, das *über* das Universum hätte gespannt werden können. Das Universum ist kein verfügbares Objekt, auf das eine Aufsicht möglich wäre. Was es gibt, sind Begriffe, die allein innerhalb jenes »Koordinatensystems« wahrheitserschließend zu gebrauchen sind. Jede Erkenntnisperspektive ist in diesem Kontext zu einer Perspektive aus der Ganzheit erklärt, die jede andere als gleich vollkommen und gleich unvollkommen ausweist.

Wenn im bestimmbaren Universum die Gegensätze nicht präzise fixierbar sind, ist die Bestimmbarkeit der Dinge approximativ voranzutreiben. Dem menschlichen Geist, den Gott als den Spiegel seiner selbst erschaffen hat, obliegt die Aufgabe, zum unbegrenzt ausforschenden Zuschauer des ihm präsentierten »theatrum mundi« zu werden. Gottes Herrlichkeit vollendet sich erst in dieser ihn spiegelnden Schau.

Es ist klar, dass es nach cusanischem Verständnis keinen extramundanen Beobachter geben kann – wenn es ihn gäbe, dann wäre es Gott selbst –, sodass jede Erkenntnis immer von der Ganzheit der Einflüsse, die im Universum stetig aufeinander einwirken, bestimmt sein muss. Da in diesem Universum jedes mit jedem zusammenhängt, erfordert die präzise Erkenntnis des Einzelnen, die Ganzheit der relationalen Totalität mit aufzunehmen, was allerdings immer nur annäherungsweise zu leisten ist. Daher bleibt jede Erkenntnis, die wir gewinnen, prinzipiell präzisierbar. Jede konkrete Erkenntnis bleibt verwiesen auf den Ganzheitshorizont, wie die unbegrenzbare Annäherung an diesen die akkumulative Anhäufung von Wissen nötig hat. Die prinzipiell ungenaue Erkenntnis kann durch kein Auskalkulieren eines Gesetzes überwunden werden, denn die Ungenauigkeit erlangt bei Cusanus den Rang eines metaphysischen Postulates.[88] Dies schließt die produktive Resignation vor präzisen Definitionswünschen hinsichtlich der Wesenserkenntnis ebenso ein wie die methodisch betriebene Irritation überkommener Gewissheiten.

Wenn damit auch klargestellt war, dass Definitionen niemals realidentisch mit ihrem gegenständlichen Inhalt waren, dass zudem kategoriale Bestimmungen, wie Art und Gattung, lediglich als Begriffsmittel zur mutmaßlichen Erkenntnis der Welt dienen konnten, so gab es in der Naturforschung dennoch eine Möglichkeit, das naturkundliche Wissen zu objektivieren: die Messung. Wenn nämlich diese Welt in ihrer Ganzheit von einer homogen wirkenden Sympathie durchherrscht ist, dann wächst dieser Welt eine neue Bedeutsamkeit zu. Ist sie doch aufgrund der Homogenität des Weltalls zugleich in einer Weise mathematisierbar, die alle bekannten Wissensgebiete methodisch zusammenführt. Cusanus mag dazu von der Mathematikotheologie des 12. Jahrhunderts inspiriert worden sein.

Wie fragil dieser spekulative Ausflug aber insgesamt war, bezeugt der Umstand, dass Cusanus eigentlich nur die Kritik der Denkmittel intendierte. Eine wirklich relativistische Auffassung vom kosmischen Raum, wie Giordano Bruno dies Cusanus im Überschwang attestierte, hat Cusanus nicht vertreten. So hat er an der Existenz von Himmelssphären nicht gezweifelt. Die spekulative Annahme, dass sich die Erde bewege, konnte von Cusanus nur spekulativ vorgebracht werden.[89] Auch hier ist ihm Kopernikus voraus. Und dass es keine vollkommenen Kreisbahnen sowie keine vollkommen gleich bleibenden Bewegungen der umlaufenden Planeten gebe, ist Resultat ebenjener Einsicht in den begrifflichen Relativismus; keineswegs ist damit eine Revolution in der Kosmologie intendiert, noch hätte sie damit geleistet werden können. Trotzdem: Die Erde ist ihm nicht länger genau zu verortender Weltmittelpunkt, auch ist eine abgeplattete Ungenauigkeit ihrer Oberfläche anzunehmen, da sie gemäß der »docta ignorantia« keine genaue Kugelgestalt aufweisen kann. Die »spekulative Stellarisierung der Erde« (H. Blumenberg) verharrte auf dem Stand einer Hypothese. Die Leistung des Cusanus ist eher in der Ansicht zu finden, dass vor dem Hintergrund ganzheitlicher All-Präsenz Gottes die Hierarchisierung des Kosmos begrifflich stringent nicht durchzuhalten ist. (Man muss dies auch gegen seine eigenen Inkonsequenzen festhalten.) Die Destruktion des scholastischen Stufenkosmos impliziert die Aufhebung der Trennung von supralunarer und sublunarer Welt und homogenisiert den terrestrischen und den stellaren Bereich. Insofern geht Cusanus sogar über Kopernikus hinaus, obgleich man mit A. Koyré sagen muss, dass er kein Vorläufer desselben war.

Das Modell universaler Relationalität weist eine strukturell starke Seite auf, die auch ihrer hegelianisch-dialektischen Vorgriffe wegen zu faszinieren vermag, denn es stellt die universale Vermitteltheit aller kosmischen Phänomene bei wechselseitig sich relationierenden Relaten dar. Aufs Irdische bezogen lässt es zudem keine Ausnahme zu. Mit Cusanus war in das substanzialistische, dingfixierte Verstehen von Welt eine Bresche geschlagen. Die funktionalistische Sichtweise neuzeitlicher Naturbetrachtung nimmt Cusanus gern zum Kronzeugen.[90] Innerhalb dieses Modells – Natur ist Physis, die Wandlung selbst – lassen sich Vorgänge des Werdens und Vergehens als ineinander übergehende Gegensatzpaare darstellen: Was dem einen an Bestimmtheit zuwächst, geht der gegenteiligen Bestimmung verloren und umgekehrt. Welterkenntnis kann sich danach nicht mehr in der einteilenden Prädikation von Objekteigenschaften gefallen, sondern muss die Weltstruktur und deren Veränderungen begrifflich-relational nachkonstruieren.

Cusanus hat diesbezüglich auch auf Theoreme zurückgegriffen, die Ramon Lull aufgestellt hatte. Dazu gehört, dass die göttliche Einheit als dreimomentig aufeinander bezogene Korrelativenidentität aufgefasst wird.[91] So wie zum Sein Gottes notwendigerweise die Aktivität gehört, so gehört sie zur Substanz der Dinge. Die Substanz besteht aus der aktiv-wirkenden und passiv-aufnehmenden Substanz sowie der Tätigkeit, zur Substanz zu machen. Die akzidentelle Relation besteht hingegen aus dem Erwärmenden, dem Erwärmbaren und der Tätigkeit des Erwärmens. Mit ihren Akzidenzien handelt die Substanz wie mit Werkzeugen, die, wenn es sich um ihre eigentümliche Qualität handelt (Wärme), von dieser untrennbar, wenn es sich um eine vermittelte Qualität handelt (Wärme im Wasser), von dieser trennbar sind.[92] Lull unterschied zwischen der notwendigen Aktivität Gottes ad intra und der kontingenten Aktivität ad extra. Ist die Welt erschaffen, wirkt Gott weiterhin in der Schöpfung fort. Infolge dieser tätigen Durchdringung ist die gesamte Schöpfung angetrieben, sich zu vervollkommnen. Jedes Ding strebt nach seiner eigenen Vollkommenheit ad intra, bemächtigt sich dabei ad extra anderer Dinge, um sie seinem Vollkommenheitsstreben dienlich zu machen. So brennt das Feuer notwendigerweise in sich – in seiner substanziell-eigentlichen Weise kann es nichts anderes tun, als akzidentell zu wärmen. Es kann aber in anderem, etwa in Wasser, auf angeeignete oder akzidentelle Weise wirken, um sein substanziales Tun auszudrücken. Wenn Feuer ist, dann existiert auch Wärme. Tätigkeit ist aber auch ein Akt der Substanz, wie sie als Wärme des Feuers im Erwärmen des Erwärmbaren ist. Die Tätigkeit resultiert aus den Prinzipien ihrer Ursache, sodass »in der Substanz des Feuers die Tätigkeit der Wärme zusammen mit dem Erwärmenden, dem Erwärmbaren und dem Akt des Erwärmens«[93] vorkommt. Cusanus schließt sich dieser Sicht an.[94] Die Vernunft erkennt, wie im Kampf gegensätzlicher Eigenschaften, den der Verstand für die Wahrheit hält, das einende Band der Koinzidenz der Gegensätze aufscheint. In *De beryllo* hält Cusanus fest, dass die Grundvermittlung der Gegensätze durch ein Drittes, die Koinzidenzeinheit, dazu führt, das Gegensatzglied des einen Gegensatzes als den Ursprung seines Gegenteils zu nehmen. Sie sind als sich selbst initiierender Zyklus zu denken.

Warum paralysiert sich diese Struktur nicht aufs Ganze gesehen? Warum gelangt die universale Wechselwirkung nicht auf Null? Wir müssen bedenken, dass dieses System zwar grenzenlose Zusammenhänge umfasst, dass es aber durch keine neu eintretenden Aktanten gespeist werden kann, sodass aus einem temporären Ungleichgewicht neue Bewegungskapazität entstände. Insofern ist das System nämlich geschlossen, es hat keine »Umwelt«, mit der es interagiert. Die Antwort, die uns Cusanus auf die neuzeitliche Frage geben könnte, lautet: Das Ganze des

Kosmos ist auf Gott hin ausgerichtet und resultiert aus diesem Streben nach innergöttlicher Vollendung jenes nicht aufzubrauchenden Bewegungspotenzials. Die Interaktion der Singularitäten ist in eine Binnenaktion umdefiniert, die sie in ihren Grund zurückführt. Hier allerdings stößt das Modell universaler Relationalität an seine interne Grenze, denn gleichsam durch die Hintertür führt Gott diesem System Bewegungsenergie von außen zu. Das System »Universum« bleibt an seinen Geber gebunden, dessen Effizienzursache es nicht einholt. Cusanus braucht sich also um die Quelle kosmischer Selbstbewegung nicht zu sorgen; er vertraut hier der traditionellen Lösung. Je mehr freilich dieses Modell ins Wanken gerät, desto dringlicher wird die Frage nach einer innerkosmischen Quelle für seine Bewegtheit.

Erkennen ist Messen

Forschung (inquisitio) – so war eingangs von *De docta ignorantia* zu lesen – ist Vergleichen, wobei der Untersuchungsgegenstand mit einer vorausgesetzten Gewissheit ins Verhältnis gesetzt wird, um daraus ein Urteil abzuleiten. Da ein jeder Vergleich Übereinstimmung, aber auch Verschiedenheit zutage bringt, lässt sich jenes Verhältnis ohne den Einsatz der Zahl nicht denken. Der Gebrauch der weltharmonischen Zahl fundiert das Prinzip allen Erkennens, das auf Größenvergleich ausgeht.

Dies stellt indes keine Anleihe beim Wissenschaftsbetrieb, etwa der Astronomie, dar, sondern entspringt zunächst einmal der reduktionistischen Vorgehensweise innerhalb einer stark formalisierten Ontologie bei Cusanus selbst. Die Zentrierung um die Begriffe »Einheit« und »Vielheit« zeigt dies an; mit diesen Begriffsrastern wird die monistische Begründungsstruktur von Welt hinter der sinnlich erfahrbaren Phänomenvielfalt verdeutlicht.

Wenn aber das Viele, begründet aus dem absoluten All-Einen, mit diesem die Eigenschaft der Identität teilt, dann ist es zumindest qualitativ nicht mehr von ihm zu unterscheiden. Vielheit kann sich hier nur noch als Identitätsgraduierung (Mehr oder Weniger an Einheit) von der absoluten Einheit unterscheiden; auch zwischen den unterschiedlich graduierten, endlichen Identitäten ist allein die quantitative Differenz dominierend. Wie D. Henrich an Schellings Identitätsphilosophie demonstrieren konnte, liegt der Zug zum Pythagoreischen in dem Formalisierungsdruck der Ontologie selbst. Cusanus macht hier keine Ausnahme. Die Weltverhältnisse gerinnen zu Größenverhältnissen zwischen Einheiten. Zu diesem Schloss liefert der Geist den passenden Schlüssel, was er nur kann, weil in der zahlenmäßig erfassbaren Proportion das Universum von seinem Schöpfer »durchgeistet« ist. Die Zahl ist auch der Grund aller begrifflichen Unterscheidung, ohne die sich der Geist das sinnliche Durcheinander nicht ordnend aneignen kann. Die Zahl ist die »Verstehensbasis« zwischen göttlicher und menschlicher Vernunft. Das Besondere ist also nicht, dass Cusanus über die Zahl philosophiert, das Besondere ist, dass er daraus, über die Komputistik hinausgehend, eine universale Methode zur Wissensbildung zieht. Er begreift den Umgang mit der Zahl als die entscheidende konstruktive Leistung des Geistes, der darin seiner schöpferischen Möglichkeiten inne wird und die Wahrheit auf die ihm gemäße Weise erschließt.

Wenn Cusanus vom Vergleichen redet, dann meint er das Messen. Messen ist nicht allein der abzählbare Vorgang des Maßnehmens, es bezeichnet auch den Vergleich von Ding und Begriff, von Begriff und Begriff, von Abbild und Urbild. Messen ist im weitesten Sinne Bestimmen in Größenrelationen. In diesen Kontext fällt auch, dass Cusanus den Satz des Protagoras bejaht: Der Mensch sei das Maß der Dinge. Da im menschlichen

Geist (mens) die urbildlichen Formen der Dinge in reinerer Form vorkommen als an ihrem materialen Träger, finden Erstere ihren Maßstab an Letzteren. In diesem platonischen Sinne ist zu sagen, dass »der Mensch in sich gleichwie in einem messenden Wesensgrund alles Geschaffene«[95] findet. Mit der Zahl, die der Geist entwirft, erschafft die Vernunft in Ähnlichkeit zur Vernunft Gottes Rationalitätskonstrukte, welche die geschaffene Weltstruktur annähernd widerspiegeln. Je ähnlicher der Geist zu entwerfen versteht, desto mehr erkennt er sich in seinen Werken. Aus dieser Art von Selbstkennung, die ihn approximativ mit der göttlichen Rationalität verbindet, zieht die Vernunft auch Anerkennung für ihre Rationalisierungsleistung. Die Vernunft konstruiert den Schöpfungsplan immer besser nach, je mehr sie sich den unsinnlichen Formstrukturen des Weltenbaus ähnlich macht, die sie nur in sich rein geistig zu finden vermag. Erst im Zahlen bildenden, Größen vergleichenden Geist kommt die Welt zu sich.

Die besondere Wendung erfuhr die cusanische Naturkunde, als ihr Inaugurator verkündete, dass der Geist das sei, »woraus aller Dinge Grenze und Maß stammt. Mens, der Geist, wird nämlich von mensurare, messen, her benannt [...].«[96] Im Universum, in dem Gott alles nach Maß, Zahl und Gewicht in vollendeter Harmonie geschaffen hat[97], ist alles nach der »Zahl« des göttlichen Geistes geschaffen. Aufgrund dieser Parallele kann Cusanus sagen: »Wenn du es genau überdenkst, wirst du finden, daß die Vielheit der Dinge nichts anderes ist als eine Erkenntnisweise des göttlichen Geistes. So mutmaße ich, daß man unwiderlegbar behaupten kann, daß das erste Urbild der Dinge im Geist des Schöpfers die Zahl ist. Das zeigt die [...] Schönheit, die allen Dingen innewohnt, die auf der Proportion beruht, die Proportion aber auf der Zahl. Darum ist die Zahl die vorzügliche Spur (praecipuum vestigium), die zur Weisheit führt.«[98]

Cusanus reiht sich in eine Tradition ein, die von Pythagoras über Platon und Boethius verläuft und schließlich in die mittelalterliche Komputistik einmündet. Aber er kritisiert diese auch, da deren Vertreter den mathematischen Gegenständen ein geistunabhängiges Sein zusprachen. Für Cusanus sind mathematische Gegenstände indes materiefreie, geistige Konstrukte, in deren Hervorbringung und Anwendung sich der Geist hinsichtlich seiner Möglichkeiten erkennt. Die pythagoreische Gleichsetzung von mathematischer und natürlicher Ordnung ist Cusanus fremd.

Ohne die Zahl jedoch, die der Geist erschafft, kann in einer Welt der Singularitäten nichts erkannt werden; weder (geistige) Angleichung (an die Dinge) »noch begriffliche Erkenntnis noch Unterscheidung noch Messung gäbe es, wenn es keine Zahl gäbe. Die Dinge können nämlich nicht als jeweils andere und unterschiedene erkannt werden ohne die Zahl. [...] Weil nämlich die aus unserem Geist stammende Zahl das Abbild der göttlichen Zahl ist, die das Urbild der Dinge ist, ist sie Urbild der Begriffe.«[99] Mittels der Zahl, eines Konstrukts des Geistes, kann sich der menschliche Geist allem angleichen, was vordem von der Zahl des göttlichen Geistes in universaler Harmonie geschaffen worden ist. Der messende Geist ist daher abbildend-nachschaffend, was seine besondere, welterschließende Rolle bezeugt. Cusanus unterstreicht die Singularität des Geistes, wenn er ihn, den Erzeuger mathematischer Formen, als »forma formarum« bezeichnet; diese Benennung ist ansonsten nur für Gott reserviert.[100] Im Wirkungsbereich des Geistes aber vermag der Mensch ungleich präziser zu wissen, denn was er selbst schafft, weiß er sicher. So wird in der Mathematik die Wahrheit präziser erfasst als in den anderen freien Künsten.[101] Indem die Vernunft letzthin die Mächtigkeit ihrer Werke misst, gewinnt sie das Maß für die göttliche Vernunft und erkennt sich selbst.[102]

Die Zahl tritt bei Cusanus als rationale Zahl auf – sie ist als ein Größenverhältnis ganzer Zahlen zu verstehen und als eine metaphysisch deutbare Relation, in der Einheit und Unterschiedenheit miteinander verknüpft sind.[103] Der Geist wirkt, indem er zählend bestimmt, maßgebend, d.h., indem er einem Etwas seine Grenze zuweist, hebt er dieses aus dem Fluss der Phänomene heraus und macht es zu einem Erkenntnisgegenstand; andererseits weist die Grenzsetzung des Geistes über dieses Etwas hinaus, sodass die Grenzziehung am Endlichen dessen Verwiesenheit auf die Unendlichkeit mitanzeigt.[104] Hinsichtlich ihrer Verlässlichkeit kann diese Grenzbetrachtung lediglich als vorläufige Setzung aufgefasst werden, die weiter zu präzisieren ist. Insofern der Geist den Dingen eine begriffliche Grenze zuweist, insofern schafft er diese aus sich Er schafft sie nach, indem er sich jenen Proportionen annähert, die Gott in seiner Formursächlichkeit einem jeden So-Seienden zugemessen hat. Eine spezielle Art der Grenzwertbetrachtung, sozusagen die Durchführung seines funktionalen Verständnisses von mathematischer Größenbetrachtung, führt Cusanus in seinen Versuchen zur Kreisquadratur vor, die ihn »zu Ahnungen mathematischer Begrifflichkeiten [...] hinsichtlich infinitesimaler Schlußweisen«[105] gelangen ließen.

In dem Büchlein *Idiota de staticis experimentis* liefert Cusanus eine Reihe von Hinweisen, wie nun die messende Ganzheitssicht auf die Welt praktisch gemacht werden könnte. Die Qualität des Einzelnen kann im Gewicht ausgedrückt werden. Das Flüchtige und Subjektive der Sinneserkenntnis wird in dieser Form des Messens objektiviert, womit die Möglichkeit bekräftigt ist, unter Absehung von der Wesenserkenntnis die Welterscheinungen hinsichtlich ihrer Eigenschaften zu rationalisieren. Cusanus nimmt hier einen Zug der nachfolgenden Naturwissenschaft vorweg, die unter Verzicht auf die Wesenserkenntnis der Dinge deren Daseinsmuster nachmalig in Gesetze fasste. Cusanus' quantifizierende Naturkunde kann dazu allerdings keinen Anschluss finden, denn seinen reinen Verhältnismessungen fehlt ein zugrunde liegender Standard, eine einheitliche Maßgröße. Ihm schwebt lediglich vor, die Qualitäten prinzipiell in quantitativ beschreibbaren Verhältnissen abzubilden. Das praktische Messen erfolgt für ihn mit der Waage – alles kann, unter Berücksichtigung seines spezifischen Zustandes, gewogen und in ein Verzeichnis aufgenommen werden, sodass schließlich jegliches mit jeglichem vergleichbar wird. Mithilfe dieser Tafel können die mutmaßenden Erkenntnisse immer weiter präzisiert werden. So heißt es: »Obschon nichts in dieser Welt die Genauigkeit erreichen kann, so machen wir dennoch die Erfahrung, daß das Ergebnis der Waage der Wahrheit näher kommt.«[106] Ist bspw. die Urinbeschau ungenau, werden in einer Tabelle Gewicht des Urins und Blutes bei den verschiedenen Menschen in verschiedenen Lebensaltern festgehalten. Dazu setzt man die erwogenen Gewichte der Heilkräuter ins Verhältnis, um für die Diagnose ein präziseres Wissen zu erlangen. Die kumulative Methode erlaubt keinen Abschluss der Messserien; allein Vorläufiges ist ihr Resultat. Man weiß, dass im Zeitalter der strengen Mechanik niemand einem solchen Modell etwas abgewinnen konnte (s. Bacons Induktionslehre).

Die hypothetische Annäherung an die Wahrheit gilt heute indes wieder als ein angemessenes naturwissenschaftliches Verfahren. Cusanus geht nicht in diesem modernen Sinne hypothetisch vor und prüft den gedanklichen Entwurf an der Wahrnehmung, aber er hat den Gedanken der näherungsweisen Erkenntnis kultiviert, von der B. Russell sagte, dass paradoxerweise alle exakte Wissenschaft vom Gedanken der Annäherung beherrscht werde.

Cusanus tritt zwar für die messende Welterschließungsmethode ein, befasst sich jedoch nicht mit der Verbesserung der dazu benötigten Instrumente. So ist die Waage eher Träger eines symbolischen Zusammenhangs als ein der kalkulierten Verfeinerung zu unterwerfendes Instrument. Cusanus kann nicht als Begründer der Experimentalwissenschaft angesehen werden. Seine Experimente folgen spekulativen Absichten, wofür die beigezogenen Naturzustände nur Exempel abgeben.

Der Geistmensch: Begriffe schaffender zweiter Gott

In *De beryllo* spricht Cusanus vom Menschen als einem »zweiten Gott« (deus secundus). Der Mensch ist als Mikrokosmos hervorragender Teil des Universums, auf dessen Erkenntniskräfte ausgerichtet Gott schafft, damit er sich schließlich im Geiste offenbaren kann. Der menschliche Geist (mens humana) ist lebendiges Bild des göttlichen Geistes (imago dei viva), das Bild gleicht sich aus seiner Schöpferkraft allem an, um die begrifflich erfassten Ähnlichkeiten auf das göttliche Urbild rückbeziehen zu können. Der menschliche Gott (deus humanus) ist Vollender des Alls, da Gottes Geist in ihm ist.

Wie die Forschungen von K. Flasch und B. Mojsisch erbracht haben, ist die um 1444 abgeschlossene Schrift *De coniecturis*, in der erstmals der Topos vom »deus secundus« zum Tragen kam, neben *De concordantia catholica* und *De docta ignorantia* als drittes Hauptwerk des Cusanus anzusehen. Die Schrift setzt sich von *De docta ignorantia* nicht nur durch tief greifende Kritik an der eigenen frühen Koinzidenzlehre ab, in ihr etabliert Cusanus auch – unter Rückgriff auf Proklos – seine originäre Lehre vom Geist (mens): Hat vordem das Verhältnis von »deus« und »universum« dominiert, so rückt nun die Beziehung von »deus« und »intellectus/mens/intelligentia« an die erste Stelle.

Seit *De docta ignorantia* galt, dass aufgrund des Disproportionalitätssatzes präzise Wahrheitserkenntnis unerreichbar sei. Daraus resultierte ein genereller Erkenntnisskeptizismus, welcher der Übermacht negativer Theologie geschuldet war. Indem sich Cusanus in *De coniecturis* der funktionalen Rolle der Erkenntniskräfte (Sinne, Verstand, Vernunft/Intelligenz) zuwendet, wird diese Auffassung diversifiziert. Diese Erkenntnisstufen liefern nur Mutmaßungen (coniectura), allerdings von graduierter Präzision, die, je vergeistigter die Stufe ist, der Wahrheit umso näher kommen.

Cusanus leitet aus der Gottesabbildlichkeit des Geistes Vertrauen in dessen welterschließende Kompetenz ab, da sich die göttliche Einheit über ihren Abstieg in die andersheitlich verfassten Erkenntnisstufen im innergeistigen Aufstieg zugleich emporläutert; sie schließt sich über das Anderssein ihrer selbst mit sich zusammen. Erkenntnis ist Teilhabe an der Wahrheit, sowohl in der jeweiligen Andersheit der Erkenntniskräfte als auch in individuell-perspektivischer Andersheit. Da sich die Welttotalität im Geist der Individuen auf je verschiedene Weise spiegelt, wird die Welt aus allen Perspektiven erkundbar. Im Gegensatz zum vorgängigen Entwurf verweist die individuelle Erkenntnisweise auf keinen Defekt; vielmehr erfahren Gottes- und Welterkenntnis ihre Anreicherung durch die Korrekturen der Selbsterkenntnis, die für sie konstitutiv sind. Somit ist die individuelle Perspektive grenzenlos perfektionierbar, obgleich deren Besonderheit nicht überschritten werden kann; allein in der Kommunikation vieler Sichtweisen kann ihre Erhöhung zum Gattungswissen geschehen. Wahrheit ersteht – wenn auch nur annäherungsweise – kumulativ aus der Fülle perspektivisch erworbener Differenzierungen. Die Gewissheit also, dass sich die göttliche Wahrheit in jeder Erkenntnis unberührbarerweise zeigt, da Erkenntnis ein Moment der auf sich gewendeten göttlichen Vernunft ist, und die Gewissheit einer unbegrenzten Perfektibilität im Aufstieg über die Vergeistigungsstufen stützen den neuen Erkenntnisoptimismus. Die unerschöpfliche Wissensvermehrung wird nunmehr methodisch vorangetrieben in einer »ars generalis« (ein Wissen ums Wissenkönnen) oder »ars coniecturalis« (Mutmaßungskunst), welche Neues entdecken lässt.

Der Geist ist eine komplexe funktionale Einheit, in der sich die jeweils untergeordnete Erkenntniskraft wie eine andersheitliche Einheit zur übergeordneten verhält, während die übergeordnete Einheit die untergeordnete Andersheit allumschließend regiert. So ist Sinneserkenntnis im Verstand Verstand, Verstandeserkenntnis in der Vernunft Vernunft, während die Natur der Sinneserkenntnis erst vom Standpunkt der Verstandeserkenntnis und diese allein aus der Vernunftperspektive beurteilt werden kann. Keine Erkenntnisform versteht sich selbst, gelangt auch nicht über sich hinaus; jede bedarf der von ihr unabhängigen »Überschaueinheit« im Geiste, von der aus die Spezifik des Untergeordneten herausgestellt und vergeistigend überwunden wird.

Die Geisteinheit ist als Abbild göttlicher Vernunft von dieser abkünftig, sodass sie aus sich rationale Mutmaßungen formt und ausfaltet. Wie Gott von jedem Scienden Seinsgrund und Vollendungsziel in einem ist, so ist auch der Geist in allen Mutmaßungen er selbst. Deren Genauigkeit zeigt den Einfaltungsstand ihrer entfalteten Einheit an. Der Geist misst seinen Einheitsgrad an der unendlichen Vernunft, der er sich durch höhere Vereinheitlichung anähnelt; er reflektiert die Mutmaßungen auf den ihm wesentlichen Maßstab der göttlichen Vernunfteinheit hin, um sich im Wissen um den Grad der Andersheit seines Wissens immer weiter zu vervollkommnen. Er betrachtet in dem aus sich hervorgebrachten Abbild wie im Gleichnis zur Produktion Gottes die Realisierungsform seiner Geisteinheit. »Der Geist selbst (mens ipsa) setzt voraus, daß er alles umgreift, alles durchstreift und erfaßt, und er schlußfolgert daraus, daß er in allem und alles in ihm ist.«[107] Indem er in sich »sehend« wird, »schaut« er die intelligiblen Formen der Welt angemessener.

In sich betrachtet der Geist (mens ipsa) mutmaßend, wie seine Seinsheit (entitas) in vier geistigen Einheiten (mentales unitates) strukturiert ist, die auseinander hervorgehen: In der einfachsten Einheit (Gott) wurzelt die Intelligenz, die sich zur Seele und schließlich zum Körper einschränkt. Was von Gott umfasst wird, ist in Gott Gott, in der Intelligenz Vernunft (intellectus), in der Seele Seele und im Körper Körper. Die Einheit umfasst alles auf göttliche, vernunftmäßige, seelische und körperliche Weise. Göttlich erfasst sie die Wahrheit, vernunftmäßig das Wahre, seelisch das Abbild des Wahren (das Wahrscheinliche), körperlich das Undeutliche. Während die göttliche Geisteinheit maximal uneingeschränkte Einheit ist, ist die körperliche Einheit maximal eingeschränkte Einheit. Die Intelligenz hat mehr an der göttlichen Einheit teil als die Verstandesseele (anima rationalis). Der Geist ist substanzielle Einheit in den Seinsweisen seiner selbst; in gegenläufiger Reihung ist seine Selbstunterscheidung allumgreifende Verknüpfung: »Die göttliche uneingeschränkte Einheit steigt schrittweise in die Intelligenz und in den Verstand hinab (descendere), und die eingeschränkte sinnenhafte Einheit steigt durch den Verstand zur Intelligenz hinauf (ascendere).«[108]

Der Zusammenklang von Aufstieg und Abstieg erscheint in der Figur P: »Da du nun beim Mutmaßen zu der Einsicht gelangt bist, alles bestehe aus Einheit und Andersheit, begreife die Einheit (unitas) gewissermaßen als formales Licht und als Abbild der ersten Einheit und auf der anderen Seite die Andersheit (alteritas) als Schatten, als Abweichen vom ersten Einfachsten und als grobe Materie. Laß die Pyramide des Lichtes in die Dunkelheit und die Pyramide der Dunkelheit in das Licht hineinstoßen, und führe alles, was du erforschen willst, auf diese Figur zurück; so kannst du durch sinnenfällige Anleitung deine Mutmaßung auf das Verborgene richten.«[109]

Die Figur P (figura paradigmatica) birgt freilich eine Irritation, denn sie zeigt nur, dass zwischen Gott und Nichts alles Geschaffene im Sinne gegenläufig verschränkter Einheitsgrade zu begreifen ist; sie zeigt nicht die letzte Koinzidenz von Einheit und Andersheit. Dazu müsste sie Anfang und Ende verbinden. Sie enthüllt die Struktur des Zwischen-Seins der Welt, in der Einheit und Andersheit aufeinander zu laufen und in unendlichen Graden ineinander übergehen.

Geisteinheiten sind Einheiten in Andersheit oder andersheitlich bestimmte Einheiten. Einzig die göttliche Einheit, Vielheit allmächtig in sich einfaltend, steht unbenennbar über den Gegensätzen, ist formgebendes Maß von allem und alles in allem selbst. Die Einheit des menschlichen Geistes »lebt« in der absoluten Einheit. Mit höchster Präzision weiß der Geist, dass er in ihr alles ist und allein durch sie wirkt. Jede Frage nach der höchsten Einheit setzt diese bereits inhaltlich voraus; ihre nichtsagbare Existenz liegt jedem Zweifel voraus. So ergibt sich auf die Frage, ob Gott *ist*, die Antwort: Er ist die vorausgesetzte, die Frageintention »tragende« Seinsheit. Göttliche Wahrheit ist nicht verhüllt, sondern in jeder Frage bereits gegenwärtig. Der Kundige weiß, dass jegliche bejahende Feststellung eine Mutmaßung (coniectura) bleiben muss, »die in der Andersheit am Wesen der Wahrheit teilhat«[110]. Man muss also von Gott anders mutmaßen als von den Dingen, bei denen vom Befragten entweder etwas verneint oder bejaht wird. Gleiches gilt, wenn der Verstand über die Vernunft, die alle Verstandeserkenntnis eingefaltet vollendet enthält, mutmaßt. Die Intelligenz verhält sich zum Verstand wie Gott zur Intelligenz; auch ist die Intelligenz im Verstand wie Gottes Vernunft in der Intelligenz. Wie nämlich die Vernunft die

Wurzel des Verstandes ist, so sind seine Termini die Wurzeln der verstandesmäßigen, und also entspricht der Verstand dem »Wort« der Vernunft, in dem er wie in einem Spiegel widerscheint. Die Wurzel unserer gegensatztrennenden Sprache ist die Vernunft, in der die Gegensätze wurzelhaft verbunden sind. Man muss demnach gemäß der Erkenntnisstufe koinzidental denken, die Verstandesgegensätze vom Einheitsgrund der Vernunft her begreifen. Wie die Vernunfteinheit im Verstand ausgefaltet ist, so spiegelt sich diese im Verstand als Gleichnis, das nur im Rückgang auf die Wurzel erschließbar ist.

Cusanus legitimiert die neu zur Geltung gebrachte Dignität des Geistes, indem er das Koinzidenzprinzip nunmehr divinaliter fasst. In *De docta ignorantia*, wo er die Koinzidenz an die drei Formen des Unendlichen (Gott, Universum, Christus) gebunden hat, habe er noch intellectualiter gedacht, so räumt er jetzt ein. Gottes Andersheit erschien als Koinzidenzverbindung von Maximum und Minimum. Gott aber sollte nun über Trennung und Verbindung der Gegensätze stehen – als Negation beider. Vordem ist ihm verborgen geblieben, dass die verknüpfende Koinzidenz im »intellectus« oder der »mens ipsa« zu finden ist. Das Prinzip vom zu vermeidenden Widerspruch hat, wenn auch eingeschränkt, gegolten. Nun aber sollen die Entstehungsbedingungen des Prinzips selbst erfasst werden, um es vor der Koinzidenzperspektive begründet relativieren zu können. Der Einsatz neuplatonischer Theoreme ermöglichte es zwar, den aristotelischen Theoriehorizont zu übersteigen; es zeigte sich jedoch, dass die negative Theologie der Rationalisierbarkeit des Welterkennens Grenzen zog. Indem Cusanus neben die traditionelle Gott-Mensch-Relation den Geist selbst (mens ipsa) einfügte, überschritt er die immanente Grenze des im Mittelalter gängigen Platonismus, da mit der Selbstdurchlichtung des Geistes über die negative Theologie hinausgeschritten werden konnte. Von der deutschen Dominikanerphilosophie übernahm er, dass die Erkenntnisweisen als intern gestufte Vergeistigungsmomente zu begreifen sind. Die Doppelbelegung der Vernunft (intellectus/intelligentia) zeigt an, dass Cusanus deren Resultate in der Engellehre verarbeitet hat, worunter körperunabhängige Geister verstanden wurden, die unmittelbar aus dem göttlichen Geist ausflossen.[111]

Die Erkenntnis durchläuft die Geistmomente so, dass die Eigentümlichkeit der jeweiligen Erkenntnisstufe in der nächsthöheren ihre Aufhebung findet. In den funktional voneinander abgesetzten Erkenntnisstufen dynamisiert sich der Erkenntnisakt und schließt im Vollzug den Geist, der alle umgreift, mit sich zusammen. Er ist einheitlicher Erkenntnisvollzug in der zirkulären Dynamik seiner gegenläufig-komplementären Momente. Auf der Sinnesebene urteilt der Mensch nicht, weil die rein konstatierend-erleidende Aufnahme der Sinnesdinge keine Unterscheidung zulässt. Hier herrscht reine Affirmation, wohingegen die göttliche Einheit von reiner Negativität bestimmt ist. Der Gegensatz findet seine Aufhebung in den zwei vermittelnden Geisteinheiten. Wesentlich unterschieden sind die Dinge nur hinsichtlich ihrer intelligiblen Formen, die als vollendete im göttlichen Geist eingefaltet sind. Von den Sinnen können sie nur als konfuse Schatten wahrgenommen werden. Der Verstand unterscheidet sie. Er steigt in die Sinne hinab, um klare Unterscheidungen zu ermöglichen und benutzt die Sinne als Werkzeug, um seine Unterscheidungstätigkeit zu realisieren. Dem Verstand ist es gegeben, im Urteil so zu differenzieren, dass etwas ist oder etwas nicht ist. Gemäß dem Prinzip vom ausgeschlossenen Widerspruch kommt dem Erkannten entweder Sein oder Nicht-Sein zu. Auf dieser Erkenntnisstufe kann von Gott gesagt werden, dass er entweder existiert oder nicht existiert. Der Modus des Entweder-Oder ist nicht als schlechthin falsch anzusehen, aber er ist nur für die Verstandeserkenntnis gültig. Diese erweist sich vor dem Intellekt als beschränkt und ist nicht als letztgültig anzunehmen, wie dies die Aristoteliker taten.

Die Vernunft vermag dagegen sich selbst als die Einheit von Affirmation und Negation zu erkennen; in ihr sind Sein und Nicht-Sein kompatibel. Hinsichtlich der Frage, ob Gott existiere, ist nun zu sagen, dass er sowohl existiere als auch nicht existiere. Sein und Nicht-Sein schließen einander nicht mehr aus, weil in dem Selbstbezug der Vernunft sich diese selbst als das Zugleich von Sein und Nicht-Sein zeigt. Vernunft enthüllt, was dem Verstand verborgen ist: Der Gegensatz von Affirmation und Negation wurzelt im »Zugleich« beider. Die Vernunft klärt den Verstand über dessen Erkenntnisbedingungen auf, führt die Gespaltenheit dieses Wissens auf den Einheitsgrund zurück und erweist sich darin als Korrekturinstanz. Will Letzterer zur Wahrheit vorstoßen, muss er sich überwinden, um in der Vernunfterkenntnis zur Wahrheit über sich zu gelangen. Ohne Vernunfterkenntnis bleibt Verstandeserkenntnis blind; sie weiß nicht um ihre Beschränktheit.

Gemäß diesen Stufen muss in aller dinglichen Andersheit die Einheit immer genauer gesucht werden, indem der Geist, sich in sich vertiefend, zur Einheit mit seinem Vernunftgrund aufsteigt. Jede Stufe weist auf sich und auf das sie bestimmende Nächsthöhere zurück. Man sieht bspw., dass das, was durch den diskursiven Verstand erkannt wird, seinen Grund allein im Verstand hat. Der Ermöglichungsgrund des Verstandes enthüllt sich, da die übergeordnete Einheit der Intelligenz nach der Weise des Verstandes im Verstand – und der nach seiner Weise in den Sinnen – ist. Die Vernunfteinsicht, Richter über die Verstandeslogik, beurteilt und unterteilt auch deren Schlussarten, ist sie doch deren Vollendung und Grund. Es kommt also alles darauf an, die Mutmaßungen gemäß den Möglichkeiten zu präzisieren, die den mentalen Einheiten eignen. Weiß man um die Differenzen, kam man präziser mutmaßen.

Aber auch die Selbsterkenntnis der Vernunft ist beschränkt; sie kann Wahrheit nur in der göttlichen Einheit (unitas absoluta) finden, die sich, sich unendlich auf sich beziehend, vollständig selbst erkennt. Hier ist der Mensch auf eingeschränkte Weise Gott (deus humanus) und auf nicht eingeschränkte Weise Welt (mundus humanus). Der Mensch ist Mikrokosmos; seine Natur umfasst »in seiner menschlichen Möglichkeit Gott und das Weltall [...] und [ist] damit auf menschliche Weise eingeschränkte Unendlichkeit«[112]. Indem sein Geist begrifflich die Welt auf menschliche Weise erschafft, gelangt er nicht über sich hinaus, sondern zu sich selbst, erkennend, dass alles, was er in der Welt umgreift, immer schon im Geiste war. Indem der Geist sich in dieser Welt selbst erkennt und leitet, nähert er sich Gott an. Je mehr der Intellekt »von seiner Andersheit (alteritas) sich in die Höhe hin entschränkt, um mehr zur einfachen Einheit aufsteigen zu können, desto vollkommener [...] ist er«[113]. Dazu muss der Geist um die jeweilige Beschränktheit seines Wissens wissen, er muss also nicht um *etwas*, sondern zuvörderst um *sich selbst* wissen.

Auf dieser mentalen Stufe erscheint die göttliche Koinzidenzeinheit rein negativ. Von Gott muss man sagen: »Er ist weder nichts, noch ist er nicht, noch ist er und ist er zugleich nicht; sondern er ist Urquell und Quellgrund aller Ursprünge von Sein und Nichtsein.«[114] Aber auch Ursprung ist er nicht, was eine Einschränkung implizierte, sondern er geht diesem voraus. Dessen aufhebende Negativität zeigt sich darin, dass er in Verstandes- und Vernunfterkenntnis als Differenzierungsagens anwesend ist: In Ersterer negiert die Koinzidenzeinheit die Disjunktion und in Letzterer die Verbindung von Affirmation und Negation. Sie relativiert somit die Positionen beider Erkenntnismodi, vor denen sie als allbegründende Nicht-Identität von Nicht-Identität (Verstand) und Identität (Vernunft) steht. Als selbst gegensatzlose Einheit opponiert sie allem Gegensätzlichen. Sie ist nichts von allem und zugleich gegensatzloser Gegensatz in allem Gegensätzlichen. Cusanus setzt eine gravierende Korrektur an:

»Soweit ich mich erinnere, habe ich in meinem früheren Buch *Die belehrte Unwissenheit* von Gott oft nach der Weise der Vernunft (intellectualiter) gesprochen, nämlich durch Verbindung von kontradiktorisch Entgegengesetztem in einer einfachen Einheit. In den hier unmittelbar vorangehenden Ausführungen habe ich dagegen das Vorhaben auf göttliche Weise (divinaliter) ausgefaltet. Unverhältnismäßig einfacher ist die Verneinung der disjunktiv und kopulativ Entgegengesetzten als ihre Verbindung. Man muß über Gott anders reden, wenn man auf göttliche Weise, d. h. entsprechend dem Begriff der ersten absoluten Einheit, als wenn man entsprechend dieser Einheit der Vernunft oder gar entsprechend des noch viel tiefer stehenden Verstandes über ihn spricht.«[115]

In der ersten Einheit koinzidieren – was Aristoteliker für unmöglich hielten – Widersprüche (contradictoria). In Intelligenz/Intellekt sind diese zu einer kompatiblen Konkordanz verknüpft, was für die Ebene der Seele/des Verstandes nicht möglich ist, wenngleich hier die Koinzidenz von »contraria« vorgefunden wird. Der Verstandeslogik ist allein jene Verknüpfung von Gegensätzen gemäß, die von einer Gattung umfasst werden. Das sahen auch die Aristoteliker so; was sie dagegen strikt ablehnten, war die Zumutung, die Einheit von Widersprüchen in der Vernunfterkenntnis zuzulassen, denn damit würde jede Unterscheidungsleistung ganz unmöglich gemacht. Cusanus reserviert die Koinzidenz nicht für den jenseitigen Gott, von dem nichts zu erkennen ist, Koinzidenzphänomene sind jetzt vielmehr im Geist selbst anzutreffen. Indem sich die gestuften Geisteinheiten aneinander anschließen, koinzidiert das Höchste der nächstniedrigeren Stufe mit dem Niedrigsten der nächsthöheren Stufe. Koinzidenz rückt somit aus der Unangreifbarkeit der negativen Theologie heraus. Koinzidenzdenken kann nun in eine rationale Kunst umgemünzt werden, die sich ihrer Erkenntnisbedingungen bewusst ist.

Es fällt auf, dass in *De coniecturis* die Christologie in den Hintergrund rückt, was kaum verwundert, denn der hohe Rang des Geistes lässt die heilsgeschichtliche Vermittlung als Zusatz erscheinen. Indem der Kardinal Cusanus der Christologie aus theologischer Rücksichtnahme später mehr Raum gibt, muss er den Intellektualismus seiner Anfangsjahre wieder beschneiden. An der Theologie seiner Zeit übte er harsche Methodenkritik. »Wenn wir verstandesbegabten Menschen von Gott sprechen, hat dies zur Folge, daß wir ihn den Regeln des Verstandes (ratio) unterwerfen. So kommt es, daß wir von ihm einiges bejahen, anderes verneinen, und daß wir ihm kontradiktorische Gegensätze trennend beilegen. Und dies ist die Methode fast aller neueren Theologen.«[116] Er nennt sie später die aristotelische Sekte, die von Gott falsch denkt, weil sie ihn dem Widerspruchsprinzip unterwirft, wo er doch der unvorgreifliche Grund jeglicher Verschiedenheit ist, die er selbst aus seiner unendlichen Fülle setzt.

Das Projekt des sich auf sich selbst beziehenden Geistes ließ allerdings die Sinneserkenntnis als das Ganz-Andere vor der Tür – geistloses Material von antipodischer Natur. Der Geist blieb in der Bewegung auf sich gefangen, er ging nicht so aus sich heraus, das er jenes spröde Material von innen »durchgeistet« hätte. Der aristotelische Hylozoismus, dem zufolge die Form zur Materie hinzutreten muss, um Geistformiertes erstehen zu lassen, war noch nicht restlos überwunden. Die cusanische Gnoseologie ist vom Widerstreit von platonischer

Anamnesislehre und aristotelischer Abstraktionstheorie bestimmt. Der Widerspruch wird bewegt, nicht aufgelöst.[117]

So wie der Geist in den Sinnen als Verstand unterscheidend wirkt, ihn in sich zu Höherem umlenkt, so kehrt er in einem Kreislauf als Intelligenz zu Gott zurück. Die Sinnesdinge sind auf den Verstand finalisiert, erfahren da ihre Vollendung; der Verarbeitungsprozess zur intelligiblen Form schreitet von Stufe zu Stufe fort. Objektwissen verdeckt; der Geist geht auf die intelligiblen Wesensgründe in sich. Wie der göttliche Geist Welt schafft, schafft der Geist die Begriffe als Differenzierungs- und Synthetisierungsmittel zum Weltverstehen. Denken und Sein stehen in einem prästabilierten Verweisungszusammenhang. Der begriffliche Weltgehalt ist gesichert; Erfindungen kann es nicht geben. In den Begriffen, mit deren Hilfe die Vernunft Welt konzeptualisiert, ist der menschliche Geist nach-schöpferisch, was ihm die Auszeichnung göttlicher Produktivität in der Ähnlichkeit sichert. Der Geist muss den Begriff der Formeinheit immer gründlicher erforschen, weil sie als Unterscheidungsmerkmal in jedem Wissen das ist, was eigentlich gewusst wird. Hält man die Vernunft für etwas anderes als den Erkenntnisgegenstand, dann ist in dessen Wesen nichts erkennbar. Wahrheit ist nur geistig erfassbar, das Selbe in der Verschiedenheit ist nur gemäß den andersartigen Geistweisen mental zu erreichen. Spielt dann die Sinneserkenntnis noch eine Rolle?

Vernunft steigt in den Sinn hinab, um als erkennende wirklich zu werden. Der Sinn regt die schlafende Vernunft zum Staunen an, sodass sich die erwachende Intelligenz zur Erkenntnis des Wahren erhebt. Sie eint die Andersheiten des sinnlich Wahrgenommenen im Vorstellungsvermögen, sucht dessen Wesensgehalt, kommt zur Erkenntnis des Wahren. Sie eint die Andersheiten der Vorstellungsbilder im Verstand, um die Andersheit der Begriffe in der einfachen Vernunfteinheit zu einen. Die Einheit der Vernunft steigt in die Andersheit des Verstandes, die Einheit des Verstandes in die des Vorstellungsvermögens und deren Einheit in die Andersheit der Sinne hinab. Von da aus kehrt die Vernunfteinheit zu sich selbst zurück. Der Abstieg der Vernunft zu den »species« der Sinne (species sensibiles) ist zugleich deren Aufstieg zur Vergeistigung in den höheren Erkenntnisstufen; je mehr sie entmaterialisiert sind, desto präzisere Mutmaßungen können von ihnen gegeben werden. Am besten erkennt man in reiner Vernunftschau.

Das bekannte scholastische Axiom »veritas est adaequatio intellectus et rei« (die Wahrheit ist die Angleichung von Intellekt und Ding) scheint für eine rein dingbezogene Gnoseologie einzustehen. Aber der Satz ist janusköpfig, denn er kann einmal als Angleichung des Intellekts an das Ding, aber auch als Angleichung des Dings an den Intellekt interpretiert werden. Cusanus hat gleichfalls von »adaequatio« gesprochen. Beide Auslegungen lassen sich in seinem Werk auffinden; allerdings verlässt er insgesamt den Rahmen dieses Axioms. In der cusanischen »assimilatio« treten die von Gott hervorgebrachten (rerum productio) und die vom Geist bezeichneten Dinge (rerum notio) als zwei Momente eines begreifendes Bezugs auf, der vom göttlichen Selbstdenken grundgelegt und vom menschlichen Auf-den-Grund-Denken nachvollzogen wird. In der überkommenen Form ist die Anähnlichung der Substanz, die als Erkenntnissubjekt agiert, akzidentell. Für Cusanus ist erkennendes Begreifen die substanzielle Tätigkeit des Geistes – er kennt also diese Unterscheidung nicht. Für ihn formt sich der Geist im Vollzug des Begreifens zum Ähnlichkeitsbild auf den göttlichen Urgrund hin aus. Ferner ist in der alten Form eine Ähnlichkeit zwischen erster (ens realis) und zweiter Substanz (ens rationalis) angenommen. Auch diese äußerliche Ähnlichsetzung kennt Cusanus nicht, denn bei ihm ist der Geist als Abbild Gottes Urbild aller

Dinge; er formt sie aus sich, indem er die Dinge bestimmend unterscheidet. Assimilation ist hier als »Selbststrukturierung des Geistes« (M. Stadler) zu sehen; im Begreifen erzeugt sich das Begriffene. Angleichung ist aktives Erleiden.

Gott schafft die Dinge im Akt infiniten Selbstbegreifens; im Nachschaffen des menschlichen Geistes differenziert dieser die Dinge im finiten Vollzug aus – er gibt ihnen das Maß. Der schöpferische Akt des menschlichen Geistes ähnelt sich dem omnipotenten Schöpfungsakt im ausdifferenzierenden Selbstvollzug an. Dabei bestimmt das Denken die unendlich relationalen Bezüge des Seienden abgrenzend zu Dingen. Cusanus begreift Dinge nicht als das dem Erkenntnisprozess schlechthin Vorausgesetzte, sie sind für ihn keine ersten Substanzen; der Geist schafft diese »Dinge«, indem er sie begrenzt und somit aus der unendlichen Verflechtung, in der sie realiter begründet sind, ausgrenzt. Erst dadurch werden sie zu wirklichen Erkenntnisobjekten, die jetzt aber auf ihr Subjekt hin ausgerichtet sind. Somit schafft der Geist die Strukturen der Wirklichkeit und wird von den Dingen nicht determiniert. Die »adaequatio intellectus ad rem« meint hier keine Angleichung an ein vorgegebenes Ding, sondern die »adaequatio intellectus ad intellectum« (J. Stallmach) als Angleichung des Geistes an die vorgängige Vernunft Gottes, welche die intelligiblen Wesenheiten der Dinge rein enthält. »Die Natur eines Sinnesdinges gehorcht der Verstandesnatur, die eines Verstandesdinges der der Vernunft, die eines Vernunftdinges der göttlichen. [...] Die göttliche Vernunft (intellectus divinus) [...] ist allein alles, was in einer jeden Vernunft (intellectus) erkennt und in einem jeden intelligibel Erkennbaren erkannt wird (in omni intelligibili intelligitur).«[118] Cusanus kann allerdings nicht erklären, wieso die in sich vollendete Vernunft noch der Sinne bedarf, um von der Möglichkeit zur Wirklichkeit des Erkennens kommen zu können. Ist die

Vernunft etwa von mangelhafter Natur? Das aber hatte er ausgeschlossen.

Wenn alle Erkenntniskräfte in Gottes Einheit gegründet sind, dann laufen sie, das Niedere sich im Höheren vollendend, auf ihn als ihr letztes allumfassendes Vollendungziel zu. Gott wird in allem geistigen Bemühen nicht verfehlt, denn er weist in allem Gesehenwerden auf sich. Wenn die Vernunft die Verstandeseinsicht über sich aufklärt, dann läutert in Wahrheit der göttliche Geist, die einsehende Vernunft erleuchtend, alle Erkenntnis zu sich. Gott als Logos ist im Gesehenwerden der auf sich selbst Sehende. So heißt es in *De quaerendo deum*: »So sehr steht all unser Erkennen in seinem Lichte, daß nicht sowohl wir es sind, die erkennen, sondern vielmehr er in uns. [...] wie sehr er selbst auch uns unbekannt ist, so ist es ja doch nur sein Licht, das in unseren Geist hineindringt, in dem wir uns vortasten, um in diesem seinem Lichte zu ihm selbst hindurchzudringen. Von ihm also hängt sowohl das Sein als auch das Erkanntwerden ab.«[119]

Damit ist das Motiv des allsehenden Gottes vorbereitet, das Cusanus in *De visione dei* schließlich zur gedanklichen Höhe bringt. Der Mensch kommt also nicht zu Gott, er ist immer schon von ihm umfangen. Diesen Gedanken hatte bereits Meister Eckhart kultiviert. Gott zu suchen heißt, ihn zu finden; ihn zu finden bedeutet, ihn zu suchen.

In *De filiatione dei* verstärken sich die eckhartschen Motive. Die Teilhabe an der göttlichen Kraftfülle manifestiert sich darin, dass der Verstand in der Vernunftkraft eine derartige Macht besitzt, als sei der reine Intellekt ein göttlicher Same, durch dessen Kraft der Glaubende zur äußersten Einsichtsvollendung geführt wird. In der angenommenen Gotteskindschaft muss er sich in die Vernunftschau transformieren, alles Hinderliche abtun, die Welttotalität durchgehen, um in schöpferischer Wissensumfassung die Wahrheit, ja die Seinsumfassung selbst zu sein, in der und die alles ist.«»Der Intellekt umfaßt gemäß der Weise seines Lehrers (secundum modum magisterii) Gott und alles so, daß ihm nichts entgeht, nichts außerhalb seiner ist, daß in ihm alles der Intellekt selbst ist (in ipso omnia sint ipse intellectus).«[120] Diese Erkenntnis, die zur Wahrheit vorstößt, vergöttlicht den Menschen, wie Averroes bereits bemerkte. Zu diesem Menschen spricht Gott von Geist zu Geist; er aber, die Weltvielfalt für Zeichen göttlichen Geistes nehmend, geht in sich zurück, deren Bildungsformen in sich rein erschauend, um seiner eigenen Unendlichkeit gewahr zu werden. Der Geist spiegelt als lebendiger Spiegel die göttliche Wahrheit desto vollständiger wider, je mehr er sich seines mangelhaften Spiegelseins entschlägt, sich beständig aufbessernd begradigt. In dieser Bewegung, in der er in der aktiven Angleichung alles zu sich macht, vergöttlicht er sich, und die reine Vernunft wird dessen inne, dass sie der sich selbst bespiegelnde Geist Gottes ist, in dessen Einheit die Vielfalt aller Wesensformen beschlossen ist. Gottförmigkeit (deificatio) ist die Aufhebung der Andersheit zu Gott, der sich in den Geist unbeschränkt mitteilt, welcher sich ihm im Angleichen eröffnet. Die Vielfalt der Welt ist somit wegen des menschlichen Geistes da, der jene in die Einheit seines Geistes emporläutert und in die göttliche Einheit – nun als angenähert erkannte – rückführt. Wenn sich die Vernunft in Gott erkennt, erkennt sich dieser in ihr.

In der Schrift *Idiota de sapientia* vertieft Cusanus seine Intellektlehre, im *Idiota de mente* baut er sie aus. Sie entsprach nicht dem, was in den Universitäten gelehrt wurde. Es bedurfte eines Vorurteilslosen, eines nicht verbildeten Laien, der im Mittelpunkt beider Bücher steht und cusanische Philosophie soufliert. Wo findet man die Weisheit? Im Bücherstudium wohl nicht, denn das legt sie an die Kette der Autoritäten, aber die reine

Weisheit ruft auf den Straßen. Sie ist in jenen »Büchern« – der Natur – zu lesen, die Gott geschrieben hat. Das Prinzip von allem begründet zwar alles, aber selbst ist es unausdenklich. Wie kann die Vernunft nach etwas verlangen, was sie nicht kennt? Da die höchste Weisheit des Verlangens Anfang und Ziel ist, verleiht sie den Vorgeschmack (praegustatio), der sie unendlich streben lässt. Sie ist sozusagen lebendiges Bild, das, versehen mit der Geistbelebung des Urbildes, sich zum Urbild rückbewegt. Je mehr sie dieses Geist-Leben in sich freilegt, desto höher steigt der Abbildgeist auf. Dazu muss »man alles Eigene verkaufen und hingeben«[121]. Das erinnert an die »Gelassenheit« Meister Eckharts. An die Wesenheit der Wesenheiten reicht die Vernunft nicht heran. Im anähnelnden Vorkosten der Wesenheit berührt sie das Höchste unberührbarerweise, um das, was sich ihr eröffnet, bestmöglich aufzunehmen. Dann gibt es keine leichtere Schwierigkeit (facilior difficultas), als göttliche Dinge zu betrachten.

Zu Beginn des 5. Kapitels seiner Schrift *Idiota de mente* lässt Cusanus den gesprächsführenden Laien den Satz sagen: »Fast alle Peripatetiker sagen, die Vernunft (intellectus), die du offenbar den Geist (mens) nennst, sei ein bestimmtes Vermögen der Seele (potentia animae) und das Erkennen ein Akzidens, du aber sagst es anders.«[122] Der Laie ist ein Mittler zwischen Diskurswelten: Zum einen handelt der Dialog von einem in Italien ausgebildeten Philosophen, der zwar den Aristotelismus sowie die Versuche, Platon und Aristoteles zu harmonisieren, kennt, nicht jedoch die Entwicklungen unter deutschen Dominikanern. Zum anderen war die Philosophie Meister Eckharts 1329 verurteilt worden, weil er auf der Basis seiner Intellektlehre eine Art Gottmenschentum gelehrt hatte. Dies mahnte zur Vorsicht. Cusanus lässt seinen neuplatonisch geschulten Laien subkutan gegen den Schularistotelismus auftreten, indem er ihn die Philosophie des Geistes (mens) vortragen lässt.

Sein Gedankengebäude ruht auf zwei Säulen. Zunächst fragt der Philosoph nach der Unsterblichkeit des Geistes. Die gängige Frage wird sogleich in besonderes Licht getaucht, wenn er hinzufügt: »da in Delphi das Erkennen geboten worden ist, daß der Geist sich selbst erkennen und mit dem göttlichen Geist verbunden fühlen soll«[123]. Zwar hat Cusanus das antike Gnothisauton-Motiv mit dem Verweis auf den göttlichen Geist (mens divina) christlich angereichert, aber er hat den Aristoteliker das Thema der Intellektphilosophie anschlagen lassen, das bereits von Meister Eckhart nach dem Modell absoluter Selbstbezüglichkeit traktiert worden war. Die nichtkausale Selbstbezüglichkeit des göttlichen Intellekts vermittelt sich darin in der reinen Selbstbezüglichkeit des Geistes durch sich (mens per se) unmittelbar mit sich selbst. So das Programm, das über die Lehre des Thomas von Aquin hinweggeschritten war, worin das überhohe Sein den göttlichen Intellekt begründete. Eckhart hatte hingegen den göttlichen Intellekt das vermittelte Sein begründen lassen. Das zweite Thema führt der Laie ein, indem er »mens« durch »mensurare« (messen) inhaltlich bestimmt sein lässt, denn: »Der Geist ist das, woraus aller Dinge Grenze und Maß stammt.«[124] Entgegen der aristotelisch-thomasischen Sicht, der zufolge sich die Vernunft den Dingen angleicht, hält der Laie fest, dass der Geist den Dingen ihre Bestimmungen zumisst. Nicht die Dinge bestimmen den aufnehmenden Geist, sondern der aktive Geist realisiert sie in seinem Verstehen.

Cusanus interessiert in erster Linie die »mens per se«, wie sie rein in sich subsistiert (mens in se subsistens); deren belebende Körperfunktion als Seele (mens in alio) ist nicht entscheidend. Die in den Menschen eingesenkte »mens per se« begreift er als Abbild des urbildlichen unendlichen Geistes (mens infinita). Beide sind, wenn auch das Abbild vom Urbild abhängt, als absolut rein und selbstbezügliche »mens per se« bestimmt. Daher sind auch beide als unendlich vorgestellt, da alles in ihnen, nichts jedoch außer ihnen sein kann. Indem Cusanus »mens« gegenüber »intellectus« den Vorrang einräumt, distanziert er sich bereits begrifflich von den Aristotelikern. Zum einen meidet er die Erörterungen, die das Verhältnis von wirklicher (intellectus agens) zu möglicher Vernunft (intellectus possibilis) thematisieren. Ebendies aber war für die aristotelische Tradition zentral. Zum anderen klärt er das Verhältnis von Verstand und Vernunft so, dass der Intellekt als »mens« zu jenem Geist avanciert, der verstandesunabhängige, aus sich selbst seiende Substanz ist. Im Geist hat Koinzidenzdenken seinen Ort, wohingegen der diskursiv denkende Verstand auf die Ergebnisse der Sinneserkenntnis angewiesen bleibt. Cusanus zerdehnt das aristotelische Nus-Konzept, das ohnehin äußerst inhomogen strukturiert war.

Aristoteles zählt das Denken zu den Tätigkeiten der Seele, der »nus« gehorcht einem anderen Gesetz. Der Begriffe bildende »nus« verfährt nicht nach der Gegenstandslogik. So ist das Denken von keinem aufnehmenden, leiblichen Organ abhängig. In seiner Besonderheit ist der »nus« das Göttliche in uns, sodass er rein auf sich bezogen, aber von allem Leiblichen getrennt (choristos) existiert und nichts erleidet. Der »nus« muss in seiner Separatheit gänzlich unvermischt (amiges) sein, damit er alles in sich aufnehmen und zu Denkbarem machen kann. Als sich selbst denkendes Prinzip ist er nicht statische Substanz, sondern immer denkendes Wesen (usia). Somit tritt die Denktätigkeit nicht zur »usia« hinzu, die »usia« steht vielmehr für rein selbstbezügliche Denktätigkeit (noein). Der göttliche »nus« ist ewig (aidion) denkend. Aber Erkennen wies für Aristoteles zwei bestimmende Funktionen auf: Dingformen wurden aufgenommen, die zu Gedanken verarbeitet wurden. Erlitt der »nus« auch nichts, so musste doch das Denkmaterial in ihn eintreten können, um daraus abstrahierenderweise Wissen zu ziehen. Aristoteles differenzierte den körperunabhängigen »nus« in einen aufnehmenden und einen tätigen. Er ist der Seele Spiegel und Auge in einem (R. Rorty). Die erste Funktion kam dem »nus pathetikos« (intellectus possibilis), letztere dem »nus poietikos« (intellectus agens) zu. Der »nus pathetikos« war zwar leidensunfähig, da Körper nicht auf Gedanken einwirken können, aber er musste fähig sein, die Formen aller Dinge aufzunehmen, um selbst der Möglichkeit nach so zu sein wie die Form. Einer leeren Schreibtafel gleich, nahm er alle denkbaren Gegenstände auf, ohne deren Formen, die für ihn in der Möglichkeit blieben, in die Wirklichkeit reiner Denkform überführen zu können. Er musste zu allem werden können. Demgegenüber wirkte der »nus poietikos« alles, indem er es zur Denkwirklichkeit brachte. Denkendes und Gedachtes waren in ihm dasselbe – er dachte sich. Dabei war nach Aristoteles das Wirkende prinzipiell als höherwertig anzusehen als das Leidende, sodass der »nus pathetikos« im Gegensatz zum ewig denkenden »nus poietikos« ohne die wirkende Funktion nichts zu denken vermochte. Aristoteles hatte die Lehre vom »nus« letztlich nicht bruchlos in seine sensualistische Seelenlehre einarbeiten können. Wie konnte der Übergang vom Außermentalen zum Mentalen als Formaufnahme verstanden werden, die den Gesetzen optisch übertragbarer Formgestalten gehorchte? Wie das körperliche Auge Farbe und Form erkennt, so sollten auch die allgemeinen Formwahrheiten von den Dingen abgelöst und als Universalien internalisiert werden können.

Nicht nur die Nus-Lehre war von Cusanus neu zu interpretieren, auch die sensualistische Basis: die Lehre von den Erkenntnisabbildern (species). Hier grenzte er sich von Thomas von Aquin ab, der die aristotelische Lehre speziell aufgearbeitet hatte. Erkennen hieß für Thomas, eine einzige Form, die sowohl im Gegenstand wie im Intellekt gegenwärtig ist, in die gedankliche Form zu überführen. Eine Form, die zudem in vielen Gegenständen (die Weiße in allen weißen Dingen) präsent ist, existiert im Erkenntnisprozess in zwei Weisen. Nach der Species-Theorie, die keine Abbildlehre darstellt, überträgt die »species in medio« die Form zunächst zu den Sinnen. Die »species sensibilis« vergegenwärtigt die konkrete Form des Gegenstandes, um qua Abstraktion zur »species intelligibilis« umgearbeitet zu werden, sodass jetzt die allgemeine, reine Form zum Vorschein kommt. Die »species« fungiert in diesem Modell als reines Vergegenwärtigungsmedium für die Form. Der reinen Form gleicht sich der Intellekt an, um deren Strukturprinzip im Sinne einer »Isomorphie« (D. Perler) in immaterieller Weise zu internalisieren. Die »species intelligibiles« waren im Unterschied zu den platonischen Ideen, denen ein Einheitsprinzip fehlte, als Urbilder für alle Geschöpfe im göttlichen Geist (in mente divina), ihrer ersten Ursache, versammelt. Nach ihnen ist alles geformt, durch sie ist alles zu erkennen. An der ungeschaffenen »mens divina« partizipiert aber der menschliche Intellekt in der Form, sodass ihm im Stande der Ähnlichkeit ein intellektuales Licht (lumen intellectuale in nobis) zukommt. Darin sind alle ewigen Wesensgründe (rationes aeternae) enthalten. Hier ist der quasi göttliche Intellekt rein bei sich; hier beugt er sich über sich selbst zurück (supra se ipsum reflectitur), um die »species intellectiva« als rein Gedachtes in sich aufzufinden. Doch Thomas will den Neuplatonismus nicht schrankenlos gelten lassen. Der Intellekt kann mit dem göttlichen Intellekt niemals geeint werden, da seine Erkenntnisart an die Kontingenz der Sinne gebunden bleibt. Jegliche Erkenntnis verharrt somit im Partikularen, hat die besonderen »phantasmata« zu ihrer Voraussetzung, um im Einzelnen das Allgemeine zu erkennen.[125]

Gegen die thomasische Lösung regte sich Widerstand. Die

Dominikaner in Köln orientierten sich an Theoremen Alberts des Großen. Dietrich von Freiberg, die Seelenlehre des Aristoteles neuplatonisch ausdeutend, folgte Thomas weder hinsichtlich der These von der Körperabhängigkeit der Erkenntnis, noch vermochte er den »species intelligibiles« etwas abzugewinnen. Die Species-Lehre wurde überflüssig, wenn die Vernunft sich in der einen Form, die in ihrem göttlichen Grund verankert war, mit sich selbst vermittelte. Dietrich konzentrierte sich auf den tätigen Intellekt (intellectus agens). Er betrachtete ihn nicht als Seelenpotenz, wie Thomas, sondern als den aus Gott begründeten Ursprung des Wesens der Seele, als »causa essentialis« im Menschen.[126] Als »intellectus agens« denkt die Seele gänzlich körperunabhängig. Er ist selbst erkennender Vollzug seiner selbst, erkennt sein göttliches Prinzip, schließt im Selbsterkennen Gegenstand und Wesen zusammen, erkennt sich als sein ihm immanentes Prinzip. Die »species« empfängt die Seele nicht mehr von den Außenobjekten, sondern in Rückwendung auf den Grund ihrer selbst schaut sie der Intellekt in Gott. Für den »intellectus possibilis« folgt Dietrich dem Credo: »Erkennen heißt nämlich nicht, ein Ding auf beliebige Weise zu erfassen, sondern Erkennen heißt, ein Ding innen zu erforschen.«[127] Wie der »intellectus agens« ist auch er Substanz in der Weise, dass er die Naturgegenstände in ihrem Wesen durch seinen Erkenntnisvollzug begründet. Wenn sich die intellektuale Form des »intellectus agens« mit der intellektualen Materie des »intellectus possibilis« vereint hat, wird es dem Menschen möglich, alles Erkennbare so in Wirklichkeit zu erkennen wie der »intellectus agens« rein in sich. Meister Eckhart, der den neuplatonischen Grundansatz seines Ordensbruders Dietrich von Freiberg teilte, orientierte sich ganz am »intellectus possibilis«. Er setzte die thomasische Species-Lehre ebenfalls außer Kurs und verband seine Intellektlehre mit einer konsequenten Ethik der Gottessohnschaft. Dem »intellectus possibilis« als geschaffenem Intellekt ist zum Ziel gesetzt, zum »saeculum intellectuale« zu werden, womit er das »ens absolute« zum alleinigen Objekt bekäme. Um das zu erreichen, muss sich die »anima rationalis« radikal von allem Kontingenten abscheiden, muss sie von allen irdischen Bildungen (einschließlich der gedanklichen Bilder) lassen. Dann fungiert der »intellectus possibilis« als absolut lauteres Empfangsvermögen, das von Gott in unmittelbarer Weise überformt wird. Mehr noch: Der »intellectus possibilis« soll das ähnlichkeitsheischende Urbild-Abbild-Verhältnis durchbrechen, um den göttlichen Grund seiner selbst wiederzugewinnen, der nur verdeckt, in seiner aktiven Passivität aber immer anwesend ist. Die Einung mit Gott im Seelengrund führt darüber hinaus.[128] Die beiden Dominikaner der Kölner Schule reduzieren den aristotelischen Sensualismus, den Thomas von Aquin als unverzichtbar ansah, um für die Lehre vom rein mit sich – und darin mit dem göttlichen Grund – vermittelnden Intellekt Raum zu bekommen. Sie favorisieren die Erkenntnis vom Wesen her. Auch lassen sie die »Dialektik« von »intellectus agens« und »possibilis« Stück um Stück in ein beide umgreifendes Modell selbstreferenzieller Korrelationalität zwischen menschlichem und göttlichem Intellekt aufgehen. Der Intellekt war als für sich seiende Substanz und nicht länger als Seelenpotenz bestimmt. Die Potenzen waren keine Akzidenzien an der Seelensubstanz, in jeder war der Intellekt ganz präsent.

Cusanus nun erklärt in *De coniecturis* den »intellectus agens« für entbehrlich, denn das »lumen rationis« genügt ihm; allein der »intellectus possibilis« taucht strukturell wieder auf. Die aristotelische Unterscheidung in eine aktive und eine passive Funktion des Intellekts (auch die Vorstellung vom Subjekt-Objekt-Gegensatz) ist vom neuplatonischen Theorem der Beziehung des Intellekts auf sich, worin dieser zugleich den immer schon

141

anwesenden göttlichen Grund in sich freilegt, abgelöst worden. Der Mensch ist hinsichtlich seines Wesens – wie schon Albert der Große in seinem Metaphysik-Kommentar formulierte –, Intellekt und nichts sonst (homo solus intellectus). Denken ist geistinnebleibendes Ergründen des Wesentlichen. Der Intellekt geht über die Natur hinaus, indem er in sich seinen und der Welt Formgrund aufsucht, aus dem sich alles begreifen lässt. In seinen Begriffen schafft er »Welt« in rational möglicher Vollendung; es kann ihm nicht genügen, Gegebenes zu imitieren. Diese Potenz zeigt sich in der Kunst (ars), die, von der unendlichen, göttlichen Kunst abstammend, »mehr im Vollenden als im Nachahmen (magis perfectoria quam imitatoria) geschöpflicher Gestalten«[129] besteht. Die Kunst des Löffelschnitzens wählt Cusanus im *Idiota de mente* zur Demonstration.

Ist auch der Geist in seiner belebenden Funktion mit dem Leib vereint, so besteht er doch wesentlich für sich. Er ist die Verbindung zwischen Engel- und Körperwelt. Als Abbild des unendlichen Geistes ist er nicht durch Ausfaltung geschaffen, wie die Weltgeschöpfe, sondern der göttlichen Einfaltung Bild in Gleichheit (aequalitas) und als eingesenkter göttlicher Same lebendes Bild (imago viva), dessen Vermögen sich fortschreitend dem Urbild gleichförmiger macht. Die Idee der unbegrenzten geistigen Perfektibilität wird mit intellektphilosophischen Denkmitteln unterbaut. Im quasi göttlichen Menschen erfolgt die »Rückübertragung der substantiellen Auszeichnung in Leistungsmerkmale« (H. Blumenberg).

»Der göttliche Geist erschafft, indem er denkt; der unsrige gleicht an, indem er denkt, dadurch daß er Begriffe oder vernunfthaftes Schauen hervorbringt. [...] Daher erschafft er Ähnlichkeiten von Ähnlichkeiten der göttlichen Vernunft, so wie die äußeren künstlichen Gestalten Ähnlichkeiten der inneren natürlichen Formen sind. Hieraus mißt er seine Vernunft durch die Kraft seiner Werke, und daraus mißt er die göttliche Vernunft, wie die Wahrheit durch ihr Bild gemessen wird.«[130]

Angleichen aber ist ein konstruktives Tun des Erkennens, keine passive Hinnahme. Als Bild des weltproduzierenden Geistes ist der menschliche Geist »imago dei« und Urbild der Dinge (exemplar). Wie Gott die höchste Einfaltung aller (Urbilder-) Einfaltungen (complicatio complicationum) ist, so ist der Geist als »imago dei« bildhaft. Dieses Modell funktioniert nur, wenn man annimmt, dass Gott alle Geschöpfe um des Menschen willen erschaffen hat, sodass diese in der Schöpfung ebenso erkannt werden, wie der Geist sich darin seiner überschauenden Sonderstellung bewusst wird. Nur vor diesem Hintergrund kann der Geist die Ideen der Dinge in sich vorfinden, nach denen die Dinge formiert sind. Ihnen, nicht den Außenweltphänomenen, gleicht er sich an. Indem der Geist seine Begriffe fabriziert (notiones fabricare), rationalisiert er zugleich die Weltphänomene und erfährt, dass der Geist in all diesen Welterschließungsoperationen über sich hinaus geht. Der Geist als die Dinge einfaltendes Urbild vermag nicht nur um die ideale Form der Dinge zu wissen, sondern indem er die Welt in sich zieht, weiß er um sein Wissen: Er weiß, wie er sich wissen kann. Die Erkenntnisperspektive wendet sich um, geht auf das Urbild seiner selbst. »Der Geist ist ein lebendiges Maß, das, indem er anderes mißt, sein eigenes Fassungsvermögen erreicht. Denn alles tut er, um sich zu erkennen. Aber sein eigenes Maß, das er in allem sucht, findet er nur dort, wo alles eins ist.«[131] Die Dinge sind ihm – unerlässliche – Mittel hierzu. Der Geist muss in die Welt hinaus, muss sich in den Künsten erproben. Will er seine Selbsterkenntnis vollenden, dann freilich muss er allein zu sich selbst finden. Der Dialog mit der Welt weicht einem Monolog des Geistes mit sich, der ihn auf den unvordenklichen Grund seiner selbst verweist.

Für die Selbstvervollkommnung des Geistes sind die »species« wichtig, aber sie regen ihn nur an, im Durchgang durch sie zu sich selbst aufzusteigen. Durch sie, die von den Dingen ausgehen und dem Geist über den feinen, anschmiegsamen Arteriengeist aufgeprägt werden, erfährt der Geist in seiner Bewegung Nachbildungen. Cusanus unterscheidet das Begreifen (conceptio) – als Nachahmung (imitatio) von Materie und Form – von der Vernunfterkenntnis, in der die Bewegung des Geistes sich vom erleidenden Aufnehmen in die differenzierende Erkenntnis von Art und Gattung vollendet. Stößt der Geist auf ein äußeres Hindernis, erleidet er im Rückstoß eine Anregung, die er dann untersucht. Das Hemmende wird durch die Einbildungskraft (imaginatio) in der Seele zum Bild geformt. Begrenzen ist formendes Nachschaffen im Geist. Cusanus greift, um aktive Aufnahme und Weiterleitung der Sinneseindrücke an die Seele beschreiben zu können, auf die Theorie vom geistbewegenden Seelenäther zurück, die er medizinischen Schriften entnimmt.

Um den Gesamtvorgang zu versinnbildlichen, führt Cusanus im *Compendium* das Bild vom Kosmographen ein. Die fünf Sinne bringen ihm Botschaft von der Welt; die zeichnet derjenige auf, der in seiner Stadt mit den fünf Toren sitzt. Ist die Beschreibung von der Welt vollkommen, zeichnet er diese auf eine Karte, schließt die Tore zur Welt und wendet sich der (Gedächtnis-)Karte zu, um seinen inneren Blick dem Schöpfer der Welt in diesem Abbild zuzukehren: In deren Zeichen schaut er den Bezeichneten. Er zieht sich ganz von allen sinnenhaften Zeichen zurück, um zu den einfachen formhaften Zeichen zu gelangen.[132] Aber der Geist schaut die absolute Wahrheit in Gott nicht direkt, vielmehr spiegelt sich Gott im Geist als dem ausgezeichneten, unendlichen Bild seiner selbst. Gemäß der dominikanischen Tradition ist der Intellekt für Cusanus weder ein Seelenvermögen, wie Thomas es fasste, noch ist das Erkennen ein

Akzidens der Seelensubstanz. Für Cusanus ist die »mens« lebendige Substanz, die von ihren Tätigkeiten nicht getrennt werden kann. Die »viva substantia« ist per se ein erkennendes Tun.

Seit *De coniecturis* liegt die Koinzidenz auch im Geist. Der Geist ist auch die lebendige Zahl, d.h. das Konstruktionsprinzip welterschließender Erkenntnis. In seiner tätigen Kraft sind erste Bestimmungen eingefaltet, die er in der Bewegung der Angleichung ausfaltet. Der Geist findet Basisbegriffe wie »Einheit«, »Jetzt«, »Ruhe«, »Gleichheit« und »Verbindung« rein in sich. Geht er in die Phänomenwelt, muss er diese an ihren Abweichungen, ihren gegensätzlichen Komplementen, entwickeln (ausfalten). Um das Maß der Abweichung – etwa der »Bewegung« von der »Ruhe« – ist im Vorgang des Weltverstehens in immer erneuter Annäherung zu wissen. Realiter treten beide Bestimmungen nie absolut, sondern immer in einem Verhältnis zueinander auf, das es jetzt angleichenderweise zu bestimmen gilt. Die Vernunft hat diese Basisbestimmungen, diese weltordnenden Ideen in der Form in sich, dass sie selbst als Urteilskraft (vis iudiciaria) auftreten kann.

In *Complementum theologicum* – die Schrift bildet die Grundlage für *De visione dei* – rückt die besondere Erkenntnisleistung der Mathematik in den Vordergrund. In ihr wird die Wahrheit genauer erreicht als in den anderen freien Künsten. Man betrachte die Geometrie: Ist die Wahrnehmung der Linien in der sinnlichen Erkenntnis von der Andersheit der Materie verzerrt, so schwindet die Sinneswahrnehmung aus ihm, wenn sich der Geist mit den geometrischen Figuren an sich beschäftigt. So bei sich seiend, erkennt er, dass er die (Ursache-)Form (causa efficiens) dieser Formen ist. Der Geist hat noch die geistige Andersheit in sich, sieht darum die Wahrheit nicht selbst, durch die er sich und alles sieht. Er weiß nur »dass«, nicht »was« sie ist. Die Wahrheit aber ist im Geist präsent als unsichtbarer Spiegel, in dem er alles Sichtbare durch sie erblickt. Je mehr sich der Geist von seiner Andersheit reinigt, umso deutlicher erblickt er alles im Spiegel der Wahrheit. Seine Bewusstwerdung ist als unendliche Annäherungsbewegung vom »Dass-er-ist« (quia est) zum »Was-er-ist« (quid est) zu begreifen. Das Bewegungsmaß des gottförmigen Geistes (deiformis mens) drückt die Koinzidenz von Kreisbewegung (zum Dass-er-ist) und unendlich geradliniger Bewegung an das Was-er-ist aus. Die Selbstbewegung des Geistes ist wie ein sich selbst entzündendes Feuer. Cusanus findet für die Doppelbewegung des Geistes – Rückwendung auf den Anfang und Vorwendung auf das Ziel – ein mathematisches Exempel. Setzt man nämlich einen Kreisumfang unendlich und lässt gelten, dass je größer der Kreis, desto gerader der Umfang sein müsse, dann ist der Umfang des unendlichen Kreises geradlinig zu denken. Trotz der gemachten Einschränkung feiert Cusanus die Möglichkeiten des Geistes und vermerkt: »Es gibt nichts Vornehmeres als den Geist.«[133] So wie das Universum durch die schöpferische Bewegung Gottes entsteht, der unendlichen Fruchtbarkeit, wobei der Schöpfer auf sich schaut und ein einziges Universum aus einem Punkt hervorgehen lässt, so entfaltet dieser sich ähnlich dem Ursprung des Universums zu einem immer größeren Viereck, Fünfeck etc., was die Approximationsbewegung an die unendliche Kreislinie versinnbildlichen soll. Sein Umgreifen der Welt kann unbegrenzt perfektioniert werden; letzte Vollkommenheit gewährt indes allein die Gnade Gottes, die den Geist vom »eckigen« zum »kreisförmigen« Umfassen emporreißt. »Soll Gott [...] berührt werden, dann wird er nicht so berührt, wie er in sich berührbar ist, sondern wie er berührbar ist im Berührenden. [...] So berührt jeder, der Gott berührt, ihn entsprechend dem Maße seines Fassungsvermögens (capacitas) [...].«[134]

Cusanus hält nicht nur an der Vernunftnatur des Schöpfers

fest, er sucht ebenso dessen Selbstbezug näher zu fassen. Auch Aristoteles kannte den »nus«, der sich auf sich wendet, um Telos der Welt sein zu können. Aber dieser Selbstbezug umgriff in seiner Reinheit die Welt nicht, denn Aristoteles kannte keinen Gott, der aus dem Nichts schöpferisch tätig war. Cusanus muss den Selbstbezug des all-einen Gottes hingegen doppelt dimensionieren: auf sich und auf die Welt. Er entfaltet diese Reflexion zum allsehenden Gott über die Begriffe »Schau« (visio) und »Sehen« (videre). Gott ist sonach die Schau seiner selbst und alles anderen. »Schaut er [...] sich an, so erblickt er zugleich auch alles Geschaffene und sieht sich und alles andere keineswegs in verschiedener Weise. [...] Indem er sich sieht, sieht er, da er der Grund (causa) ist, auch alles Begründete. Und da er das Begründete als Begründetes sieht, sieht er auch sich, da er der Grund ist. In Gott koinzidieren Messen und Gemessenwerden, da er Maß und das Gemessene ist. Ebenso koinzidieren Sehen (videre) und Gesehen-werden (videri); und ebenso Sich-sehen (videre se) und Von-sich-gesehen-werden (videri a se).«[135]

Dieser Zusammenhang erfährt in *De visione dei* seine erweiterte Auslegung. Beispielhaft an der Ikone Gottes (eicona dei) erscheint Gott im Gleichnis als die Koinzidenzeinheit, als Allessehender, der im absoluten Sehen Allesbegründer ist. Er sieht alle und jeden Einzelnen gleich (in einem Blick sieht und unterscheidet er alles), da sein Blick jedes Sehen umfasst. Das absolute Sehen wird durch die Verschiedenheit seiner Kontraktion verschieden; in ihm sind alle Sehweisen uneingeschränkt, während es selbst als einfachste Kontraktion die Einschränkung der Einschränkung ist. Der Verendlichungsmodus Gottes ist eine unabtrennbare Seite des unendlichen Gottes: Einschränkung und Entschränkung sind in eins zu denken. Das Denken, das sich vom verdinglicht-denkenden Verstand zum entdinglicht-koinzidenziellen Intellekt erhoben hat, begreift, dass die göttliche Einheit unmittelbar mit ihrer vielheitlichen Fülle zusammenzudenken ist. Gott als Urgrund ist Ein-Alles: komplikativ ununterscheidbares Eines, explikativ alle singulären Verschiedenheiten begründend. Gemäß seinem Urbildsein sieht das göttliche Auge alles in sich. Indem Cusanus auf Elemente der im hohen Mittelalter populären Lichtmetaphysik zurückgreift und den allbegründenden Gott als den allsehenden vorführt, kann er zugleich das Verhältnis begründenden All-Sehens zum begründeten Einzel-Sehen als reflexiv aufeinander verweisenden Zusammenhang darstellen. Der Einzelne kann sich in seiner Selbstbehauptung bestätigt fühlen, basiert seine Existenz einzig auf dem allein ihm gewährten Hinsehen Gottes. Gott ist das genaue Maß seiner Individuation (seiner individuellen Erkenntnisperspektive). Absolutes Sehen umfasst nicht nur jede einzelne Sehweise, sondern begründet sie in der Weise, dass jede, da im absoluten Sehen enthalten, gleich gerechtfertigt ist. Das eingeschränkte Sehen könnte nicht sehen, wenn es nicht vom absoluten Sehen in seiner Einzelheit begründet wäre; die Ursache ist im Verursachten wie das Verursachte in der Ursache. »Dadurch, daß Du mich siehst, gewährst Du, daß Du von mir gesehen wirst [...]. Dich sehen ist nichts anderes, als daß Du den siehst, der Dich sieht.«[136] Gott kann niemals außerhalb der Beziehung zum ihn Ansehenden gesehen werden. Im Sehen auf Gott ist der Individualgeist Ansehendes und Gesehenes zugleich. In Gott koinzidieren Sehen und Gesehenwerden. Allein er bestimmt sich für jeden Betrachter nach dessen Maß, denn durch das Hinsehen auf ihn bestimmt der Mensch die Reinheit das Einsehens auf sich nach dem Maße seiner geistigen Bereitschaft. Dazu ist ihm eine Kraft verliehen worden, ein lebendiges Bild (viva imago) göttlicher Allmacht zu sein, die bewirkt, sich in freier Entscheidung für die göttliche Güte immer aufnahmebereiter machen zu können.[137] Ähnlich wie das auf sich gewendete Auge Gottes, das in sich alles der Ursache nach sieht, sieht das Auge des Geistes spiegelartig alle »species« in sich. Gott aber ist die Form der Formen, der Formgeber, der den »species« das Sein verleiht. Durch alle »species« sieht man geistig im Eingeschränkten den Former.

In demjenigen, der sich für Gottes Sehen zum rein aufnehmenden Medium geläutert hat, sieht Gott sich selbst. Gott, der das Ansehen seiner selbst im Einzelnen begründet hat, kann nur den wirklich ansehen, der dazu bereit ist, dieses Ansehen möglichst rein empfangend zu erwidern. Dazu muss er sich, einem Spiegel ähnlich, von verdinglichten Vorstellungen reinigen, um den Sehstrahl Gottes möglichst ungehindert reflektieren zu können. Cusanus hat hier einmal mehr einen ganzen Theorieteil Meister Eckharts mobilisiert, um den doppelten Verweisungszusammenhang zu verdeutlichen. Gott ansehen erscheint als nichts anderes, als von Gott selbst angesehen zu werden. Das Objekt-Subjekt-Schema wird in der Sicht der Vernunft zu einer in sich reflektierten Einheitssicht umgebogen: Gottes unsichtbare All-Einheit ist in der endlichen Schöpfung als das eigene Sich-selbst-Sehen präsent.

Erst in der absoluten Dunkelheit des Urgrundes kann das Auge das göttliche Überlicht qua Negation wahrnehmen. In der das Fassungsvermögen des Verstandes (ratio) übersteigenden Finsternis ist seine Wahrheit angesiedelt – die »coincidentia oppositorum« als »coincidentia contradictoriorum«. In der Unmöglichkeit der Verstandeswahrheit leuchtet die koinzidental zu begreifende Notwendigkeit Gottes auf. Der Verstand vermag nur diskursiv zu arbeiten. Er kann sich nicht so sehen, wie er von Gott sehbar ist. In einem höheren Vermögen fallen indes Sehen und Gesehenwerden zusammen. Erst da wird klar, dass die Schöpfung Gottes Sehen (videre) und Gesehenwerden (videri) zugleich ist. Gott hält das geschöpfliche Sein in seinem Sehen, das Erschaffen ist, auf sich hin. In einem höheren geistigen Vermögen kann dies begriffen werden, da hier das Unsichtbare geistig »gesehen« werden kann. Wie in Gott Erschaffenwerden und Erschaffen zusammenfallen, so ist es ähnlich im Geist: Die von ihm geschaffene Wahrheit erschafft ihn.

Gott ist die unendliche Grenze seiner selbst, das Ende ohne Ende, das vom Verstand nur unvollkommen erfasst werden kann. Allein hier ist der Widerspruch ohne Widerspruch. Da der Geist in dieser allumfassenden Wahrheit ist, ist sicher, dass sie den Geist nicht verlässt. Gott zeigt sich dem, der sich ihm öffnet, auf dass er ihn zu sich als Wirkursache hinaufziehen kann. Gottes Sehen wendet sich liebend denen zu, die ihn ansehen. Während Gott sich jedem Einzelnen zeitlos zuwendet, lädt derjenige Sündenschuld auf sich, der sich Gott, seinem gütigen Gründer, verweigert. Gott ist immer nahe, auch dann, wenn der Sünder sich von ihm entfernt. Wer aber zurücksieht, der erwidert diese allliebende Zuwendung und ermöglicht seine Erhebung zur Vollkommenheit. Wer also im entdinglichten Rücksehen Gottes Sehen rein in sich selbst zurückgelangen lässt, der entgrenzt sein Sehen – er sieht wie Gott, allerdings durch Christus vermittelt. Cusanus hat hier, obgleich er ansonsten Meister Eckhart konzeptionell eng folgt, eine theologische Abgrenzung markiert. Während sich Gott für Eckhart mit Notwendigkeit dem sich Lassenden zuwenden muss, geht Cusanus nicht so weit, denn mit dem willentlichen Sich-sehen-Lassen Gottes hat er einen personal-voluntativen Gnadenvorbehalt eingebaut. Dieser bleibt, auch wenn er an anderer Stelle betont, dass sich Gott dem nicht entziehen kann, der sich ihm zuwendet. Über die augustinische Gnadenlehre geht Cusanus darin hinaus, dass er dem freien Willen zubilligt, die Empfänglichkeit für die göttliche Gnadengabe einschränken oder erweitern zu können.

Gott bezieht sich, indem sich der Einzelne auf ihn rückbezieht, auf sich. Das ist die Grundfigur. Cusanus scheint eine ganz moderne Ausdeutung des Ansatzes zu geben, wenn er Gott in das Innere des Einzelnen sagen lässt: »Sei Du Dein, und Ich werde Dein sein! (Sis tu tuus, et ego ero tuus!)« Man hat diesen Passus aus seiner augustinisch-eckhartschen Einbettung gerissen, um etwas herauszudeuten, was er nicht leisten kann. Cusanus fährt nämlich fort: »O Herr, [...] Du hast es in meine Freiheit gelegt, daß ich mir zu eigen bin (mei ipsius), wenn ich nur will. Bin ich also nicht mir zu eigen, bist Du nicht mein. Sonst würdest Du nämlich die Freiheit nötigen, da Du nicht mein sein kannst, wenn nicht auch ich mir zu eigen bin. Und weil Du dies in meine Freiheit gelegt hast, zwingst Du mich nicht, sondern erwartest, daß ich wähle, mir selbst zu eigen zu sein. Es hängt also an mir, nicht an Dir, Herr, der Du Deine überreiche Güte nicht beschränkst, sondern freigebigst ausgießt in alle, die aufnahmebereit sind.«[138]

Es ist zu sehen, dass Cusanus, indem er auf die willentliche Entscheidungsfreiheit des Menschen, sich zum Guten oder Bösen zu wenden, rekurriert, Gott von aller Schuld entlastet. Sündenschuld ist persönliche Schuld. Böses kommt allein vom Menschen. Der oft gefeierte Satz müsste dem Sinne nach so aufgelöst werden: Sei Du Dein Selbst, und Ich selbst werde Dein Selbst sein. Gott gibt sich – also sich selbst als das Selbst – demjenigen, der sich für Gott, das absolut Gute entscheidet, indem er sich hierfür im Geist aufnahmebereit macht. Die Freiheit liegt für Cusanus nicht darin, dass der Mensch tut und lässt, was er will, sondern sie besteht darin, dass der Mensch sich zu Gott hinwendet, um sein mangelhaftes Selbst in das vollkommene Selbst Gottes zu überführen. Die wahre Freiheit der Entscheidung meint dann, sich vom Bösen frei zu machen, aber sie meint nicht beliebiges Wählenkönnen. Freiheit heißt: sich zu Gott wenden, um von Sünde frei zu sein.

Cusanus hat immer kundgetan, dass es zum Erkennen der

Wahrheit nicht ausreiche, über ein unbewaffnetes Auge zu verfügen. Man muss – geübt in der »regula doctae ignorantiae« – um die Möglichkeiten seines Wissens wissen. In seiner Schrift *De beryllo* versieht er den Verstand gleichsam mit einer Brille (dem Beryll, der konkav und konvex geschliffen ist), einer Sehhilfe, die, vor die »geistigen Augen« gesetzt, den unsichtbaren Ursprung alles Gegensätzlichen sehen lässt. Durch geschärftes Hinsehen – der Beryll repräsentiert größte und kleinste Form zugleich – wird der unteilbare Ursprung von allem im verstandesgereinigten Spiegel als Rätselbild berührt. Die Vernunfteinübung trägt dazu bei, gemäß der Vernunftschau (visio intellectualis) zu schließen, um den Rückfall ins diskursive Verstandesdenken zu verhindern. Die Koinzidenzlehre führt dazu, dass sich die Erkenntnismöglichkeiten für alle Wissensgebiete erweitern. Vier Thesen formuliert Cusanus zum Auftakt:

1. Die sich allem neidlos mitteilende Vernunft macht sich als alles umgreifender Ursprung zum Ziel ihrer Werke, damit ihre Herrlichkeit offenbar werde. Sie schafft Substanzen mit Erkenntniskraft, die dies erfassen können. Gottes Vernunft (conditor intellectus) schafft sich einen Zuschauer zum abspiegelnden Preisen seiner selbst; sie verbirgt sich nicht, will erkannt sein. Alles ist intellektdurchformt und durch menschliche Vernunft erschließbar. Bereits Albert der Große hatte bekannt: »Omne opus naturae est opus intelligentiae« (Jedes Werk der Natur ist das Werk der Intelligenz).[139]

2. Alles, was ist, ist in sich anders als in einem anderen. Was in sich wahr ist, ist am anderen nur ähnlich. Dies trifft auf Sinne, Intellekt und Intelligenzen zu. So ist das durch die Sinne Erfassbare durch sein sinnesbestimmtes Erkenntnisbild (species) im Sinn, wie der Sinn im sinnlich Erfassbaren durch sein Erkenntnisbild ist. Ebenso ist das durch die Intelligenz bzw. Vernunft Erkennbare in diesen und umgekehrt.

3. Gemäß dem Satz des Protagoras ist der Mensch das Maß der Dinge. Reflektiert er seine unterschiedlichen Erkenntnisvermögen, so findet er in sich alles Geschaffene wie in einem messenden Wesensgrund begrifflich eingefaltet.

4. Gemäß dem Hermes Trismegistos ist der Mensch ein zweiter Gott (deus secundus). Der menschliche Intellekt ist im Erschaffen dem göttlichen Intellekt ähnlich, ist er doch auf die gottähnlichen Weltphänomene verwiesen, sodass er in seinen Begriffen Ähnliches zu diesen Ähnlichkeiten schafft. Darin misst er die Kraft seiner Werke und wird seiner abbildhaften Ähnlichkeit mit dem unerfassbaren göttlichen Urbild gewahr, dem er sich aus eigener Kraft anähnelt.

Aus diesen Punkten entfaltet Cusanus sein Wissensprogramm, das von der verstandeskorrigierenden Koinzidenzsicht verfahrensmäßig getragen ist. In einem Zweierschritt ist ein Übergang von endlichen zu unendlichen geometrischen Figuren (z.B. dem Winkel) ausführbar, um dann die Koinzidenz an sich einzusehen. Der Ursprung ist in eingefalteter Weise alles, was sein kann. Das ist am Winkel demonstrierbar. Der einfachste Winkel ist der zugleich größte und kleinste; alle sind in ihm eingefaltet; er ist weder größer noch kleiner als jeder von ihnen. Aber jeder endliche Winkel kann anders sein als der unendliche, ist er doch in einem anderen Medium etwa Fläche. Nur der Ursprung ist niemals anders, er ist Winkel in sich selbst und somit Maß aller seienden Winkel, die ihm gegenüber nur ähnlich sein können. In jedem Winkel sehen wir zugleich in negativer Weise den größten, von dem wir nur wissen, dass er ist, nicht hingegen, was er ist. Die Washeit ist nicht selbst partizipierbar, nur in der Ähnlichkeit erschließt sie sich.

Unsere Vernunft (noster intellectus) kann das Wesen der Dinge nicht begreifen, da sie ihre Begriffe in der Einbildungskraft (in imaginatione) bildet, die auf sinnliche Erkenntnisbilder (species sensibilis) zurückgreift. Ist sie aber ganz bei sich, wie bei den mathematischen Sachverhalten und künstlichen Formen, die rein vernunftgeschaffen sind, dann sind in der Vernunft auch diese Dinge wahrer als außerhalb ihrer, wo sie materielle Trägermedien verfälschen. Der Kreis als geistiges Konstrukt ist im Geist wahrer als der in den Sand gezeichnete Kreis. »Im Menschen ist die Vernunft als das Höchste des Wesensgrundes. Ihr Sein ist vom Körper getrennt und durch sich wahr.«[140]

Der spanisch-jüdische Dichter und Philosoph Avicebron (ca. 1020-1058) hatte im *Fons vitae* vermerkt, dass die mannigfache Rückwendung des Seienden die Verschiedenheit des Seienden verursache. Zwei Rückwendungen fügten zum Sein den Intellekt hinzu. Die neuplatonische Triade Sein – Leben – Erkennen konnte so interpretiert werden, dass das Erkennen grundlegend ist, dass Leben und Sein (der Dinge) etwas daraus Abgeleitetes darstellen. In diesem Sinne konnte Cusanus auch von der neuplatonischen Vierheit »corpus«, »natura«, »anima«, »intellectus« Gebrauch machen. Die Rückwendung teilt sich zunächst der Seele, dann der Natur und letztlich dem Körper so mit, dass der Quaternar alle in der Rückwendung auf sich umfasst. Wie in *De coniecturis* ist jedes Vermögen im nächsthöheren enthalten und wird von ihm umfasst. Die Vernunft macht sich der Seele in Ähnlichkeit mitteilbar, diese wiederum den Sinnen. So wird begreiflich, dass die Sinneserkenntnis in Ähnlichkeit eine Weise der Vernunft ist, die der äußeren Sinnesdaten zwar bedarf, deren Resultate aber auch einen intelligiblen Kern aufweisen, in dem sich die Vernunft wiedererkennt. In ihr koinzidieren somit Wirk-, Formal- und Finalursache, sodass sie aus dieser trinitarischen Einung heraus selbstbewegend, ja selbstschöpferisch ist. Als Koinzidenzeinheit ist sie »actio« und »passio« zugleich. In sich findet die menschliche Vernunft eine höhere Form von »species«, die allein intelligiblen Gegenständen eignen, sodass sie sich über diese in der Vernunft an sich, der Intelligenz, also unabhängig von sinnlicher Imagination, erkennen kann. Eine »species« des Dreiecks, reduziert auf das Bildungsprinzip des Dreieckseins überhaupt, umfasst die Gattung des Dreieckseins ebenso wie die differenzierten Dreiecksarten. Diese »species« (Wesensgestalt) gibt das gesamte Dreiecksein und ist als solche auch rein erkennbar. »So ist die Wesensgestalt ein gewisses Ganzes einer einzigen vollkommenen Seinsweise göttlicher Ähnlichkeit, indem sie in sich alle besonderen Einschränkungen einfaltet; sie wird im Zugrundeliegenden zum Dieses-Sein eingeschränkt.«[141] Durch den Beryll kann gesehen werden, dass jene »species« aufgrund ihrer Ähnlichkeit mit dem göttlichen Wesensgrund die Schöpfervernunft als Washeit eines jeden Individuums kundtun. Unzerstörbare Artformen (species incorruptibilis) geben den Dingen ihr Was-Sein. Während die sich von außen eindrückenden »species« den Sinn anregen, findet sich in der Vernunft bzw. Intelligenz die sinnenunabhängige einfaltende Form der intelligiblen Artformen, »die sie aus ihrer eigenen Natur erkennt, wenn sie ihr unverhüllt gegenwärtig werden«, sodass schließlich gewiss wird, dass »alles in der ersten Vernunft so in der Weise der Erkenntnis ist, daß die Erkenntnis dem Erkannten das Sein gibt so wie das ursächliche Urbild aller Formen, indem sie sich selbst zum Vorbild macht«[142].

In *De beryllo* trägt Cusanus seine Kritik am aristotelisch-averroistischen Standpunkt offen vor. Zum einen stellt er klar, dass die Finalität des Universums sich in der Erkennbarkeit durch den menschlichen Intellekt vollendet. Sie vollendet sich nicht in der gesetzlichen Notwendigkeit seiner Existenz. Auch hier rangiert die Vernunft vor dem Sein. Die Natur ist keine Maschine, die nach geistamorphen Gesetzen funktioniert. Wenn die göttliche Vernunft sich der unsrigen mitteilen will, dann in angemessener Weise durch das von ihr geschriebene »Buch der Natur«.

Unsere Vernunft kann auf die Welt ausgehen, weil diese sich ihr darbietet und auf sie zu geschaffen ist. Die Erkenntnisfähigkeiten korrespondieren mit dem Weltaufbau, man muss sich jedoch über deren Möglichkeiten aufklären, um sie adäquat zum Einsatz zu bringen.

Cusanus verteidigt nach einem vertieften Studium der aristotelischen *Metaphysik* die Nus-Lehre des Anaxagoras gegen den Stagiriten. Aristoteles wie auch Platon haben von den Möglichkeiten des Geistes nicht hoch genug gedacht. Daran ist u. a. Aristoteles' Naturalismus schuld, der bspw. in der Kategorienlehre verhindere, Substanz und Akzidens zusammenzudenken. Aber auch den platonischen Teilhabegedanken, den Aristoteles verwarf, verteidigt Cusanus. Aristoteles indes hält er in prinzipieller Hinsicht vor, das Koinzidenzprinzip verfehlt zu haben, da er den Verstandessatz vom ausgeschlossenen Widerspruch zum letzten Erkenntnisprinzip erkor. Seiner Intellektlehre, die durchaus Brauchbares enthalte, fehle im Gesamt der Beryll, die Vernunftschau. Erst wenn im Minimum und Maximum der Prinzipiierten das eine gründende Prinzip aufscheint, vermag man die aristotelische Trias von Form, Materie und Beraubung (privatio) recht zu verstehen. Aristoteles musste im Prinzipiendualismus von Form und Materie hängen bleiben, weil er nicht sah, dass die Beraubung keinen Gegensatz zur Form darstellt, sondern Gegensatz ohne Gegensatz ist, da in ihr die einander Entgegengesetzten koinzidieren. In der Beraubung als Verbindung kommen somit die entgegengesetzten Substanzursprünge in einem Dritten überein. Gegensätze (contraria) jedoch gehören zu einer Gattung, die sie umfasst. Da Aristoteles aber meinte, Widersprüche (contradictoria) könnten nicht sogleich wahr sein, schloss er, dass es Gegensätze auch nicht sein könnten. Und darin irrte er. Erkennt man dies, fällt auch eine Hilfskonstruktion aristotelischer Naturphilosophie, wie sie im 13. Jahrhundert in der

Scholastik aufgekommen war: die Lehre von der »inchoatio formae«, der Vorformung der Materie, um die Formen überhaupt aufnehmen zu können. Auch die platonische Ideenlehre steuert, so Cusanus, in einen Prinzipiendualismus, wenn man nicht die konstitutive Funktion der Verbindung ergründet, die im Heiligen Geist vorbildhaft ausgesprochen ist. Cusanus optiert für eine trinitarische Korrelativenlehre, die sich nicht an Boethius, sondern an Lull orientiert. Er sucht in *De beryllo* zwar vom aristotelischen Naturalismus begründeten Abstand zu gewinnen, korrigiert allerdings zugleich die dualistischen Tendenzen am Platonismus. Die Adepten beider Traditionen entbehren der Zusammenschau des Berylls; indes: »Es ist etwas Großes, beständig an der Vereinigung der Entgegengesetzten festhalten zu können (Magnum est posse se stabiliter in coniunctione figere oppositorum).«[143]

Die Geistlehre erfährt in *De venatione sapientiae* hinsichtlich der Philosophie der Grenze ihre verdeutlichendere Auslegung. So wie der göttliche Geist im Entwerfen seiner selbst (als verbum mentale) *sich in sich selbst unbegrenzt begrenzt* und allem darin zum So-Sein das Maß verleiht (er entwirft in sich die Urbilder als Wesenheiten der Dinge), so begrenzt er im grenzenlosen Bezug auf sich alles. Gott handelt dabei frei auf sich. »Der menschliche Geist, der ein Abbild des absoluten Geistes ist, setzt in seiner menschlichen Freiheit allen Dingen in seinem Denken Grenzen, weil der Geist mit seinen Begriffen (notionaliter) alles ausmißt. [...] Was immer er sich vornimmt zu tun, das umgrenzt er zunächst in sich (intra se determinat) und ist aller seiner Werke Begrenzung. Alles, was er schafft, begrenzt ihn dabei nicht in seiner Möglichkeit, noch mehr zu schaffen. Er ist in seiner Weise Grenze ohne Grenze (est suo modo interminus terminus).«[144]

Da alles vom göttlichen Geist begrenzt und vernünftig begründet ist, strahlt er in denen wider, die als Teilhabende am göttlichen Geist das sind, was sie sind. Unser Geist setzt den Wesenheiten der Dinge keine Grenze, denn er ist lediglich Ursprung seiner Handlungen, die er determiniert. Seine Kraft faltet alle Dinge in Begriffe ein; der Geist erfasst nur, was er in sich selbst vorfindet. Wesenheiten (essentiae) und Washeiten (quiditates) erfasst er nicht an sich, sondern nur in Form von »species« als annähernde Nachbildungen der Dinge. Die sich angleichende Vernunft ist der Ort der Formbilder (species formales), die Nachbildungen der Wesensformen (formae essentiales) sind. Erkennen ist Angleichen an intelligible »Gegenstände«. »Sein Erkennen nimmt deshalb seinen Ursprung nicht bei den Dingen, vielmehr sind die Dinge aus ihm (res sunt ex ipso).«[145] Der Geist vergleicht das so Erkannte mit dem inneren Wort oder Begriff; dieser ist der Washeit stets nachgängig. Die eigene Washeit vermag der Geist ebenfalls nicht zu erkennen; der Mensch erfasst im Erkennen indirekt, dass er eine Erkenntniskraft besitzt, die Erkenntnis überhaupt ermöglicht. Der Mensch weiß um seine (unbegrenzte) Erfassungsfähigkeit (gemäß seiner Erkenntniskraft). Als intellektuale Natur ist der Mensch letztlich »capax dei«, Fassungskraft für Gott. Vergängliches wird nur durch die unvergängliche »species« (incorruptibile) erkannt. Nur die eigenschaftslose immaterielle Form des Dinges – wahres Abbild der Washeit – lässt sich zu einem wirklich Erkannten transformieren.

In *De ludo globi* teilt Cusanus seine Kunst, etwas Neues zu entdecken, in einem Weisheitsspiel (ludus sapientiae) mit. Es ist eine spielerische Übung des Geistes. In ihrem Vollzug werden dem Verstand Samen der Wissenschaft eingesät und er wird zur intellektiven Selbsterkenntnis gebracht. Hat Cusanus mit dem Beryll eine wissenschaftlich ernste Sehhilfe eingeführt, so mit dem Globus – einer Einheit aus konvexen und konkaven Formen, einer konvex gehöhlten Kugel – die spielerische Sehhilfe.

Jener Globus beschreibt, einmal geworfen, aufgrund seiner Natur stets gekrümmte Kurven zum Ziel hin. Jede Wurfbahn ist singulär, nichts passiert zweimal zugleich. Erst in der Einübung des Werfens wird es möglich, den Globus zielgenauer in die Mitte der Kreise zu befördern, in deren Zentrum der Vollender des Lebens – Christus – sitzt. Der Globus folgt in seiner Wurfabsicht dem Vorbild Christi; jedes individuelle Streben findet, so singulär es sein mag, seine Vollendung darin. Die zehn zentrierten Kreise, die die Stufen der Gottesschau symbolisieren, in denen die selbst gewählten Lebensbahnen ihrer Vollendung zustreben, fungieren auch als Gleichnis für die Etappen stetig korrigierender Tugendeinübung (exercitio virtutis), um minimiert abgelenkt durch vielerlei Widrigkeiten zur Glückseligkeit zu gelangen. »Dies ist die Summe der Geheimnisse dieses Spieles, daß wir lernen sollen, die Neigungen und natürlichen Krümmungen so durch tüchtige Übung gerade zu richten, daß wir endlich doch nach vielen Abwandlungen und unsteten Umläufen und Abbiegungen im Reich des Lebens ruhen.«[146] Die gute Absicht (intentio) ist entscheidend; sie muss Gewohnheit werden. Cusanus gibt der Intentionsethik Raum, die Abälard einst formulierte.

Die Selbstbewegung ist die Substanz des Geistes, wie die intellektuelle Bewegung (motus intellectualis) substanziell sich selbst bewegend ist. Bewegung kommt dem Geist nicht anhaftend akzidentell zu; der Geist ist sich selbst bewegende Substanz. Er ist in der Seele die Kraft der verschiedenen Kräfte (Erkenntnisvermögen: Wahrnehmung, Vorstellung, Verstand, Einsicht), ohne selbst eine der Kräfte zu sein. Wie die Akzidenzien in der Substanz, so muss die Substanz in den Akzidenzien sein. Die Bewegung der Seele unterscheidet, teilt, abstrahiert, sammelt und schlussfolgert. Die Verstandesseele (anima rationalis) ist die Kraft schlussfolgernden Denkens oder des Zählens, unterscheidend und vergleichend in einem; lebendige Einheit, die in sich jede unterscheidende Zahl einfaltet, um sie im Zählen auszufalten. Wie Gott die Einheit ist, die alle Dinge einfaltet, die sein können, ist die Verstandesseele die Einfachheit aller begrifflichen Einfaltungen (simplicitas omnium complicationum notionalium). Wissenschaft entsteht durch Unterscheidung. Die Seele besitzt die Wissenschaft des Wissbaren als Vermögen; durch Nachdenken (cogitatio) über sich wird diese Kraft erregt und entfaltet. Nur indem sie sich frei aus sich selbst bewegt, wie in der »mens«, ist die Vernunftseele (anima rationalis) eine Neues hervorbringende Kraft. Sie erfindet Arithmetik, Geometrie, Musikwissenschaft und Astronomie und erfährt, dass die Wissenschaften in ihrer Kraft eingefaltet sind. Auch die zehn Kategorien und fünf Universalien sind in ihrer begrifflichen Kraft eingefaltet. Über den lebendigen Geist (spiritus rationalis) teilt sich die innerseelische Bewegung den Seelenteilen im Überlegen, Gedankenfassen und Beschließen mit. Wendet sie sich kreisförmig auf sich zurück, folgt dauerndes Denken über das Denken, sodass in der geistigen Lebendigkeit abbildlich die göttliche Ewigkeit und Dreieinigkeit aufscheint. Der freie Geist (spiritus liber) bewegt sich selbst, aber wird er nicht vom Universum determiniert? Cusanus antwortet, dass der Mensch als Mikrokosmos ein kleines, aber ganzes Reich im großen des makrokosmischen Universums sei. Als dessen Geistvollendung ist es frei von diesem. Die Entscheidung des Menschen ist frei; er kann seine Schuld nicht auf den Einfluss der Gestirne abschieben. Weder das Rad der Fortuna noch ein leitender Wille Gottes vermögen etwas auszurichten, wenn die Lebenskugel einmal rollt. Der menschliche Wille ist in seiner Mündigkeit eben auch schuldfähig. Als Ausdruck dieser Freiheit verfügt der Geist über die Kraft, aus sich selbst etwas zu bilden. Die Seele erschafft neue Künste und die Instrumente, um zu unterscheiden. Die Verstandesseele ist von zeitloser Dauer, ja die Zeit ist von ihr abhängig.

Der Geist hat seinen besonderen Weltzugang vom göttlichen Intellekt, denn das Vorbild muss in seinem Abbild sein, wie das Abbild im Vorbild ist. Das Geistige ist nicht nach dem Körperlichen, sondern das Körperliche nach der Richtschnur des Geistigen zu beurteilen. Dies kann auch vom Willen gesagt werden. Die Seele strebt zu Gott, obgleich sie in der Absicht auf Gott als ihre Zielursache innerlich unverändert bleibt. »In Gott ist die Absicht nichts anderes als der beabsichtgende Gott. Ebenso ist in der Verstandesseele die Absicht nichts anderes als die beabsichtigende Seele.« In der Abwendung vom Körperlichen sieht die Seele sich selbst besser. »Wenn ich beabsichtige, den Wesensgrund und die Ursache aller Dinge zu sehen, wende ich mich der geistig schauenden, ganz einfachen und allerstärksten Kraft der Seele zu. [...] Bei alledem beabsichtigt sie nur Eines, nämlich die Ursache von allen sowie ihre eigene durch die Stärke im Denken selbst in ihrer lebendigen Vernunft Gegenwärtigsein zu sehen und zu erfassen, um, wenn sie Ursache und Wesensgrund aller Dinge und ihrer spürt, den Genuß des höchsten Gutes [...] zu haben.«[147]

Versehen mit der fest auf Gott gegründeten Absicht, muss der strebende Mensch stets kontrollierend auf sich reflektieren, um seines erzielten Standes inne zu werden. Um hierfür Kriterien zu haben, führt Cusanus eine Ordnungshierarchie ein, die dieser Selbstfindung eine Orientierung bietet. Damit freilich bringt er zum Ausdruck, dass er dem intentionsethischen Ansatz nur begrenztes Zutrauen schenkt; die innere Wertbildung muss sich letztlich von einer äußeren Werthierarchie rechtfertigen lassen.

Am Ende des 2. Buches philosophiert Cusanus interessanterweise über den Wert (valor) – den Geldwert oder Preis des Wertes (pretum valoris). Der Wert ist ein wirklich Seiendes, das der Geist zwar geistig erkennen kann, er wird aber darum selbst noch nicht wertvoll. Bessere Erkenntnis des Wertes macht also noch keinen wertvolleren Menschen. Wenngleich die Vernunft dem Wert kein Sein gibt – das kommt allein Gott zu –, so liegt der Wert der Vernunft in ihrer alles überragenden Kraft, die Werte zu unterscheiden. Cusanus thematisiert dann das Verhältnis von göttlicher und menschlicher Vernunft über das Bild der Abhängigkeit des Geldwechslers (nummularius) vom Münzherren (monetarius). Während Ersterem der Modus des unterscheidenden Denkens zukommt, ist es beim Letzten der Modus des Seinsschaffens. »Darin wird die Kostbarkeit des Geistes sichtbar, weil ohne ihn allen Geschöpfen der Wert fehlen würde. Wenn er also wollte, daß sein Werk geschätzt werden sollte als etwas, das Wert hat, so mußte er diesen Geschöpfen die Vernunft-Natur erschaffen.«[148] Die alles formende Form strahlt – in den verschiedenen Seinsweisen – in verschiedenartigen Zeichen wider, die Medium der Vernunftarbeit sind.

Auch das *Compendium* handelt von den Zeichen, sie sind dort mit der Species-Theorie zusammengeführt. Diese Skizze bleibende Zeichentheorie macht erneut Anleihen bei der Lehre von den Modi, die Cusanus bereits verwandt hat. Der »visus mentalis« erkennt, dass extramentale Dinge sind, nicht aber, was sie sind. Die Erkenntnis geht von der Weise des Seins (modus essendi) in zeichenhafter Ähnlichkeit auf die Weise des Erkennens (modus cognoscendi). Während vom »modus essendi« kein Wissen möglich ist, gibt es gleichwohl eine Wissenschaft von den Zeichen der Dinge. In ihr erfolgt die kumulative Wesenserkenntnis durch additive Zeichenerkenntnis. Lehren ist nur über Zeichen möglich. Cusanus unterscheidet – dem platonischen *Kratylos* nachfolgend – zwischen den durch Sinne vermittelten natürlichen und den durch Kunst hervorgebrachten konventionellen Zeichen. Freie Künste und Lehre schlägt er neben den »artes mechanicae« den göttlichen Tugenden zu. Ehe man lehrt, muss man um die Eigenschaften der Zeichen wissen. Da Dinge nicht direkt erkannt werden können, gehen sie durch Zeichen in die Erkenntnis ein. Die Vorstellungskraft nimmt zunächst Sinneszeichen (signa sensibilia) auf, die dann als »signa phantastica« mehr formenhaft sind, dabei jedoch an die sinnliche Materie gebunden bleiben. Davon sind gänzlich formhafte Zeichen zu unterscheiden, die als einfache (Art-)Formen der Dinge diesen das Sein verleihen (quae dant esse). Wie aber gehen Zeichen vom Gegenstand auf den Erkennenden über? Cusanus modifiziert, um die Erklärung zu liefern, die gängige Lehre von der Formübertragung. Holz kann bspw. nicht als gegenständliches Holz im Auge sein; daher muss es als vom Gegenstand abgesonderte Formgestalt dem Erkennenden vergegenwärtigt werden. In der Sinneserkenntnis werden diese Formgestalten übertragen, wenn der Gegenstand anwesend ist. Sie werden im Gedächtnis gespeichert und können von der Vorstellungskraft reproduziert werden. Auf dem Wege dahin werden die bildhaften Formen immer mehr von ihren Körpern abgelöst, sodass sie schließlich den von der Wahrnehmung unabhängigen Vorstellungen entsprechen, die dann vom Geist kombiniert werden können.

Cusanus löst das Problem in der Weise, dass er sagt: Da sich Dinge und Zeichen niemals adäquat mitteilen können, sind von den Zeichen, welche die Sinne »bevölkern«, in der Vorstellungskraft wieder Zeichen gebildet worden. Letztere sind entsinnlichtere Zeichen von sinnenfälligen Ausgangszeichen (signa sensibilia). Der Mensch sucht indes das gänzlich entsinnlichte Zeichen, die reine Form, die seine geistige Erkenntnis mit dem göttlichen Intellekt zusammenschließt. Jedes Zeichen kann hinsichtlich seiner Ähnlichkeit vollkommener sein. Da Singuläres vollkommen ist, ist davon kein Zeichen möglich; gibt es auch von der Gattungsqualität ein Zeichen, so nicht von der bestimmten Artqualität (das Rote ist durch die konkrete Röte repräsentiert, nicht umgekehrt). Qualität und Quantität sind kein Allgemeines im Ding, kategoriale Bestimmungen sind einzig in der Erkenntnis vorhanden.

»Species« sind Zeichen. Natürliche Zeichen sind »species« der bezeichneten Einzelnen. Diese sind einformende Formen (formae informantes). Diejenigen, die Einformung empfangen haben, lassen ein Mehr oder Weniger zu; Formen sind in Verschiedenen auf verschiedenartige Weise. Aus den Zeichen (species) wird das Ding erkannt. Die Verschiedenheit der »species« führt zur Kenntnis der Verschiedenheit der Dinge.

Jedes Lebewesen verarbeitet Zeichen in der Vorstellungskraft (vis phantastica) anders. Nur der Mensch gelangt über »signa sensibilia« zu den intelligiblen »species«, um richtig schlussfolgern zu können. In seiner Vernunft sind nicht nur zehn Kategorien, fünf Universalien und vier Kardinaltugenden, sondern auch die schaffenden Künste begründet, welche, körperliche Mängel ausgleichend, die Unwissenheit beseitigen. Allein dem Menschen war es vergönnt, die Brille zu entdecken. Einzig durch die Schulung der Vernunft, was den Umgang mit Zeichen einschließt, wird der Mensch belehrt. Ihm allein steht die Kraft zu Gebote, die natürlichen »species« beliebig zu kombinieren und zu segmentieren. Darin wird der Geist der Kunst, die alles formt, ähnlich, kommt zum angenäherten Wissen um die Bildungsprinzipien der Welt.

Das Wort ist Offenbarung des Geistes. In der Mannigfaltigkeit seiner Worte teilt er sich mit; im Selbstbegreifen ergreift er das selbst gezeugte Wort. Gott also erkennt sich in seiner Schöpfung, den vermannigfachten Zeichen des unerschaffenen Wortes, selbst. Der Geist schaut im Zeichen den Bezeichneten und erkennt, dass die schöpferische Kraft Gottes im Geist mehr widerleuchtet (relucere) als in anderen Lebewesen. In ihm steigen die sinnesabhängigen Zeichen zu geistigen Zeichen (signa intellectualia) auf, die Abbilder formhafter Zeichen (signa formalia) sind. Wie Gott sich darin in verschiedener Weise zeigt, so auch der menschliche Geist in den verschiedenen Künsten. Von den natürlichen gelangt man zu den gemachten Zeichen. So fügt der Geist zur Grammatik die Rhetorik hinzu, die Natur nachahmend und diese doch steigernd zu einer allgemeinen Kunst (ars communis).

Erkenntnis ist durch Ähnlichkeit bedingt, aber Ähnliches kann nur durch Ähnliches erkannt werden. Übertragbare Ähnlichkeiten sind die »species«, die Zeichen der Gleichheit zwischen Erkenntnissubjekt und seinem Objekt. Im Intellekt wird die Gleichheit nicht durch die Ähnlichkeit der Begriffe erreicht, sondern durch reine vernunfthafte »species«, die er einzig in sich selbst ausmacht. Auf die gleiche Weise erkennt der Mensch in sich das Gute und weiß um das moralische Rechttun.

Im Sehenden findet man zum einen die sich ihm einformende Form vor als Ähnlichkeit des Dinges, zum anderen die formende Form als Ähnlichkeit der Vernunftkraft. Einformen geschieht von Natur aus, die Vernunftkraft, die in allen Erkenntnisvermögen präsent ist, bedient sich der Natur. Das Formen der Vernunftkraft erfolgt durch eigenes Ähnlichmachen. Einwirken und Wirken sind Formen von Tätigkeit der Intelligenz, zu der sie selbst unmittelbaren Zugang über das geistige Licht Gottes hat. Wahrnehmen ist aktives Erleiden des Äußerlichen. Unkörperliche »species« erleuchtet der Geist differenzierend in sich, sodass deutlich erkannt wird. Diese Kraft ist dem Geist unmittelbar vom ewigen Licht verliehen. Geistiges Sehen und sinnliches Sehen sind im Vater des allkönnenden Wortes begründet. Daher geht die Schau des Geistes auf das Alles-Können-Sein (omne posse esse) Gottes, der das allgründende Können selbst (posse ipsum) ist. »Weil also das Können selbst, im

Vergleich zu dem es nichts Mächtigeres gibt, will, daß es geschaut werden kann, deshalb ist alles wegen ihm. [...] Auf ihn [den Grund der Gründe] sind alle Gründe der Dinge in ihrem Sein und Erkanntwerden hingeordnet.«[149] Gott ist jenes Subjekt-Objekt, das die Formgleichheit beider garantiert, da er Allgrund und zugleich letzter Zweckgrund von allem ist. Indem der Intellekt sich selbst erkennt, erkennt er sein Objekt von der reinen Formebene her; aber in diesem Subjekt-Objekt-Sein, das sich als Subjekt-Subjekt-Bezug enträtselt, erkennt er sich selbst. Die Darlegung von den Zeichen vermag allerdings nur zu zeigen, dass die naturalistische Zeichenlehre überwunden werden muss, sie kann keine Theorie konventioneller Zeichen liefern.

In *De apice theoriae* ruft die jeden andrängende Wahrheit des Könnens selbst bereits auf den Straßen zu sich. Man muss nur auf die Voraussetzung alltäglichen Fragens achten, um die Wahrheit des Könnens selbst leicht zu erkennen. Cusanus hält seit *De non aliud* an der Überlegung fest, dass es für die Ideen oder Washeiten der Dinge ein einheitliches Bildungsprinzip geben muss. Zu der Zeit, als er die Washeit Gottes, die er noch immer sucht, jenseits von Erkenntniskraft und Gegensätzlichkeit zu finden glaubte, hatte er nicht beachtet, dass dieselbe der unveränderliche, nicht vervielfältigbare Grundbestand aller Substanzen sein muss, da es für die existierenden Dinge eine je eigene Washeit nicht geben kann. Das Können selbst ist das Was allen Könnens, wie das Licht der Grund aller Farben ist. Cusanus glaubte den platonischen Ideenpluralismus überwunden. Das Können selbst ist nicht zu erkennen – der Begriff der Washeit ist Folie –, aber es stellt sich unsichtbar, in abgestufter Klarheit, in der Weltordnung dar. Der Geist betrachtet in sich die verschiedenen Weisen des Könnens, um das Können-Selbst zu sehen. Der Geist ist da, um das Können-Selbst zu schauen (mens propter videre posse ipsum). Da seinem Können vieles nicht möglich ist, ermisst der Geist zugleich, dass er nicht das Können-Selbst, sondern nur dessen Abbild sein kann, auf das alles natürliche Können zum Erkennen-Können gerichtet ist. Der Geist sieht sich jedoch in der Rückwendung auf seinen Ermöglichungsgrund als losgelöst vom Körper, als transnatürliche Erscheinungsweise des Können-Selbst, wofür sein produktives Vermögen einsteht. »Im Handeln oder beim Produzieren sieht der Geist ganz sicher das Können-selbst in Erscheinung treten im Produzieren-Können des Produzierenden, im Werden-können des Produzierbaren und im Können, in dem beide verbunden sind.«[150] Handlungstheoretisch verknüpft Cusanus auch hier die korrelierenden Momente zu einer lebendigen Einheit.

3. Cusanus als Rechtshistoriker und Kirchenpolitiker

Pläne zur Reichs- und Kirchenreform

Mit *De concordantia catholica* hat Cusanus auf dem Konzil von Basel unter den Gebildeten der Zeit Aufsehen erregt. Das umfängliche Werk zu drei Teilen wird von einer leitenden Idee zusammengehalten, die durchaus noch dem Mittelalter angehört. Einheit der Kirche (unitas ecclesiae) und Einheit des Reichs (unitas imperii) bilden für Cusanus die organologisch gedachte »una ecclesia catholica«. Kirche und Staatsmacht sind für ihn zum Reich zusammengespannt, weshalb die Reform von geistlicher und weltlicher Hierarchie in einem Wurf vollzogen werden kann und muss.

Der auch rechtsphilosophisch bedeutsame Gedanke, die divergierenden Mächte auf einer höheren Ebene zum Ausgleich zu bringen, ist für Cusanus vom Konsensprinzip (consensus communis), der Lehre von der natürlichen Gleichheit der Menschen, unterbaut. Alles Sein und jedes Leben ist, so Cusanus, durch Konkordanz konstituiert. Das abstrakte Konkordanzprinzip muss über ein allumfassendes Netz von gegenseitigen Rechtsverbindlichkeiten in der Praxis zur Geltung gelangen; auch verlangt es auf den verschiedenen Ebenen der Macht nach institutioneller Repräsentanz. Konkordanzprinzip, universelles Recht und Repräsentationslehre stellen die Säulen dieses Reformentwurfes dar, dessen Aufgabe es ist, die Kirche vor einer Spaltung zu bewahren und das Reich zu befrieden.

Zwei Momente sind an dieser Theorie hervorstechend: 1. die Universalität des Geltungsanspruchs, 2. der Gedanke, dass der Konsens als tragendes Ordnungsprinzip nicht autoritativ angewiesen werden kann, sondern ständig neu zu schaffen ist. Bezüglich des ersten Punktes setzt Cusanus jene spätmittelalterlichen Bemühungen fort, die in einer fortschreitenden Verrechtlichung der Verhältnisse den Königsweg sahen, um das innergesellschaftliche Konfliktpotenzial zu entschärfen. Der zweite Punkt entspringt der schmerzlichen Erfahrung, dass die Ordnungsstabilität in Kirche und Reich ständig an aufkeimenden Egoismen zerbrochen ist und nur gesichert werden kann, wenn alle Hierarchieschichten in gestaffelter Weise in die Bemühung um Konkordanz einbezogen werden. Ordnungsmodelle, die die Machtentfaltung von oben nach unten favorisieren, haben sich als defizitär erwiesen. Daher ist das hierarchische Modell vom Repräsentationsprinzip zu ergänzen, in dem die Repräsentation der Einheit durch jedes partizipierende Glied verschiedenartig realisiert werden kann. Cusanus hat eine Einheit im Sinn, die sich in konkordanter Vielheit in einem gestuftem Ordo realisiert (unitas in concordantia).

Für die Reichsorgane – die im dritten Buch behandelt werden – bedeutet dies, dass in einer Art föderalistischer »repraesentatio« Ständeordnung und reichsrechtliche Ämterordnung so zu verknüpfen sind, dass der Austausch der Ebenen sich streng rechtlich vollzieht und die Ordnung der verschiedenen Korporationen durch Konkordanz verklammert bleibt. Nicht der Stand des Mannes bestimmt das Amt, sondern das wohl versehene Amt ermächtigt den Mann zu rechtssetzender Kompetenz. In dieser dynamischen Bindung an das allgemein geltende Recht wächst den Repräsentativfunktionen das Recht der Machtausübung zu.

Die Einheit der Bürger, Fundament des Staatswesens, beruht

auf Gesetzen, die auf allgemeiner Zustimmung gründen. Die Entscheidung der Mehrheit wird hier den rechten Weg weisen. Wenngleich Cusanus das monarchische Herrschaftsmodell bevorzugt, so betont er doch, dass es nur auf dem Wahlwillen der Untergebenen beruhen kann. Cusanus lehnt daher die Erbmonarchie ab. Es ist der Wille der ganzen repräsentativen Wählerschaft, der den Kaiser kürt; der päpstliche Segen sekundiert. Der Kaiser ist durch die Wahl Kaiser und nicht durch die Krönungszeremonie, die dem Papst obliegt. Dem Kaiser stehen seine Räte zur Seite, die das Gemeinwohl der Untergebenen im Auge haben und in diesem Sinne Rat geben. Auf den Reichstagen, auf denen alle Machtträger das Reich repräsentieren, präsidiert zwar der Kaiser, dennoch werden die allgemein verbindlichen Gesetze in Eintracht zum Reichswohl beschlossen. Die Reichstage sind für das Reich von derselben Bedeutung wie die Konzilien für die Eintracht der Kirche. Die Juridifizierung des Ordo geht bei Cusanus mit jenem organistisch-funktionalistischen Weltverstehen einher, in dem die gegensätzlichen Strebungen zu einem produktiv verstandenen Ausgleich gelangen sollen. Der gewählte Kaiser soll (hervorragender) Teil des Staatsorganismus sein, gleichwohl bleibt er dem Recht unterworfen. Cusanus hütet sich davor, die ursprüngliche Gewalt beim Volk zu belassen oder gar Kaisergewalt gegen Papstgewalt auszuspielen.

Sein Modell gelangte nie zur Ausführung, weil es an Kräften fehlte, die das Recht hätten durchsetzen können. Der Universalismus des Kaisertums war längst zum kraftlosen Schatten herabgesunken; die Reichsfürsten bestimmten die Grundlinien der Reichspolitik. Sie hatten kein Interesse an einer Stärkung des Reichsrechts und ihres kaiserlichen Vollstreckers.

Das föderalistische Modell sollte ebenso die kirchliche Theokratie stabilisieren. Seit dem Schisma verschärfte sich der Disput über die künftige Struktur der Kirche. Die Schwäche des Papsttums verschaffte jenen Auftrieb, die eine am Konziliarismus orientierte Strukturreform im Sinne hatten. Cusanus' Konzept wollte die vorgefundenen Strukturen nur neu verknüpfen, sie nicht selbst auf den Prüfstand stellen. Sein gemäßigter Konziliarismus wahrte dem Papst den Konzilsvorsitz, bestand aber darauf, dass dieser sich den Konzilsbeschlüssen unterwarf. Auch der Papst stand nicht außerhalb des allgemein gültigen Rechts, das durch das Universalkonzil im Konsens zu setzen war. Die Einheit der Kirche erwuchs aus diesem Konsens aller Glieder. Das Gesamtwohl stand über den Sonderinteressen. Nach 1437 änderte Cusanus seine Meinung: Nun repräsentierte der Papst die Gesamtkirche. Die sich Vormundschaft anmaßende Konzilsmehrheit war als nicht legitimierter Störfaktor abgetan.

Vordem sollte die Kirche in Christus und somit im Stuhl Petri ihre Einheit finden, die sich vom Papst über die Patriarchen, Erzbischöfe und Bischöfe bis zu den einfachen Priestern hinab erstreckte. Dass Cusanus Petrus als »figura ecclesiae« einführte, war ein Zugeständnis an den päpstlichen Suprematsanspruch, der es ihm später erleichterte, seine Abkehr von Basel zu begründen. Wenngleich das päpstliche Urteil in Glaubenssachen bindend sein sollte, galt dies noch mehr für ein allgemeines Konzil der Gesamtkirche, dessen Autorität auf Christus und dem gesamten Priestertum beruhte. Indem Cusanus die höhere Autorität des Konzils darauf baute, dass es das gesamte Priestertum repräsentierte, näherte er sich den Konziliaristen an.

Die allumfassende Mitwirkung an der Erbauung der Kirche ist ein weiterer Punkt. Cusanus begreift, dass es eines ist, ein Recht zu proklamieren, ein anderes aber, es in die Praxis umzusetzen. Um dies zu gewährleisten, müssen beschlossene Gesetze durch Einübung habitualisiert werden, wenn sie ihre Geltung nicht verlieren sollen. Das Gesetz muss von denen, die es befolgen sollen, auch angenommen werden. Angenommen wird jedoch nur, was für alle gleichermaßen gilt. Aus dem Naturrecht ergibt sich, dass die Gesetzesautorität auf der Zustimmung aller Betroffenen gründet.[151] Dies gilt ebenso für die Wahlprozedur. Die Jurisdiktionsvollmacht des Gewählten über seine Wähler speist sich sowohl aus göttlicher Einsetzung als auch aus der Zustimmung der Untergebenen. Diese werden sich nur dem unterwerfen, der das Gesamte am besten repräsentiert. Einzig ein repräsentatives Universalkonzil hat demgemäß seine Gewalt unmittelbar von Christus – womit es über dem Papst steht, da die konziliare Repräsentation der Gesamtkirche wahrer ist als die päpstliche. Genügt der Papst seiner Funktion nicht, kann er durch Konzilsbeschluss abgesetzt werden. Nach öffentlicher Debatte hat sich die Minderheit der Mehrheit zu beugen.

Gregor von Heimburg, Konzilsanhänger sein Leben lang, interpretierte die »concordantia« ähnlich. Er deutete die grundlegende Stelle aus Matth. 16, 19 (einzig Petrus hat Binde- und Lösegewalt) im Sinne von Matth. 18, 18 (allen Aposteln kommt Binde- und Lösegewalt zu). Die Machtfülle lag dann bei den Konzilsträgern gleichermaßen. Die allumfassende Eintracht des Konzils, das die Gesamtkirche vertrat, stand über dem Papst und beschränkte dessen Sonderrechte. Diese Sicht hat Cusanus zunächst noch radikalisiert, indem er die Binde- und Lösegewalt dem gesamten Priestertum zusprach, das in seiner rechtlichen Gleichheit das Wesen der Kirche ausmachte. Von dem aber, was er noch in *De auctoritate praesidendi in concilio generali* vertrat, hat er sich ab 1437 immer weiter entfernt. Dem Papst gelang es, wie J. F. Reimann (Halle 1709) es mit barocker Drastik ausdrückte, ihm »auf eine gute Manier das Maul zu stopffen«.

Die Verrechtlichung in der Beziehung zwischen Kirche und Reich vollzog sich indes anders, als Cusanus es wünschte. Infolge des Konzils von Basel war kurzzeitig ein neues Schisma aufgekommen. Im Werben der beiden Seiten um Anerkennung erstarkten die Territorialkirchen – gestützt durch die Landesfürsten – sichtlich. Den straff regierenden Territorialherrschern hatte der römische Papst jetzt Sonderrechte einzuräumen, die er in Konkordaten verbriefte: 1434 schloss die Kurie ein solches mit England, 1447 mit den deutschen Fürsten, dem 1445 das Wiener Konkordat mit Friedrich III. vorangegangen war. Damit waren die jeweiligen Mächte als Rechtsträger anerkannt. Sie nahmen direkten Einfluss auf die Kirchenpolitik ihrer Territorien. In der *Pragmatique Sanction* von Bourges (1438) gingen der französische König und die ihm ergebenen Geistlichen auf deutliche Distanz zum Papsttum. Ein eigenwilliger Gallikanismus formierte sich, der die Basler Konzilsbeschlüsse seinen Zwecken dienstbar machte; Ähnliches taten die deutschen Fürsten in der Akzeptation von Mainz (1439). Die Einheit der Christen war zur Fiktion verblasst.

Der Kirchenreformer Cusanus überdauerte. Seine Bemühungen, die Kirche von oben zu reformieren, sicherten ihm den Nimbus eines Reformators vor der Reformation. Die Abwendung vom Basler Konziliarismus stellte für Cusanus bereits zu Lebzeiten eine Bürde dar. Nicht nur Gregor von Heimburg, der sich vehement für die Sache des Konzils und landesherrschaftliche Souveränität einsetzte, wusste bei propagandistischem Bedarf diesen Makel namhaft zu machen. Auch Vinzenz von Aggsbach, gleich Gregor Parteigänger eines Generalkonzils, mochte von der politischen Redlichkeit des Cusanus noch 1459 nichts Vorteilhaftes mitteilen: »Ich weiß nämlich, daß er sich vom Basler Konzil zurückgezogen und sich dem Gegner des Konzils angeschlossen, das Konzil angefochten, eine Gesandtschaft zu den Griechen übernommen und diese nicht nach Basel, sondern nach Ferrara geführt hat. Ich weiß auch, daß er in Deutschland nach dem Jubiläum unter dem Vorwand der Ablässe Geld gesammelt und eine erfundene und lächerliche Visitation zur Enttäuschung der heiligen Konzilien an bestimmten Orten organisiert hat.«[152]

Damit war nicht weniger als das gesamte bisherige Lebenswerk des Cusanus in Misskredit gebracht. Vinzenz von Aggsbach zufolge hatte er nicht nur die Konzilsidee verraten, er hatte mit seiner Anbiederung an den Papst sowohl die grundlegende Erneuerung der Kirche im Allgemeinen wie auch die Abschaffung der Simonie im Besonderen verhindert. Für Vinzenz von Aggsbach erfüllten die Reformbemühungen des Cusanus eine schlecht verbrämte Alibifunktion. In seinen Augen hatte sich Cusanus das Mäntelchen des Reformers umgehängt, um zu täuschen.

Es ist freilich in Rechnung zu stellen, dass angesichts der chaotischen Vorgänge nach dem Scheitern des Basler Konzils eine Reihe von vormaligen Konzilsbefürwortern geneigt war, dem Papst mehr Kompetenzen zur Wahrung der Einheit zuzubilligen. So hat Johannes de Segovia in seinem *Liber de magna auctoritate episcoporum in concilio generali* die Aufwertung des Kardinalates ebenso wie die Aufhebung des Verfassungsdualismus zwischen Konzil (Demokratie) und Papsttum (Monarchie) und die Stärkung des Bischofskollegiums betrieben. Papst und Konzil sollten in einer monarchischen Kirchenverfassung geeint werden. Ähnlich dachte Cusanus.

Dass sein reformerischer Elan, wenngleich er in der Absicht stark gewesen sein mag, nicht sonderlich tief in die kirchliche Praxis hat eingreifen können, ist konstatiert und oft unter Hinweis auf die widrigen Umstände entschuldigt worden. Cusanus selbst gibt am Ende seines aufreibenden Reformerlebens resignativen Stimmungen nach. Neben der Kraft des Nepotismus ist zu bedenken, dass einer Kirche, die in der Verrechtlichung aller ihrer Vorgänge ihr Heil gesehen hatte, mit einem weiteren Juridifizierungsschub nicht wirklich aufzuhelfen war. Die Gesetze sanktionierten und regelten nur, was bereits bestand, sie brachten nichts Neues hervor. Die dagegenstehende Forderung, einfach zum alten Glauben zurückzukehren und in der Rückbesinnung auf die unverbrauchte Solidargemeinschaft längst vergangener Tage die Kirche neu zu erbauen, war indes gleichermaßen illusionär. Cusanus hat sich in diesem Widerspruch bewegt, er hat ihn nicht wirklich überwinden können.

War Cusanus wirklich jener fast moderne Kirchendenker, ein Vorkämpfer der Ökumene, gar der Toleranz, als der er vielfach angesehen wird? Man wird hier zunächst zwischen seinen allgemein-theoretischen Abhandlungen und seiner praktischen Haltung unterscheiden müssen. Für Letztere kann mit guten Gründen seine Auseinandersetzung mit den Hussiten einstehen, die er lange Zeit geführt hat.

Bereits in *De usu communionis*, einem Traktat der Basler Zeit, verurteilt er das Ansinnen der Hussiten, zur Kommunion auch den Kelch zu reichen, d.h., den Kultus wieder auf die altkirchlichen Vorstellungen zurückzuführen, und plädiert für die neue Kirchenregel. Diese vor Augen, scheint ihm sonnenklar, dass der böhmische Sonderweg die Einheit der Kirche gefährden müsse, für die letztlich der Stuhl Petri einsteht. Regionale Unterschiede im Ritus müssten daher marginal bleiben, denn sie könnten nur innerhalb strikter kirchlicher Unität entfaltet werden. Den Böhmen jedoch, welche die Schrift gegen die zeitgemäße Lehrentwicklung der Kirche ausspielten, müsse entgegnet werden, dass sie sich dem herrschenden Dogma zu unterwerfen hätten. Cusanus gesteht damit freilich ein, dass nicht mehr der biblische Wortlaut die eigentliche Grundlage christlichen Lehrverständnisses bildet, sondern dass dieses auf dem Auslegungsmonopol jener gründet, die in der Nachfolge Petri kirchliche Lehrentscheidungen verbindlich machen. Aufgrund ebenjener

Nachfolge entbehrt für Cusanus die päpstliche Entscheidung der Willkür, sodass ein Widerspruch zu den Geboten Christi nicht besteht. Nur der also, der sich bedingungslos dem vom Papst Gebotenen unterwirft, kann als würdiges Mitglied der heiligen Mutter Kirche gelten. Diese seltsame Form von Modernität bezeugt indes, dass Cusanus vom Schriftverständnis her kein Reformator vor der Reformation ist, da er den Primat der Heiligen Schrift rundweg ablehnt. Von Toleranz ist gegenüber den Hussiten, die die künstlich errichteten Schranken zwischen Laien und Ordinierten aufheben wollten, nichts zu spüren. Dieser ernüchternde Eindruck verdichtet sich, zieht man die Äußerungen des Kardinals aus den Fünfzigerjahren hinzu. Die Einheit der Kirche duldet bestenfalls rituelle Modifikationen, aber belebende Pluralität wird ihrem inneren Frieden gefährlich. Der alternde Cusanus verschärft den Ton und tilgt nun auch den letzten Rest von Moderatheit. Unterwerfung oder Exkommunikation lautet das dürre Credo! Hat Cusanus noch im ersten Brief an die Böhmen ausgeführt: »Die Verschiedenheit im Ritus bei konkordanter kirchlicher Einheit ist zu loben«, so stellt er in seinen letzten beiden Briefen in den Vordergrund, dass man der Kirche »einfachhin gehorchen« (simpliciter obedire) müsse.[153]

Der Friede der Weltreligionen

Europa war im 15. Jahrhundert ein Gegner erwachsen, der militärisch von Erfolg zu Erfolg eilte. Die türkischen Armeen verbreiteten Angst und Schrecken. Dieser Bedrohung, die seit der Einnahme Konstantinopels durch die Truppen Mohammeds II. im Jahre 1456 für alle Welt sichtbar geworden war, musste man sich auch mit den Waffen des Geistes stellen. Seit den Erfahrungen, die während der Kreuzzüge mit den Mohammedanern gesammelt worden waren, wuchs bei der bedeutenden Geistern der Zeit die Bereitschaft, den vernunftbestimmten Disput mit jenen Weltreligionen zu suchen, die abendländische Interessen tangierten.

Johannes von Segovia, anregender Briefpartner des Cusanus, definierte die neue Islampolitik unter dem Stichwort »via pacis et doctrinae«. Anders dagegen Jean Germain, der eine Kreuzzugspolitik befürwortete, wie in seiner Schrift von 1450, *Adversus Mahometanos et infideles*, ausgeführt. Cusanus neigte zu der ersten Position, der Papst hingegen schwor auf den Kreuzzug, den er als Politiker zu organisieren hatte.

Cusanus hat sich zeitig mit dem Problem der Verschiedenartigkeit von Religionen auseinander gesetzt. In seiner ersten Predigt – wohl um 1428 in Trier vorgetragen –, sinnt er darüber nach, welche Namen Juden, Griechen, Sarazenen, Tartaren, Inder und Türken dem höchst einen, unerkennbaren Gott zulegen. In den verschiedenen Weisen ihres Auffassungsvermögens meinen doch alle den gleichen Gott.[154]

Cusanus entwickelte in der Auseinandersetzung mit den Hussiten die Formel von der einen Religion bei verschiedenen Riten (una religio in diversitate rituum), die ihn auch leitete, als er in *De pace fidei* für den Frieden unter den großen Glaubensgemeinschaften stritt. Wir haben bereits gesehen, wie sich die Idee in der Praxis verflüchtigte. Dessen ungeachtet hat ihm *De pace fidei* den Ruf eines – leider nicht gehörten – Vorkämpfers für die ökumenische Idee eingetragen. Gern wird übersehen, dass zu den Existenzbedingungen von Religionen die Absonderung ureigens gehört; die Entwicklung der christlichen Urgemeinden widerlegt diese Erkenntnis keineswegs. Auch bei Cusanus tritt zutage, dass das Religionsgespräch die wirkliche Gleichheit der Glaubensrichtungen nicht eigentlich intendiert, weil sich in den

Willen zur Verständigung immer wieder missionarischer Bekehrungseifer mengt, sodass die interessenfreie Vernunft Lippenbekenntnis bleiben muss.[155] Die Bemühungen des Cusanus zeugen davon, dass selbst im Achtung gebietenden Wollen Konsensschwäche hervorscheint. Realkirchliche Machtinteressen obsiegen auch hier.

Differenzierend ist hinzuzufügen, dass er nicht zu den notorischen »Türkenfressern« zählte, im Gegensatz zu seinem Kardinalskollegen Torquemada etwa. Gar eine Lehre vom gerechten Krieg, wie Thomas von Aquin sie aufstellte, kennen wir von ihm nicht. Dies sichert ihm einen Vorsprung vor den Zeitgenossen, der gewürdigt werden soll. Cusanus hat sich nicht in die apologetische Emphase gerettet. Er hat sich intensiv mit dem Koran auseinander gesetzt und die Früchte dieses Studiums in den drei Büchern von *Cribratio Alkorani* ausgebreitet. Aber dieser intellektuelle Vorlauf reichte dennoch nicht hin, um ihn anerkennen zu lassen, dass die in den Religionen verkündeten Glaubenssätze prinzipiell denselben Wahrheitswert für sich reklamieren können. Für ihn blieb das Christentum mit seinem hochmittelalterlichen Kirchenverständnis jene Lehre, die der göttlichen Wahrheit vor allen anderen am nächsten stand. Der unerschütterliche Überlegenheitsanspruch, der im Disput der Religionen qua Vernunft für alle einsehbar werden sollte, musste diskursnormierenden Charakter annehmen. Wissentliche Heuchelei ist nicht anzunehmen, aber dass dies Unternehmen eine Illusion hat bleiben müssen, weil sich das innere Selbstverständnis des Cusanus von recht divergierenden Absichten bestimmt zeigt, ist zu konstatieren. Ein solches Überlegenheitsgefühl birgt im Gegenzug eine derart identitätsstiftende Wirkung, dass der Vernunftbegriff, der nur die mit sich selbst identisch zu machende Varietät ins Kalkül zieht, Teile der Wirklichkeit ausmustert, um die Reinheit einer Fiktion operabel zu halten, womit die hehre Grundintention bereits hintergangen ist. K. Jaspers hat schon früh den Einwand geltend gemacht, Cusanus verfalle in eine »unbewußte Intoleranz zugunsten des eigenen christlichen Glaubens, der der einzig wahre, für alle Menschen gültige bleibt«[156]. Man wird nach Prüfung des Textes sich dieser Beobachtung kaum verschließen können.

Zu Beginn der Schrift *De pace fidei*, im Prolog im Himmel, breitet Cusanus sein Versöhnungsprogramm aus. Er bilanziert, dass aus der Völkerverschiedenheit die menschliche Gewohnheit erklärbar wird, den jeweils eigenen Glauben dem der anderen vorzuziehen. Die Weisen aber können erkennen, dass hinter der Verschiedenheit der Riten ein einziger Gott steht, der im Konkurrenzgebaren nicht hinreichend erkannt wird. Wenn auch nur eine einzige Religion dieser natürlichen Ritenmannigfaltigkeit vorausgeht (una religio in varietate rituum), so ist es nicht sinnvoll, die Vielfalt beseitigen zu wollen. In der Erkenntnis des Einen und in gemeinsamer Zustimmung (consensus) muss eine Versöhnung angestrebt werden, indem »die ganze Verschiedenheit der Religionen zu dem einen rechten Glauben (in unam fidem orthodoxam) geführt«[157] wird. Cusanus führt mittels eines himmlischen Konzils vor, dass allen Riten ein rational fassbarer Kern zugrunde liegt; damit folgt er jener Tradition, die seit Abälard die Glaubensinhalte rationalisierte. Er muss dies auch für den katholischen Glauben tun, was ihm umgehend den Vorwurf einträgt, wichtige Elemente preiszugeben. Wahr ist, dass sich Cusanus auf das Wesentliche in der Konkordanzsuche konzentrierte. Allerdings lädt er im Gegenzug die Kernrationalität originär paulinisch auf.

Auf die Verehrung des einen Gottes ließen sich die Philosophen verschiedener Schulen leicht einschwören; zu einer einzigen Religion aller Vernunftbegabten konnte dies allerdings erst werden, wenn der abstrakte Rahmen mit konkreten Inhalten gefüllt würde. Die erste Zumutung erkennt Cusanus bereits in der Anerkennung der Dreieinigkeit dieses einen Gottes. Cusanus lässt in *De pace fidei* das göttliche Wort, den Logos, die rationale Trinitätslehre vortragen, wonach erst in der Dreiheit von Einheit, Gleichheit und Verknüpfung (oder: unitas, iditas, idem) die Vollkommenheit und absolute Fruchtbarkeit des göttlichen Ursprungs sichtbar werde. Jude und Chaldäer sind leicht überzeugt, den Araber muss Cusanus über den eigentlichen Gehalt der eigenen Theologie aufklären, um ihn zur Zustimmung zu bewegen. Die Araber »merken nicht«, dass sie die Trinität bekennen. Wird ihnen allen vom Logos zu »rechter« Einsicht verholfen, muss der Konsens auch eintreten.

Die Inkarnation oder Fleischwerdung des göttlichen Wortes aufzuhellen übernimmt der Apostel Petrus. Hier ist die Uneinigkeit größer, denn der Schritt von der Identität Gottes mit dem Logos dahin, dass der geschöpfliche Jesus als Wort Gottes Christus sein soll, ist nicht leicht begreiflich zu machen. Petrus verficht die Kerngedanken paulinischer Theologie; für Cusanus sind sie unverzichtbar. Der persische Weise bestreitet, dass ein vollkommener Gott einen Sohn haben könne, der ebenfalls Gott sei. Petrus behilft sich mit der Königsmetapher, um zu überzeugen. Danach müsse die königliche Macht auf Vater und Sohn gleichermaßen zutreffen; sie sind somit von einer Natur: In dem einen ist sie ungezeugt, in dem anderen gezeugt. Die traditionelle Argumentation, die mehr Annahmen macht, als sie an umständlichen Beweisen zu bieten hat, verlangt nach einer Ergänzung, die Cusanus über den Koinzidenzgedanken beibringt. Die höchstmögliche menschliche Weisheit ist mit der absoluten Weisheit höchstmöglich geeint, womit sie als göttlich anzusehen ist. So wird die menschliche Natur mit der göttlichen Natur hypostatisch geeint. Auch dies haben die Araber nicht recht bedacht, aber die Weisen unter ihnen werden sich der Einsicht nicht verschließen können. Der Widerstand der Juden ist hingegen leicht zu brechen, denn »sie sind wenige und können nicht die ganze Welt mit Waffen durcheinanderbringen (turbare)«[158]. Mit den Arabern muss man, schon ihrer Stärke wegen, verhandeln, mit den Juden ist man von alters her auch anders fertig geworden. An den Rändern des Diskurses blitzt das Machtkalkül auf.

Mangelnde Einsicht auch beim Glauben an die Auferstehung und das ewige Leben. Petrus bzw. Cusarus muss in den Köpfen der Diskutanten erneut Ordnung schaffen. Das Kernargument lautet: Wer an die Glückseligkeit glaubt, muss an das ewige Leben, die Auferstehung der Toten und an die Mittlerrolle Christi glauben. (Erneut wird der Glaube der Juden, dass der Messias erst noch geboren werden muss, übergangen.) Stichworte der Andersgläubigen werden zusehends in den ausufernden Sentenzen des Petrus »ertränkt«. Auch hinsichtlich der Jungfrauenschaft der Gottesmutter Maria lässt Cusanus die paulinische »Rationalität« siegen. (Cusanus hat, einem Zug der Zeit folgend, den Marienkult in seinen Predigten sehr propagiert.) Dass Christus von den Juden ans Kreuz geschlagen wurde und zu Tode kam, bezeugen Apostel und Propheten. In der nachgeschobenen Erklärung ist das Evangelium allerdings bereits anerkannt, um die Erlöserfunktion Christi zu erweisen. Cusanus setzt im Ergebnis Christus und Heilige gleich und resümiert: »Der Glaube aller also, der bekennt, daß es Heilige in der ewigen Herrlichkeit gibt, setzt damit voraus, daß Christus gestorben und in den Himmel aufgefahren ist.«[159] Diese Art des Konsenses bleibt notgedrungen defizitär, denn zuvor ist Christus als ein ganz spezifischer Heiliger vorgestellt worden, zu dem Kreuzestod und Auferstehung wesentlich gehören.

Die Schwierigkeiten in der Konsensfindung mehren sich, je konkreter die Glaubensdifferenzen in den Blick gelangen. Cusanus macht daher im Kapitel 16 einen neuen Anfang, indem er die Vergeltung nach den Werken ablehnt, um das Seelenheil allein aus dem Glauben und der unerforschlichen Gnadenzuteilung Gottes zu favorisieren. Nun lenkt Paulus selbst das Gespräch. In der Interpretation des Cusanus sinken solche Inhalte wie Ehe, Beschneidung und Opferung zu Riten herab, die in ihrem Zeichencharakter wechselhaft sind, jedoch unveränderliche Glaubenswahrheit ausdrücken. Allein im Glauben an Christus und in der Einhaltung des göttlichen Liebesgebotes ist wahre Glückseligkeit zu erlangen. Während die Beschneidung nicht heilsnotwendig ist (ein Kompromiss scheint möglich), ist es die Kindertaufe unbedingt. Auch auf die Darbringung von Brot und Wein im Sakrament der Eucharistie kann unmöglich verzichtet werden. Es ist nicht daran zu zweifeln, dass die Umwandlung der Substanz des Brotes in den Leib Christi geistigerweise begriffen und zuallererst im Glauben angenommen werden muss. Cusanus sieht den Punkt, dass die Christen Gott zerkauen, für schwierig an, wie er gegenüber Johannes von Segovia bemerkt. Hinsichtlich der nachgeordneten Sakramente Ehe, Firmung, letzte Ölung und der Gebetsformen versteht er sich zu dem oft zitierten Satz, der allerdings den Kompromiss nur für die Peripherie vorsieht: »Eine genaue Gleichförmigkeit in allem erstreben, bedeutet eher den Frieden zu stören. [...] Die religiöse Hingabe (devotio) wächst vielleicht sogar bei einer gewissen Verschiedenheit, wenn eine jede Nation danach strebt, ihren Ritus mit Eifer und Sorgfalt lichtvoller zu gestalten, um die anderen darin zu übertreffen.«[160]

Hinsichtlich des Kerns paulinischer Theologie weicht Cusanus keinen Millimeter. Mit seiner Überzeugungsarbeit setzt er im eigentlichen Sinne das Werk des Apostels fort, der sich als den großen Heidenbekehrer sah. Am Ende der Schrift gehen die Weisen der Völker belehrt in die Welt hinaus, um, unterstützt von der weltlichen Gewalt, dem unbedachtsamen Handeln unwissender Völker Einhalt zu gebieten.

De pace fidei ist vielfältig rezipiert worden. Die Mönche vom Kloster Tegernsee kopierten, der Leibarzt des Lorenzo Medici, Pierleoni de Spoleto, besaß die Schrift. 1538 erschien in Wittenberg eine Streitschrift, die den Titel *Des Babsts Hercules wider die Deudschen* trug. Ihr Verfasser, der Lutheraner Johannes Kymeus, benutzt darin nicht nur Passagen aus *De concordantia catholica*, er übersetzt auch jenen Teil aus *De pace fidei*, in dem Paulus die Rechtfertigung aus dem Glauben begründet. In der Einleitung begründet Kymeus seinen Rückgriff auf Cusanus:

»Dieser Cusanus hat ein vberaus grossen misfallen daran gehabt, das ein itzliche Nation auch mit so vielem blutvergiessen helt vber iren Traditionibus vnd menschenGesetzen, als stünde vnser heil vnd seligkeit inn solchen Gesetzen vnd nicht vielmehr inn Christo, dem verheissenen samen Abrahe. Ist aus hohem verstand vnd brünstiger liebe des friedes dahin geraten, das er ein Büchlein hat lassen ausgehen, De pace fidei genennet, darin er einen fürschlag gibt, wie das alle völcker auff erden zur einigkeit des glaubens komen mügen. Nemlich also: Weil die gerechtigkeit allein in Christo vnd nicht inn eusserlichen traditionibus stehet, solt man die frembden Vngleubigen nicht so zwingen, vnser traditiones anzunemen, solt aber vielmehr die Heiden vnd Jüden berichten, das das heil alein inn Christo, nicht inn iren noch vnsern Ceremonien stehet.«[161]

Kymeus, das Wort des Enea Sylvio Piccolomini vom »Herkules aller Eugenianer« zu »Herkules der Deutschen gegen die papistischen Sophisten« umformend, bediente sich der Friedensvision des Cusanus, um die protestantische Sache des »sola fide« zu stärken.

Die Wirkung der cusanischen Friedensschrift blieb nicht auf das Mittelalter begrenzt. G.E. Lessing hat, wie wir durch die Forschungen R. Klibanskys wissen, vor K.A. Schmid die Übersetzung zu *De pace fidei* erbeten, die er am 8.12.1779 schließlich in den Händen hielt. *Nathan der Weise* war gerade geschrieben. Lessing, der die Übersetzung noch überarbeiten wollte, beabsichtigte, die Schrift unter dem Titel *De unitate ecclesiae* herauszugeben. Doch sein Tod hat das verhindert. 1787 erschien dann die erste deutsche Fassung, besorgt von E. K. Reichard, von S. J. Semler mit erklärenden Zusätzen versehen. Semler, der die Schrift zuvor noch gelobt hatte, nahm jetzt eine deutlich distanzierte Haltung ein, da er in ihr nunmehr – nicht unbegründet – ein Instrument päpstlicher Machtpolitik zu erkennen glaubte.

Cusanus und die Muslime, das ist ein gesondertes Kapitel. Es ging ihm auch hier um die Verteidigung des rechten Glaubens (fidei orthodoxe defensio) – weil das Kreuzzugsschwert erkennbar stumpf geworden war. Der Kardinal hatte als Leitmotiv für seine Koraninterpretation in einem Brief vom Dezember 1454 gegenüber Johannes von Segovia angegeben: »Es scheint, daß man immer versuchen muß, das Buch, das bei ihnen in hohem Ansehen steht, zu unseren Gunsten zu verwenden. Wir finden darin solches, was uns dient, und werden dadurch anderes erklären, was zu uns im Gegensatz steht.«[162] Die Lehre von der Absolutheit des Christentums ist, wenngleich höchst sublim verklausuliert, in der katholischen Kirche bis heute unangefochten gültig. So finden sich unter den Erklärungen des II. Vatikanischen Konzils Sätze wie diese: »Diese einzige wahre Religion, so glauben wir, ist verwirklicht in der katholischen, apostolischen Kirche«, an anderer Stelle heißt es: »Diejenigen, [...] die das Evangelium noch nicht empfangen haben, sind auf das Volk Gottes auf verschiedene Weise hingeordnet.«[163]

In *Cribratio Alkorani*, der im Winter 1460/61 verfassten Schrift, macht sich Cusanus die Legende zunutze, dass der Prophet Mohammed unter nestorianischen Einfluss gelangt sein soll. Für ihn ist damit der Brückenschlag zwischen den beiden

Religionen möglich. Er vergaß dabei nicht, die nestorianische Häresie im Sinne orthodox-katholischer Lehre zu säubern. Die Polemik des Cusanus hat zwei Adressaten, denn sie gilt dem mohammedanischen Glauben wie den abgefallenen Nestorianern. 451, auf dem Konzil von Chalkedon, war diese »Abweichung« bereits verurteilt worden. Indem Cusanus die zweifache Reinigung vornimmt, wird für ihn die ganze Überlegenheit des Evangeliums und der Person Christi offenkundig.

Im ersten Teil seiner Untersuchung widerlegt er die strikt monotheistische Gottesauffassung, wie sie im Koran zu finden ist, und sucht die Überlegenheit von Trinität und Inkarnation herauszustellen. Im zweiten Buch schickt er sich an, den im Koran begründeten Anspruch, das wahre Gesetz Abrahams zu repräsentieren, zu entkräften. Im dritten Buch konfrontiert Cusanus Punkt für Punkt die christliche Lehre mit dem Koran, um gemäß seinem heilspädagogischen Anspruch die Mohammedaner vom Christentum zu überzeugen. Auch hier konstatiert der Kardinal zunächst eine Verschiedenheit der Glaubenswege, die er nicht für endgültig hält. Im Vorwort zum ersten Buch ist zu lesen: »Da es aber viele Wege geben kann, die gut erscheinen, bleibt ein Zweifel darüber bestehen, welcher jener wahre und vollkommene Weg ist, der uns mit Sicherheit zur Erkenntnis des Guten führt; dieses Gut nennen wir Gott, damit wir uns gegenseitig verstehen, wenn wir darüber sprechen. Moses hat zwar einen ›Weg‹ beschrieben, aber er ist nicht von allen angenommen und auch nicht verstanden worden. Christus hat ihn erhellt und vervollkommnet, dennoch sind viele bis jetzt ungläubig (incredulis) geblieben.«[164]

Deutet sich hier eine Distanzierung von den Juden, die am mosaischen Glauben festgehalten haben, an, so zieht er die Scheidelinie zu den Muslimen ganz scharf: »Unsere Absicht ist es aber, unter Zugrundelegung des Evangeliums Christi das

Buch Muhammads zu ›sieben‹ (cribrare) und zu zeigen, daß auch in diesem Buch das enthalten ist, wodurch das Evangelium, wenn es der Bestätigung bedürfte, nachdrücklich bekräftigt werden würde, und daß, wo es abweicht, dies aus Unwissenheit (ex ignorantia) und folglich böser Absicht (ex perversitate intenti) Muhammads hervorgegangen ist, da Christus nicht seine eigene Ehre suchte, sondern die seines Vaters und das Heil der Menschen, Muhammad hingegen nicht die Ehre Gottes und das Heil der Menschen, sondern seine eigene Ehre.«[165] Hier betreibt Cusanus zunächst einmal schlichte Herabsetzung, um einen Diskurs zu eröffnen, der gerade das nicht verträgt.

Ein Dokument sei noch angeführt, das viel mit politischen Interessen zu tun hat. Im Frühsommer des Jahres 1460 ließ Pius II. einen ganz erstaunlichen Brief an den Sultan aufsetzen, in dem er ihn beschwört, zu konvertieren. Als Gegengabe für diese »Vereinigung« winkt die oströmische Kaiserkrone: »Würdest Du dies tun, so wäre auf dem Erdenkreise kein Fürst, der Dich an Ruhm überträfe oder Dir an Macht gleichzukommen vermöchte. Kaiser der Griechen und des Orients würden Wir Dich nennen, und was Du jetzt mit Gewalt genommen und mit Unrecht behältst, würdest Du dann mit Recht besitzen. [...] Wenn Du Dich an Uns anschlössest, so würde bald der ganze Orient sich zu Christus wenden. Ein Wille ist es, der dem ganzen Erdkreis den Frieden zu verschaffen vermöchte: dieser Wille ist der Deine!«[166]

Diesen Brief hatte die Verzweiflung diktiert, denn das Vordringen der Türken in die europäischen Kernlande schien unaufhaltsam. Pius II. betrieb Diplomatie aus der Defensive und musste um den Machterhalt schachern. Das Manöver, das die kreuzzugsunwilligen Fürsten Europas in die Hand des Stärkeren versprach, erwies sich als zu durchsichtig. Der Sultan würdigte die Diplomatenpost aus Rom nicht einmal einer Antwort. Die Argumente, mit deren Hilfe der Herrscher über alle Türken auf seine Seite gezogen werden sollte, hatte Pius *Cribratio Alkorani* entliehen. Dem politischen Verzweiflungsakt sollte ein weiterer folgen, denn Pius II., enttäuscht und verbittert über den fehlenden Kreuzzugswillen, stellte sich kurzerhand selbst an die Spitze eines gegen die Türken ziehenden Heeres, das noch aufzubringen war. Vor den Kardinälen verkündete der bereits sieche Pontifex am 23.9.1463 seine Ultima Ratio: »Daher haben Wir Uns entschlossen, in Person gegen die Türken zu ziehen und die christlichen Fürsten zur Nachahmung unseres Beispiels durch Tat und Wort aufzufordern. Vielleicht, wenn sie ihren Vater und Lehrer, den römischen Bischof, den Stellvertreter Christi, einen kranken und hinfälligen Greis, in den Krieg ziehen sehen, werden sie sich schämen, zu Hause zu bleiben. Schlägt auch dieser Versuch fehl, so kennen Wir keinen anderen. Wir wissen, wie bedenklich die Sache für Unser Alter ist, und daß Wir einem fast sicheren Tod entgegengehen. Aber wir überlassen alles Gott, dessen Wille geschehe.«[167]

Cusanus, der dem Papst nur widerwillig nach Ankona vorauseilte, erreichte sein Ziel nicht mehr. Der Kreuzzug brach zusammen, noch ehe er recht begonnen hatte. Cusanus musste den Niedergang der mittelalterlich geprägten »unitas christiana«, aufs Höchste beunruhigt, mit ansehen. Er hatte sie theoretisch stützen und politisch stärken wollen. Er scheiterte.

Christologie und Kirchenverständnis

Will man die philosophischen Ausarbeitungen des Cusanus recht würdigen, sind auch die originär theologischen Lehren in

Betracht zu ziehen. Hierzu ist auch die sog. Christologie zu rechnen.

Das zweite Buch von *De docta ignorantia* schließt mit der Erkenntnis, dass es im Universum, dem eingeschränkt Größten (maximum contractum), weder ein absolut Größtes noch ein absolut Kleinstes geben könne. Somit ist es unmöglich, dass irgendein Einzelnes die gesamten Möglichkeiten seiner Gattung und Art, ja des Universums zur Wirklichkeit bringen könnte. Gäbe es solch ein Einzelnes, das in Wirklichkeit alles das wäre, was in der Möglichkeit von Gattung und Art liegt, dann müsste dieses »maximum concretum individuum« mit dem Minimum der Art koinzidieren. Da es diese Zuschreibung nicht aus dem Universum gewinnen kann, so folgert Cusanus, muss sich seine Maximalität von Gott direkt herleiten. Theologisch gewendet: Als personale Union (gemäß dem Dogma des Konzils von Chalkedon von 451 n. Chr.) von Gott und Geschöpf würden in ihm alle Gattungen und Arten zur Vollendung gelangen; der Gott-Mensch – Christus – wäre als die Vollendung des Universums und aller Einzelnen anzusehen. In ihm nimmt Gott selbst geschöpfliche Gestalt an und garantiert somit die Vollendungsfähigkeit jedes einzelnen Menschen in der Nachfolge Christi. In der individuellen Existenz vermag sich qua Vergöttlichung (deificatio) das Menschsein zu erfüllen. Während jedoch der endlich bestimmte Mensch diesen Anspruch nie voll verwirklichen kann, sich also immer auf dem Wege befindet, sind in Christus Ziel und Weg verbürgt. Insofern kann Cusanus sagen: »Das Menschsein in Christus Jesus hat also die gesamten Mängel aller Menschen behoben. Denn da es das höchste Menschsein ist, umfaßt es die ganze Möglichkeit der Art, so daß es eine solche Seinsgleichheit für einen jeden Menschen ist, daß es viel umfassender als ein Bruder und der engste Freund mit jenem verbunden ist. Denn darin liegt die Wirksamkeit der höchsten Ausprägung der menschlichen Natur, daß Christus in jedem Menschen, der ihm in vollkommenem, lebendigem Glauben anhängt, ebendieser nämliche Mensch durch die vollkommenste Einigung ist, wobei die Individualität eines jeden unberührt bleibt.«[168]

Daran hatte Johannes Wenck Anstoß genommen. Er bezog sich in seiner Kritik ohne Umschweife auf die verurteilten Sätze Meister Eckharts von 1329 und machte zwischen diesen und der cusanischen Konzeption Gemeinsamkeiten aus. Wencks Einlassungen zeigen, dass mit der Verurteilung Eckharts eine Grenze gezogen war, die noch immer galt. Im Zentrum der Auseinandersetzung stand die Lehre, in welcher Weise die menschliche Natur an Jesus zu begreifen war. Wenck drückt sich klar aus, wenn er Cusanus vorhält: »Er nimmt der Menschennatur Christi ihre Einzigartigkeit, so als wäre Christus kein Einzel-, sondern ein Universal-Mensch. [...] Weil sie [die menschliche Natur] die ganze menschliche Art wäre, setzt er auch Christus mit jedem Menschen gleich; und so wäre jeder Mensch Christus.«[169] Meister Eckhart hatte sich dazu erkühnt. Cusanus war dem Dominikaner gefolgt.

Eckhart hatte in der Tat die menschliche Natur mit Christus gleichgesetzt, um die persönliche Selbsterlösung eines jeden Christen zu ermöglichen.[170] Seine Konzeption eines persönlichen, unmittelbaren Gotteszugangs lehnte implizit die traditionelle Form ab, wonach Jesus als Christus-Erlöser der exklusive Zugang zu Gott zugesprochen war, sodass die Erlösung nur über ihn und seine Kirche vollzogen werden konnte. Die orthodoxe Konzeption forderte Kritik heraus, da Christus stellvertretend die Erlösung für die Menschheit bereits vollzogen hatte und der persönliche Beitrag des Einzelnen, der ihm, seinen Leidensweg imitierend, nachfolgte, marginal bleiben musste. Christus sollte als Lehrer der Menschheit demütige Verehrung zuteil werden, ihm hatte man sich zu unterwerfen. Doch war es nicht eigentlich Christus, dem zu gehorchen war, sondern den Erben des Apostels Paulus – dem Fels, auf dem Christus seine Kirche gegründet haben sollte –, dem Papst und der durch ihn repräsentierten Kirche. Bekannte man sich zur Exklusivität des einen Erlösers, dann war die Brücke zur papalistischen Ekklesiologie geschlagen. Stellte man hingegen den exklusiven Heilszugang infrage, lief man Gefahr, das Selbstverständnis der Papstkirche zu untergraben. Wenck konnte sich auf eine gültige Lehrentscheidung berufen. Für den Traditionalisten war zwischen Gott-Sohn und dem einzelnen Gläubigen eine unüberwindbare Differenz anzunehmen, wenn man sich nicht der Häresie schuldig machen wollte. Wenck hat ebendiese Sinngebung an *De docta ignorantia* moniert. Nun will Cusanus im dritten Buch die Menschwerdung Christi tatsächlich rational einsichtig machen. Er geht davon aus, dass das Universum erst in der menschlichen Natur seine höchste Einheit findet[171], wohingegen der Mensch (gefasst als gläubiger Geist-Mensch) seine Vollendung allein in Christus finden kann. Cusanus begründet die Menschwerdung Christi, die die Rückkehr des Menschen zu Gott ermöglicht, nicht aus der Besonderheit der Leidensgeschichte des Jesus von Nazareth als historischer Person. Jesus repräsentiert als »homo maximus« die ideale Realität der Menschheit so, dass er die größtmögliche personale Einheit von Gott und Mensch verkörpert, in der sich Gott mit der menschlichen Natur einen kann. In dieser Rückführung, in der die Menschen über Christus der Glückseligkeit teilhaftig werden, ist die Welterschaffung wirklich vollendet.

Cusanus hat hier, der griechischen Auslegungstradition und Meister Eckhart nachfolgend, Christus als Logos behandelt. Danach ist Gott, der so in allem ist, dass alles in ihm ist, unmittelbar und ohne Anderssein mit der höchsten Menschheit Jesu geeint, sodass der höchste Mensch (maximus homo) in Jesus in der höchsten Weise sein kann.[172] Da es in allen Menschen nur eine Menschheit geben kann, umfasst sie auch Christus, in dem sie zu ihrem Wesen, zur vollendeten Form der Menschheit kommt. Wer sich gemäß kirchlicher Ordnung von Christus leiten lässt, der wird in der Wahrheit Christi sein, »damit das eine Menschsein (humanitas) Christi in allen Menschen und der eine Geist Christi in allen Geistwesen ist; so daß ein jedes in ihm ist, auf daß ein Christus aus allen sei«[173]. Wenn sich die Gottförmigkeit (deiformitas) nicht in allen Menschen vollziehen könnte, dann, so der untergründige Gedanke, wäre die Schöpfung Gottes nicht wirklich vollkommen.

In seiner Predigt *Dies sanctificatus* merkt er zur Universalnatur Christi an, dass die Menschheit Christi »keine andere ist, als die eines jeden früheren, gegenwärtigen oder künftigen Menschen, sie ist vielmehr mit dieser vollkommen eins«[174]. Christus ist für jeden der Nächste, näher, als Vater und Bruder es sein könnten. »Derjenige Mensch also, der Christus anhängt (qui Christi adheret), der hängt seiner eigenen Menschheit an, auf daß er so mit Christus eines sei, wie Christus mit Gott. Jeder, der Christus anhängt und nicht in irgend etwas anderem, sondern in seiner Menschheit, welche auch die Christi ist, geeint ist, hat darum seine Schuld bezahlt, findet Rechtfertigung, wird zum Leben erweckt, weil eben seine Menschheit, welche eine ist in ihm und Christus, Gott durch das Wort geeint ist.«[175]

Der Kardinal Cusanus allerdings wird zu solchen Formulierungen, die stark an Eckhart erinnern, nicht mehr zurückfinden.

Übersieht man die frühe Haltung des Cusanus zur Menschwerdungsfrage, so hat Wenck da Recht, wo er moniert, dass Cusanus Christus als vollendete Menschheit ansieht. Als Menschheit ist diese allgemeine Natur in jedem Menschen gegenwärtig. Hinsichtlich ihrer vollendet-idealen Form allerdings bleibt sie allen Menschen aufgegeben. Christus oder das moralische Soll-

Sein aller Menschen ist im Grunde jedes Einzelnen schon da. Der Mensch muss Gott nicht außerhalb seiner suchen. Das war auch Eckharts Überzeugung. Aber Wenck überzieht, wenn er Cusanus unterstellt, dass für ihn der vollkommene Mensch wie Gott sei. Cusanus hat jene Häresie gemieden und ist den Weg, den Eckhart eingeschlagen hatte, nicht mitgegangen.

Abweichend hiervon ist für ihn Christus der Lehrer, der durch die kirchliche Ordnung wirkt. Dies gilt auch, wenn Cusanus ausführt: »Wenn unter den göttlichen Personen der Sohn menschliche Gestalt annahm, so ist offenbar, daß du als Mensch durch den dir innewohnenden Christus (per inhabitantem in te Christum) zur Sohnschaft Gottes gebracht werden kannst.«[176] Zur Sohnschaft Gottes konnte nur der gelangen, der in Christus als Sohn Gottes wiedergeboren wurde. In der Predigt *Verbum caro factum* etwa heißt es: »Die Geburt Gottes erfolgt aber dann, wenn der vernünftige Geist (spiritus rationalis) dem Sohne Gottes, der die ewige Weisheit ist, ähnlich (similis) wird.«[177] Dazu wird dem menschlichen Geist ein göttlicher Same eingesenkt, sodass durch die Kraft des Höchsten der menschliche Geist gewandelt und zu Gott hingewendet wird. Aber jene Umwendung zu Gott, die im Inneren des Menschen stattfindet und ihn zu einer Neuorientierung – einer geistigen Wiedergeburt – antreibt, muss für Cusanus mit dem Glauben überkront sein.[178] Meister Eckhart hatte bspw. in der Predigt *Iusti vivent in aeternum* die Akzente anders gesetzt.[179]

Cusanus hat auf die Kritik Wencks in der *Apologia doctae ignorantiae* knapp geantwortet: »Zu der Behauptung, daß Jesus entehrt werde, entgegnete der Meister: ›Es ist nicht die Absicht der docta ignorantia, Jesu Ehre zu vermindern, sondern vielmehr ihn größer werden zu lassen in Geist und Liebe.‹«[180] Eckhart war eine ungebührliche Nähe zu den Begarden, einer klosterähnlichen Gemeinschaft, nachgesagt worden, die in eben seinem Sinne die Selbstvergottung des Gläubigen angenommen hatten. Cusanus dazu: »Und wenn es Begarden gab, die derartige Ansichten, wie er schreibt – nämlich, daß sie von Natur Gott seien –, vertraten, so wurden sie mit Recht verdammt.«[181] Dass er in die Nähe der Häresie gerückt wird, hält der Kardinal für ein aberwitziges Unterfangen. Zwar verteidigt er seine Anleihen bei Eckhart, warnt aber davor, dessen Ideen zu popularisieren. Nur gut geschulten Gelehrten sollten sie zugänglich sein.

In *De visione dei* stellt Cusanus seine Christologie so vor, dass die innige Einheit mit Christus beibehalten, die Selbstvergottungstendenzen hingegen fern gehalten werden. Im Gegensatz zu dem philosophischen Höhenflug, der die Koinzidenzbetrachtung des Intellekts zu einem Lehrstück selbstreferenziellen Denkens werden lässt, bleibt Cusanus im zweiten Teil der Schrift ganz Traditionalist. Wenn er auch philosophisch glänzt, theologisch hat er den vermeintlichen Dissens inzwischen ausgeräumt. Hat er im metaphysischen Teil von *De visione dei* fast uneingeschränkt von den Vorarbeiten Meister Eckharts profitieren können, so muss er, wenn er auf das Gebiet der Christologie einschwenkt, dessen Denkart nunmehr die intelligente Spitze nehmen, die in das ureigene Feld der Theologie hineinragt.

Aus der Darlegung zur »docta ignorantia« hat er die Prämisse gewonnen, dass derjenige, der glückselig werden und sich mit Gott einen will, der gnadenhaften Erleuchtung durch Gott teilhaftig werden muss, da der unbegnadete Intellekt niemals in der Lage wäre, sich mit Gott zu einen. Demnach kann auch die menschliche Natur nicht mit dem liebenden Gott-Vater geeint werden, sondern ist allein mit dem liebenswerten Gott-Sohn vereinbar. Während die unendliche Einung bis zur absoluten Selbigkeit Gottes reicht und Gott-Vater und den Heiligen Geist betrifft, entspricht die höchstmögliche Einung der menschlichen Natur mit der göttlichen Natur des Jesus einer, die aufgrund der endlichen menschlichen Natur nicht größer sein kann, als sie ist. Da menschliches Erkennen nicht an Gottes Wesenheit heranreicht, gelangt der Mensch allein durch ihn zu absoluter Wahrheit und wahrer Glückseligkeit. Daher ist der unbedingte Glaube an den Mittler vorauszusetzen, um wirklich wissen zu können. Die Menschen sind Glieder einer Kette von Zu-Gott-Strebenden, deren Haupt Jesus ist. Jesus gibt jedem Gläubigen die Einung mit Gott. Er steht über dem geschaffenen Geist, denn nur er hat die Quidditäten, die Washeiten der Dinge in Gott rein gesehen. Allein Jesus hat das tiefste Urteil über Herz und Denken der Menschen, während menschliches Erkennen perfektionierbar ist.

Cusanus erinnert an Thomas von Aquin, wenn er zur Stützung seiner Ansicht, dass die Vernunft (intellectus) nur begrenzt erkennt, Folgendes anführt: Weil intellektuelles Erkennen an Vorstellungsbilder (phantasmata) gebunden ist, die der sinnlichen Erkenntnis abgezogen werden, kann die Vernunft den absolut unsinnlichen Gott niemals rein und ungebunden erkennen. Eckhart hielt es für möglich, dass sich die Vernunft unabhängig von den »phantasmata« rein in Gott erkennen könne. Thomas war gegen Platon und seine Anhänger dem Aristoteles darin gefolgt, dass er eine Loslösung des Denkvermögens von der Sinneserkenntnis ablehnte, wie seine Species-Lehre bezeugte. In *De veritate* hat Thomas den Standpunkt vertreten, dass die Vernunft in ihrer Erkenntnisleistung beeinträchtigt sei, da sie alles nur über »species« erkennen könne, die von den »phantasmata« abgezogen seien. Allerdings machte er zwei Ausnahmen. Zum einen kommt die geschaffene Vernunft dann über die Sinnesgebundenheit hinaus, wenn Gottes eigenes Wesen zur Erkenntnisform der Vernunft würde. Dies könne der Fall sein, wenn die geschaffene Vernunft durch das Licht der Glorie zur wesensgleichen Aufnahme disponiert werde. Das aber geschehe allenfalls im Jenseits. Zum zweiten komme es vor, dass die Vernunft von Heiligen, wie etwa beim Apostel Paulus geschehen, ohne übergossenes Gnadenlicht von der Kraft der Sinneseinflüsse in einer Entrückung (raptus) losgerissen würde, sodass ausgesuchte Männer, obgleich noch im Irdischen weilend, innerlich bereits in einen überirdischen Zustand überführt sind. Bei Christus liegt der Fall anders. Seine Seele ist vom Leib abtrennbar, sein Geist wird in keiner Weise von Irdischem beeinflusst. So verfügt er, obgleich er Mensch ist, über die vollkommene Erkenntnis. Er bedarf weder der Gnadenzugabe noch des Glorieneinflusses, die den irdischen Menschen von seiner ererbten Schuld reinigen. Er vermag Gott von Angesicht zu Angesicht (1 Kor 13, 12) zu schauen.[182]

Indem Cusanus nun mit Thomas von Aquin die Möglichkeit leugnet, dass sich die Vernunft schon im Diesseits zu absoluter Gotteserkenntnis vervollkommnen kann, kann er auf die traditionalistische Form der Christologie einschwenken. Dadurch, dass er der Intellektlehre des Thomas folgt, grenzt er sich zugleich von Eckhart ab. Für Cusanus konzidieren in Jesus, dem vollkommenen Menschen, intellektuale und schlussfolgernde Einsicht mit dem göttlichen Wort. Jesus vermittelt nicht nur die Glückseligkeit exklusiv, sondern verfügt auch über ein exklusives Wissen, an dem die Menschen nach Maßgabe ihrer demütigen Unterwerfung unter sein Urteil zwar teilhaben, das sie selbst aber niemals aus sich erreichen können. Der Intellekt des Menschen vollendet sich, »wenn er sich im Glauben dem Einfluß des Wortes Gottes unterwirft«[183]. Nur im gläubigen Vertrauen zum Lehrer Christus kann der Mensch gottförmig werden. Anders als Eckhart meint Cusanus, man solle Jesus für die Meisterschaft danken, mit der er die Menschheit führt.

Wenngleich sich Cusanus von Eckharts Position entfernt, so integriert er Teile von Eckharts Lehre doch so, dass sie ihrer beunruhigenden Wirkung beraubt werden. Auch für ihn muss Gott das Erbetene demjenigen notwendigerweise gewähren, der sich für die Aufnahme Gottes bereitgemacht hat. Allerdings durchtrennt Cusanus den von Eckhart intendierten direkten Zusammenhang von menschlichem und göttlichem Intellekt und Willen, wenn er auf den hingebungsvollen Glauben abstellt, der das Wissen formiert und in seiner Vollendung an den Mittler Christus gebunden bleibt. Dass er damit Raum schafft, um den Anspruch des »vicarius christi« auf geistliche Führerschaft zu zementieren, muss Cusanus den Mönchen vom Kloster Tegernsee nicht gesondert dartun.

Cusanus hat in recht spezifischer Weise an der traditionellen Stellvertreterfunktion festgehalten, wobei Christus die Menschheit ohne ihr Zutun erlöst, um sie allein durch ihn zu Gott zu führen. In der traditionellen Satisfaktionslehre, wie sie etwa Anselm von Canterbury ausgearbeitet hat, ist die Menschwerdung Gottes nötig, um die sündhaften und ungehorsamen Menschen zum Gehorsam gegenüber Gott zurückrufen zu können. Thomas von Aquin modifizierte diese Lehre, ohne sie aufzugeben. Indem das göttliche Wort die menschliche Natur annahm, ist für ihn weder die Erbsünde getilgt noch die Menschheit grundsätzlich erneuert. Die kosmische Bedeutung der Menschwerdung als Vollendung der Schöpfung steht für Thomas hinter der Vorbildwirkung für das innerkirchliche Leben zurück. Gott steigt gewiss zu den Menschen hinab, um sich ihnen in Liebe zu offenbaren; er bleibt dennoch der hohe Herr und fordert Gehorsam für sich und seine Kirche ein. Meister Eckhart hat die Rettung des Menschen nicht von der Kirchenbindung abhängig gemacht, sondern sie durch das christusförmige Leben initiiert gesehen. Ein Leben in der Gotteskindschaft konnte vor der Menschwerdung Christi geschehen. So waren nicht nur Heilige in der Gotteskindschaft, wie Thomas von Aquin es gesehen hatte, sondern auch die vollendet lebenden Heiden.

Was die Ebene der kirchenordnenden Institutionen betrifft, so hat Cusanus seinen Standort gewechselt. Der junge Cusanus, einst Prokurator des Trierer Klerus und Elekten Ulrich von Manderscheid, hat in deren Namen Front gegen den andersartigen Einsetzungsbeschluss des Papstes gemacht, als er an das tagende Konzil appellierte. Folgerichtig hat er in *De concordantia catholica* auch theoretisch die Stärkung des Rechts auf Konzilsappellation verankert; das Konzil ist hier prinzipiell berechtigt, Papstentscheidungen zu überprüfen. Bereits im *Dialogus concludens Amedistarum errorem ex gestis et doctrina concilii Basiliensis* (1441) sprach er dem Konzil das Recht ab, in die Jurisdiktion des Papstes einzugreifen. Jetzt wurde dem Papst ein Notrecht zugestanden. Als »princeps in episcopatu« durfte er sich in Ausübung ebenjener »epikeia« über Konzilsbeschlüsse hinwegsetzen, wenn dies der »aedificatio ecclesiae« diente. Die Frage des Appellationsrechts war damals heiß umkämpft. Johannes Leonis hat sich in *De synodis et ecclesiastica potestate* vor 1437/38 vehement dagegen ausgesprochen; Juan de Torquemada hat in seiner *Summa de ecclesia* von 1453 diesen Standpunkt als den einzig richtigen angesehen. Cusanus, der zunächst anders geredet hat, sollte Mühe haben, seine vormaligen Argumente für das Appellationsrecht umzukehren.[184]

Obgleich Cusanus nun der Reform von oben das Wort redete, erkannte er die theologischen Begründungsformeln für den Papstprimat uneingeschränkt an. Sein Weggenosse und Freund E. S. Piccolomini, nachmals Papst Pius II. und einst selbst Konziliarist, hat sowohl seine Wendung (Pius schrieb an die Mitglieder der Universität Köln: »Verwerft den Eneas und nehmt den Pius an«) wie die gültige Grundlage in seiner Retractationsbulle vom 26. 4. 1463 zusammengefasst: Jesus, der Herr der Kirche, hat Simon Petrus, den Fels, ausersehen, seine Schafe zu weiden. Die Kirche, das für Gott streitende Heer, ist nur einem einzigen Feldherrn gehorsam. Und darum kann es für ihn in der Nachfolge auch nur einen Bischof aller Bischöfe, einen römischen Papst geben, der Nachfolger des Petrus und Statthalter Jesu Christi auf Erden in einem ist. Pius II. bot die bekannte Feldherrnmetapher auf, um zu beweisen, dass allein die monarchische Regierung Frieden, die Vielzahl nur Zwietracht bringen könne. Daraus wuchs dem Papst auch die Lenkungsmacht über ein allgemeines Konzil zu. Der konvertierte Cusanus ging in diesen Punkten mit Pius II. ganz konform.

Indes, es gab Gelehrte wie etwa Gregor von Heimburg, die auch nach dem Scheitern von Basel an der papstkorrigierenden Macht eines allgemeinen Konzils festhielten. Gregor war von Pius II. kurzerhand exkommuniziert worden. Handhabe bot ihm die 1460 in Mantua publizierte Bulle *Execrabilis*, in der die Appellation an ein allgemeines Konzil ohne Prozess abgestraft werden konnte. Gregor wehrte sich in seiner Appellation. Darin korrigiert er die monarchische Sicht der Kurie, indem er eine geänderte Ekklesiologie präsentiert. Für ihn hat Jesus die geistliche Schlüsselgewalt nicht allein Paulus übergeben, sondern sie allen Aposteln gleich anvertraut. Somit kann der Papst nur als Delegierter des Apostelkonzils fungieren, welches das Urbild des allgemeinen Kirchenkonzils abgibt. Gregor interpretiert die Konkordanz – der Begriff ist bei Cusanus zentral – als apostolische Eintracht, die sich in der Nachfolge im allgemeinen Konzil kundtut. Die in der Konkordanz gefassten Beschlüsse stehen über dem Papst, denn das Konzil, und nicht der Papst, repräsentiert die »universitas«. Gregor sieht hinter der Bulle Cusanus am Werk. Er behauptet, dass »dar inne bapst Pius durch schickung des cardinals von Kuss sagt, das das concily uber den babst nit sey«[185]. Das ist keine üble Nachrede. Damit ist der Standpunkt des Kardinals lediglich benannt. Dieser hat hingegen, wie er in seiner *Reformatio generalis* betont, die Konkordanz auf die Elite der Kardinalsversammlung beschränkt, die für ihn die »universitas« repräsentiert.

Stellt man dies alles in Rechnung, so wird einsichtig, dass Cusanus sein konservativ gewordenes Christusverständnis gar nicht aufgeben konnte, ohne sich sogleich an die Seite der konziliaristischen Reformer zu begeben. Er hätte die Hierokratie nicht weiter verteidigen können, wenn er die machtpolitisch relevante These von der Exklusivität Christi, die sodann auf den Paulusnachfolger übergehen sollte, preisgegeben hätte. Damit aber waren seine Reformabsichten schon im Ansatz untergraben.

Wirkungen

Cusanus hat keine philosophische Schule begründet. Die Rezeption seiner Gedanken erfolgte eher untergründig und recht selektiv. Wichtig für die Verbreitung seiner Werke sollten die ersten gedruckten Werkausgaben werden. Peter von Erkelenz, sein letzter Sekretär, veranlasste 1488 den Druck einer zwei Bände umfassenden Ausgabe, die in Straßburg erschien. Reuchlin, Celtis, Eck und Pinder haben sie gekannt und benutzt. Humanisten – Faber Stapulensis an der Spitze – sind es gewesen, die in internationaler Zusammenarbeit die Ausgabe von 1514, welche in Paris bei Jodocus Badius erschien, besorgten. Sie gilt noch heute als der zuverlässigste Frühdruck. Zu erwähnen ist auch die 1565 zu Basel erschienene Werkausgabe. Ein kleinauflagiger Druck erfolgte 1502 in Mailand.

Neben Faber Stapulensis sind Marsilio Ficino und Pico della Mirandola unter diejenigen zu zählen, die sich cusanischer Gedanken bedienten. Neue Forschungen von E. Garin besagen, dass Pierleone de Spoleto, Leibarzt des Lorenzo de Medici, Werke des Cusanus besaß und sie mit Randbemerkungen versehen hat. Dies ist ein Mosaikstein mehr, mit dessen Hilfe K. Flasch sehr wahrscheinlich gemacht hat, dass Cusanus in der platonischen Akademie des Ficino rezipiert worden ist. Die These, die E. Cassirer bereits vertreten hat, dass Cusanus auf die Ausbildung der italienischen Philosophie Einfluss ausgeübt hat, wird damit, obgleich sie lange Zeit gerade auch von Garin als haltlos angesehen wurde, neuerlich erhärtet.[186]

In eigenwilliger intensiver Weise hat sich Carolus Bovillus von dem Werk des Cusanus inspirieren lassen. Die Nähe der Gedankenführung – vornehmlich in der Erkenntnislehre – hat E. Cassirer dazu veranlasst, in seinem Werk *Individuum und Kosmos in der Renaissance* neben der Übersetzung von *Idiota de mente* den Text von *De sapiente* (Über den Weisen), den Bovillus 1510 verfertigte, abzudrucken.[187]

In welcher Weise die Philosophie des Cusanus tradiert wurde, davon gibt Johannes Reuchlin ein höchst lehrreiches Beispiel. In seiner Schrift *De arte Cabbalistica* von 1517 findet sich die folgende Reminiszenz: »Dies aber [dass das Sein das Nichtsein und das Nichtsein das Sein ist] übersteigt unseren gesamten Verstand, der nicht dazu fähig ist, das im Prinzip Widersprüchliche auf dem Weg der Vernunft miteinander zu vereinbaren, da wir uns in dem bewegen, was uns von Natur aus offensichtlich ist. Die Vernunft, die weit von dieser unendlichen Kraft abfällt, ist nicht in der Lage, das Widersprüchliche, das sich in einer unendlichen wechselseitigen Entfernung befindet, zum gleichen Zeitpunkt miteinander zu verknüpfen, wie es einer der größten deutschen Philosophen, ein Kardinal, vor fast 52 Jahren der Nachwelt zu verstehen gegeben hat.«[188]

Der Kabbalist zieht daraus die Gewissheit, dass allein der übervernünftige Glaube sich der göttlichen Weisheit versichern kann, die ihm durch Offenbarung und Gnade zukommt. Die Reduktion des cusanischen Koinzidenzprinzips ist offenkundig, gerinnt aber zum allgemein verständlichen Topos, unter dem es noch lange tradiert werden sollte. Die aus der Sentenz gezogene Rechtfertigung des Numinosen zeigt etwas von dem, was Th. W. Adorno einmal die »Müdigkeit am Argument« genannt hat.

Erst Giordano Bruno hat das cusanische Argument wieder angemessen aufgenommen, als er in *Von der Ursache, dem Prinzip und dem Einen* die Koinzidenzlehre im Zusammenhang vorstellte, obgleich auch er eine »coincidentia contradictoriorum« nicht zuließ und somit den cusanischen Ansatz nivellierte. Beide Denker eint die Gegnerschaft zur Gnadenlehre Augustinus'. Cusanus hat dieses Theoriestück, sensibilisiert durch die Verurteilung Meister Eckharts, vorsichtig behandelt und es dann und wann unterlaufen. Bruno emanzipiert sich schließlich davon. Er hat genau hier die Grenze des »göttlichen Cusanus« gesehen, die er zu überspringen gedachte. Während die Selbstermächtigung des Geistes für Cusanus noch im göttlichen Ursprung so abgesichert wird, dass die Orientierung über die besondere Individualität Jesu Christi erfolgt, verzichtet Bruno völlig auf dieses theologische Korrektiv. Bruno benötigt keine Christologie, weil Gott sich an die Unendlichkeit seiner geschaffenen Welten rückhaltlos ausgibt, sodass auch die Heilssuche von jedem Menschen selbst vorgenommen werden kann. Er bedarf keiner Stellvertretung durch Christus. Er mutet dem Menschen die Last der Selbstveredlung zu.

Über die distanzierte Nähe beider Denker ist bereits frühzeitig nachgedacht worden. F.J. Clemens hat 1847 in Bonn eine vergleichende Untersuchung mit dem Titel *Giordano Bruno und Nicolaus von Cusa. Eine philosophische Abhandlung* drucken lassen. Clemens schließt mit dem Ergebnis, dass Bruno das cusanische Projekt überhitzt habe und in pantheistische, nicht kirchengemäße Attitüden verfallen sei. Bruno habe cusanisches Denken zwar aufgenommen, es aber kirchenfeindlich überspannt. H. Blumenberg beschreibt dagegen in seiner bekannten Studie das Verhältnis beider Denker als epochales Schwellenproblem, wobei Bruno die mittelalterliche Gebundenheit des Cusanus hinter sich gelassen habe.[189]

Cusanische Gedanken, die Bruno aufgesogen hatte, galten nachfolgend als Lehrstücke des Bruno und wurden von G. Hamann (»Apostel der Koinzidenzphilosophie«) und F. W. J. Schelling auch so rezipiert. Der junge Schelling widmete der brunoschen Philosophie des Einen auch einen umfänglichen Dialog, in dem er das ihm bekannte Traditionsstück im Sinne Spinozas interpretierte. Die eigentliche Philosophie des Cusanus hat für Jahrhunderte im Wesentlichen – sieht man von Bruno ab – subkutan und fragmentarisch weitergewirkt.[190] G. W. F. Hegel, der zunächst mit Schelling gemeinsam gegen die Transzendentalphilosophie zu Felde zog, kritisierte an dieser, dass sie das Unendliche fälschlicherweise verendliche. In der Differenz-Schrift steht zu lesen: »Das Absolute [...] ist das Ziel, das gesucht wird; es ist schon vorhanden – wie könnte es sonst gesucht werden? Die Vernunft produziert es nur, indem sie das Bewußtsein von den Beschränkungen befreit; dies Aufheben der Beschränkungen ist bedingt durch die vorausgesetzte Unbeschränktheit.«[191] Die neuerliche Wiederentdeckung des cusanischen Werkes erfolgte im Umkreis des katholischen Theologen J. A. Möhler. 1817 war in Tübingen das Theologenkonvikt gegründet worden. Unter Möhlers Leitung hielt hier ein vorsichtig liberaler Katholizismus Einzug, der sich der geschichtlichen Aufarbeitung der eigenen Vergangenheit widmete. Im Rahmen dessen schrieb Möhler 1831 eine Preisarbeit zu Cusanus aus, die den Titel *Das kirchliche und literarische Wirken des Cardinals und Bischofs zu*

Brixen Nikolaus Cusanus trug. Die von F. A. Scharpff eingereichte Arbeit gewann, aber auch die Konkurrenzarbeiten wurden öffentlich belobigt. Scharpff ist es dann gewesen, der die erste neuere deutsche Übersetzung cusanischer Texte *(Des Cardinals und Bischofs Nicolaus von Cusa wichtigste Schriften)* im Jahr 1862 herausgegeben hat. Neben ihm hatten sich der nachmalige Konzilientheoretiker C. J. Hefele sowie L. Schmitt beteiligt. Während die Ersteren ihre Arbeiten publizierten, galt die von Schmitt als verschollen. Einem Glücksumstand ist es zu danken, dass das Autograph 1999 gefunden und publiziert worden ist.[192] In einer zweiten Rezeptionswelle hat J. Übinger unter Rückgriff auf die oben genannten Arbeiten die kirchenpolitischen Aktivitäten des Kardinals vertieft untersucht.

In der Philosophie war es dann die neukantianische Schule, die cusanische Schriften analysierte, um Cusanus zum Gewährsmann für ihren Antisubstanzialismus zu machen. E. Cassirer ist es gewesen, der Cusanus zum Inaugurator funktionalistischen Denkens erhob. Als Strukturontologie ist diese Position nochmals von H. Rombach und seinen Schülern (K. Jacobi u. a.) bekräftigt worden. Die Schule um St. Otto (M. Stadler u. a.), obgleich einen transzendentalphilosophischen Ansatz favorisierend, lehnt sich hier an. Einen ganz anderen Weg hat dagegen die Schule um K. Flasch (B. Mojsisch u. a.) eingeschlagen, deren Vertreter sich bemühen, das philosophische Erbe des Cusanus aus dem zeitgeschichtlichen Kontext zu verstehen. Besonders intensiv wird hier die Verbindung zur Kölner Dominikanerschule diskutiert. Ein international geachtetes Forschungszentrum stellt das in Trier beheimatete Institut für Cusanus-Forschung dar. Unter seiner organisatorischen Leitung finden alle zwei Jahre Symposien statt, auf denen neueste Forschungsergebnisse zu Cusanus vorgetragen werden. 24 Tagungsbände (MFCG) sind erschienen. Aber auch eine eigenständige Buchreihe der Cusanus-

Gesellschaft wird hier betreut. Ferner treiben ihre Mitarbeiter (im Verbund mit weiteren Cusanus-Philologen, bspw. von der Universität Köln) die Herausgabe der Heidelberger Ausgabe voran, in der das gewaltige Predigtwerk einen Schwerpunkt bildet. Neben dem regen Interesse, das die Cusanus-Forschung in Japan findet, ist auf die American Cusanus Society hinzuweisen, die in ihren Reihen namhafte Mediävisten weiß, die mit bedeutenden Beiträgen zu Cusanus hervorgetreten sind. Hier sei auf die Editionen und Beiträge von J. Hopkins aufmerksam ge-

4. Resümee

»Docta ignorantia« und »coincidentia oppositorum« gelten als originäre Lehren des Cusanus. Die »regula doctae ignorantiae« lehrt, dass dem Menschen nur relativ wahres Wissen zugänglich ist, dass er darin aber auf approximative Weise das Absolute negativ erkennt. Das wissende Nichtwissen zwingt zum Wissen um das eigene Wissenkönnen. Gegen die scholastische Distinktionsphilosophie etabliert Cusanus die Lehre von der »coincidentia oppositorum«, die sich auch auf die »coincidentia contradictoriorum« erstreckt. Hierin klärt die Vernunft den Verstand über sein widerspruchsvermeidendes Tun auf. Die Spannung in der Koinzidenzphilosophie resultiert daraus, dass Cusanus versuchen muss, den Einheitsbegriff im Sinne eines selbstreferenziellen Identitätsbegriffs zu deuten, ohne die Einheit mit der Vielheit verloren zu geben. Cusanus kritisiert in diesem Sinne den Aristotelismus – aber auch den Platonismus – grundsätzlich. Hinsichtlich der Intellektlehre bleibt er in der Tradition der deutschen Dominikanerphilosophie (Dietrich von Freiberg, Meister Eckhart). Seit *De coniecturis* ist die Koinzidenz auch in den Geist (mens) verlegt. Er wird als lebendige Substanz begriffen, die sich im Tun über die Weltphänomene den Formurbildern der Dinge angleicht. Da sich im Universum die Gegensätze aufeinander beziehen müssen, kann dessen Einheit in der Vielheit nur funktional begriffen werden. Die aristotelische Substanzenphysik wird durch diese Betrachtungsweise abgelöst. Die Weltharmonie erschließt der Geist über die Zahl, die er sich schafft.

Erkennen ist unendlich perfektionierbare Messkunst. Gott bringt das Sein hervor, der Geistmensch (deus secundus) schafft die Welt in Begriffen nach, um in der Entfaltung seiner Möglichkeiten Perfektibilität unbegrenzbar zu realisieren. Das Konzept vom vernunftgestützten Frieden unter den Religionen erweist sich als mangelhaft, da es auf die Bekehrungsabsicht nicht verzichtet und die paulinische Theologie als die wahrste ansieht.

Anhang

Anmerkungen

1. Vgl. Opera, Basel 1551, S. 682; zit. nach: M. Fuhrmann, Der europäische Bildungskanon des bürgerlichen Zeitalters, Frankfurt/M./Leipzig 1999, S. 23.
2. G. Bruno, Gesammelte Werke, Bd. 6, übers. von L. Kuhlenbeck, Jena 1909, S. 86.
3. Saul K. Padover, Lügendetektor. Vernehmungen im besiegten Deutschland 1944/45, Frankfurt/M. 1999, S. 116.
4. Dies ist unter Vorbehalt gesagt. Das Cusanus-Symposion im Frühjahr 1999 in Trier beschäftigte sich mit seiner Ethik. Die Ergebnisse, die im Bd. 26 der MFCG erscheinen werden, lagen bei Abschluss der Arbeit gedruckt noch nicht vor. Man muss sehen, ob im Ergebnis dieser Tagung an der obigen Einschätzung substanzielle Korrekturen vorgenommen werden müssen.
5. Vgl. K. Flasch, Nikolaus von Kues. Geschichte einer Entwicklung, Frankfurt/M. 1998, S. 219 ff. Vgl. dazu auch meine Rezension (zus. mit Th. Meyer) in: DZfPh 6 (1999), S. 1057-1063.
6. Zit. nach: M. Giesecke, Der Buchdruck der frühen Neuzeit, Frankfurt/M. 1998, S. 238; vgl. auch: A. Kapr, Johannes Gutenberg. Tatsachen und Thesen, Leipzig 1977, S. 49 ff.
7. Vgl. dazu auch: Gutenberg und seine Wirkung. Katalog zur Ausstellung in der Paulinerkirche, hg. von E. Mittler, Göttingen 2000, S. 21, 29 ff., 40 ff.
8. AC, Bd. 1, Lieferung 2, n. 849, Hamburg 1983, S. 603. (Übers. von H.G. Senger)
9. AC, Bd. 1, Lieferung 1, n. 11, Hamburg 1976, S. 3.
10. Ebenda, n. 25, S. 9.
11. Vgl. E. Garin, Astrologie in der Renaissance, Frankfurt/M./New York 1997, S. 81 ff.
12. ADI, S. 529.*
13. E. Meuthen, Nikolaus von Kues 1401-1464. Skizze einer Biographie, 7. Aufl., Münster 1992, S. 124.

14 Die Publikationen von H. Hallauer geben hierzu exzellent recherchierte Auskunft.
15 Cusanus an Bernhard von Waging, 9.9.1454, in: BDB, S. 163.
16 Vgl. E. Meuthen, Die letzten Jahre des Nikolaus von Kues. Biographische Untersuchungen nach neuen Quellen, Köln/Opladen 1958, S. 19.
17 DDI I, S. 3 f.
18 Zur Problematik der Übersetzung von »docta ignorantia« vgl. u.a.: K. Flasch, Nikolaus von Kues. Geschichte einer Entwicklung, a.a.O., S. 518 f.
19 Epist. 130 (121) ad Probam, c. 15, in: CSEL, Bd. 44, III, S. 72.
20 Vgl. dazu auch: Johannes Scotus Eriugena, Prolog des Johannes-Evangeliums (I, 1-14).
21 Pr. II, ed. Fr. Pfeiffer, S. 15, 8 f. Korrigiert nach: B. Mojsisch, Meister Eckhart. Analogie, Univozität und Einheit, Hamburg 1983, S. 11, Anm. 42. Vgl. auch: Pr. 101, in: Lectura Eckhardi, Bd. I, hg. von G. Steer/L. Sturlese, Stuttgart/Berlin/Köln 1998, S. 257, Z. 34-41. Hier können auch einige Parallelitäten zur cusanischen Species-Lehre aufgefunden werden.
22 DDI I, c. 3, n. 9 f., S. 13 f.
23 Vgl. u.a.: Aristoteles, Physica I 4; 187b 8 ff.
24 Reparatio kalendarii, zit. nach: H.G. Senger, Die Philosophie des Nikolaus von Kues vor dem Jahre 1440. Untersuchungen zur Entwicklung einer Philosophie in der Frühzeit des Nikolaus (1430-1440), in: BPhThMA, N.F., Bd. 3, Münster 1971, S. 122.
25 Vgl. M.J. Hoenen, »Ista prius inaudita«. Eine neuentdeckte Vorlage der Docta Ignorantia und ihre Bedeutung für die frühe Philosophie des Nikolaus von Kues, in: Medioevo, Bd. XXI, Padua 1995, S. 375-476. Der Traktat *Fundamentum naturae quod videtur physicos ignorasse* ist enthalten im Cod. st 687 der Eichstätter Universitätsbibliothek, fol. 4r-10r.
26 Ebenda, S. 436.
27 Vgl. Aristoteles, De sensu et sensato VI, 445b 16 f.; De anima III 8, 432a 3 ff.; DC I, c. 8, n. 32, S. 39.
28 Vgl. Predigt 1 (Zählung Koch; jetzt Sermo IV), in: Predigten, S. 69: »Wieder eine andere Torheit ist die derjenigen, welche sich aus Beweisen gleichsam Leitern herrichten wollen, auf denen man zum Unendlichen aufsteigen kann.«

29 DVS, c. 12, n. 33, S. 51.*
30 Ebenda, c. 12, n. 31, S. 47.
31 Ebenda, c. 26, n. 79, S. 121, 1-4.*
32 DDI I, c. 5, n. 13, S. 1-3.
33 DC I, prologus, n. 2, S. 3 f.: »Die Wahrheit in ihrer Genauigkeit ist unerreichbar. Daraus folgt aber, daß eine bejahende Feststellung über das Wahre, wenn sie von Menschen ausgesprochen wird, immer nur Mutmaßung ist. Die Erfassung des Wahren läßt sich nämlich stets vermehren, aber nie ausschöpfen.«
34 TP, n. 38, S. 45: »Wenn wir also nicht zum Wissen Gottes, mit dem er die Welt erschuf, vordringen, kommt der Geist nicht zur Ruhe. Denn immer wird das Wissen des Wissens ausstehen, solange er an jenes nicht heranreicht. Und dieses Wissen ist die Kenntnis des Wortes Gottes, weil das Wort Gottes Begriff seiner selbst und des Universums ist (conceptus sui et universi). Wer nämlich zu diesem Begriff nicht vordringt, wird weder das Wissen Gottes berühren noch sich selbst erkennen (neque se ipsum cognoscet).«
35 Le »De ignota litteratura« de Jean Wenck de Herrenberg contre Nicolas de Cuse, in: BPhMA, Bd. VIII, H. 6, hg. von E. Vansteenberghe, Münster 1910, S. 22 f.
36 ADI, S. 557.
37 Ebenda, S. 550.*
38 Ebenda, S. 590.*
39 DVS, c. 7, n. 32; übers. von G. v. Bredow, in: HWPh, Bd. 2, Darmstadt/Basel 1972, Sp. 274.
40 Cusanus an Kaspar Aindorffer, 22.9.1452 in: BDB, S. 93.
41 Vgl. dazu u.a.: R. Haubst, Streifzüge in die cusanische Theologie, Münster 1991, S. 117 ff.
42 Sermo XXXIII, n. 332, in: Lateinische Werke, Bd. 4, S. 290: »Principium et finis coincidunt.«
43 St. Meier-Oeser, Von der Koinzidenz zur coincidentia oppositorum. Zum philosophiehistorischen Hintergrund des Cusanischen Koinzidenzgedankens, in: O. Pluta (Hg.), Die Philosophie im 14. und 15. Jahrhundert, Amsterdam 1988, S. 330.
44 DLG II, n. 63, S. 71: »Ich sehe also vollkommen ein, daß das Vorbild (exemplar) notwendigerweise im Abbild (exemplatum) ist und das Abbild enthalten im Vorbilde oder in ihm ist.«

45 Vgl. ADI, h, Bd. II, n. 10, Z. 3; Schriften, Bd. I, S. 538.
46 Predigt 19 (Zählung Koch; jetzt Sermo I), in: Predigten, n. 6, S. 447: »Dieser Gott der höchsten Lebenskraft, der nichts Unvollkommenes, Kleines und Minderwertiges in seiner Wesenheit hat, muß das Müßigsein verabscheuen. [...] Und da es so ist, daß man in der göttlichen Wesenheit unmöglich Müßiggang finden kann, so besteht sie folglich in höchster Tätigkeit. In aller vollkommen Tätigkeit finden sich aber notwendig drei aufeinander bezogene Dinge; denn nichts ist auf sein Selbst hin tätig, alles vielmehr auf ein von ihm gesondertes.« Vgl. zur Trinität auch den Abschnitt: »Das Universum«.
47 Vgl. DVD, c. 9, n. 39, S. 160 (Hopkins): »Ich habe den Ort gefunden, an dem Du unverhüllt gefunden werden kannst. Er ist vom Zusammenfall der Widersprüche (contradictoriorum coincidentia) umgeben. [...] Seine Pforte bewacht höchster Verstandesgeist (spiritus altissimus rationis). Wird dieser nicht überwunden, öffnet sich der Zugang nicht.«*
48 Vgl. dazu ausführlich: K. Flasch, Die Metaphysik des Einen bei Nikolaus von Kues, Leiden 1973, S. 158 ff.
49 DDI I, c. 4, n. 11, S. 17 f.*
50 Zit. nach: Kann Gottes Nicht-Sein gedacht werden? Die Kontroverse zwischen Anselm von Canterbury und Gaunilo von Marmoutiers, c. 2, übers., erl. u. hg. von B. Mojsisch, eingel. von K. Flasch, Mainz 1989, S. 51.
51 Ebenda, c. 2, S. 53.
52 Anselm von Canterbury, Proslogion, c. 15; zit. nach: B. Mojsisch, Die Andersheit Gottes als Koinzidenz, Negation und Nicht-Andersheit bei Nikolaus von Kues: Explikation und Kritik, in: Documenti e studi sulla tradizione filosofica medievale (1996) 6, S. 441.
53 Ebenda, S. 442.
54 DDI, c. 6, n. 16, S. 25: »Ferner wollen wir das Größte zum Sein kontrahieren und die These aufstellen: der Seinsfülle (maximo esse) stellt sich kein Gegensatz gegenüber, also auch nicht das Nichtsein oder die Seinsarmut (quare nec non esse nec minime esse). Wie soll es sich also denken lassen, daß Größte könne nicht sein, da doch die Seinsarmut die Seinsfülle ist (cum minime esse sit maxime esse)?« Die hier gebotene Übersetzung ist jedoch nicht erhellend. Man sollte fortfahren: »[...] dem im höchsten Grad Seienden stellt sich kein Gegensatz

gegenüber, also auch nicht das Sein oder das kleinste Sein. Wie soll es sich also denken lassen, das Größte könne nicht sein, da doch das kleinste Sein das größte Sein ist?« Welche Unsicherheiten bereits in der Überlieferung auftauchen, wird an dem Teilstück »quare nec non esse nec minime esse« deutlich. Neben dieser Variante haben einige Handschriften auf das »non« verzichtet. (Ich verdanke diesen Hinweis B. Mojsisch.)

55 DVS, c. 7, n. 18, S. 29.
56 DB, c. 17, n. 21, S. 27.
57 Dies sanctificatus, in: SBH, CT I/1, S. 13.
58 DB, c. 30, n. 51, S. 63.
59 Vgl. DG, S. 398 f. Man ist an die »figura paradigmatica« aus *De coniecturis* erinnert.
60 Ebenda, S. 435.
61 Ebenda, S. 406 f.
62 Vgl. B. Mojsisch, Meister Eckhart. Analogie, Univozität und Einheit, Hamburg 1983, S. 88 ff.
63 Zit. nach: W. Beierwaltes, Der verborgene Gott. Cusanus und Dionysius, in: Trierer Cusanus Lecture, H. 4, Trier 1997, S. 28.
64 DVS, c. 14, n. 41, S. 61." Man kann darin W. Beierwaltes folgen, dass sich »non aliud und idem absolutum als Gottesnamen gegenseitig auslegen«. Das Nicht-Andere geht aber über die Einheitsspekulation proklosscher Prägung hinaus.
65 Vgl. hierzu: E. Sonderegger, Cusanus: Definitio als Selbstbestimmung, in: BPhJ 4 (1999), S. 153-177. Die folgende Auslegung stützt sich gelegentlich auf diese Arbeit.
66 DNA, c. 1, in: h, Bd. XIII, hg. von L. Baur/P. Wilpert, Heidelberg 1944, S. 4.
67 Lull definiert den Menschen bspw. nicht als »animal rationale«, sondern als Sinnenwesen, das sich zum Menschen macht (Homo est animal homificans). Vgl. Ars brevis, 9, 4, übers. von A. Fidora, Hamburg 1999, S. 62.
68 DNA, Propositiones, prop. 14 u. 15, S. 91.
69 Ebenda, Propositiones, prop. 18, S. 93.
70 Ebenda, c. 15, S. 58.
71 Ebenda, c. 24, S. 86.
72 TP, n. 14, S. 17 f.: »Als daher Gott eine Kenntnis über sich anfänglich

enthüllen wollte, sagte er: ›Ich bin der allmächtige Gott‹, das heißt ›ich bin das Wirklichsein jedes Möglichseins‹. Und an anderer Stelle: ›Ich bin, der ich bin‹.«

73 Ebenda, n. 26, S. 33. Interessanterweise gibt der Basler Druck das »Hoc autem esse quod actu est omne posse esse dicis, id est absolutum« als »Hoc autem esse, quod actu est omne posse esse, dicis *idem absolutum*« wieder, was den Selbstbezug des absoluten Könnens im Sinne des absolut Selben der Idem-Spekulation referiert. Die Nähe dazu ist keineswegs abwegig.
74 DLG I, n. 45, S. 49.
75 DVS, c. 39, n. 115, S. 177.
76 DAT, n. 8, S. 13.
77 DDI II, c. 6, n. 123, S. 43.
78 Epistola auctoris ad dominum Iulianum Cardinalem, in: DDI III, n. 264, S. 101: Während sich das erste Buch von DDI damit befasst, das menschliche Ingenium zu jener Einfachheit zu führen, in der die Widersprüche zusammenfallen, entwickelt das zweite »daraus ein paar Gedanken über das Universum, die über den üblichen Weg der Philosophen hinausgehen und für viele neu sein werden«.
79 DLG I, n. 19, S. 21; vgl. auch: H. Blumenberg, Die Legitimität der Neuzeit, Frankfurt/M. 1997, S. 558 ff.
80 Vgl. ebenda, n. 42, S. 42 ff.
81 Meister Eckhart, Expositio libri Sapientiae, n. 36; Lateinische Werke II, hg. von J. Koch, Stuttgart 1958, S. 356.
82 Vgl. SBH, CT I, n. 23, S. 108.
83 DDI II, c. 3, n. 107, S. 25.
84 Vgl. K. Jacobi, Die Methode der cusanischen Philosophie, Freiburg/München 1969, S. 280 ff.
85 DDI II, c. 4, n. 116, S. 37.
86 Ebenda, c. 5, n. 118, S. 39: »Das All ist nur in eingeschränkter Weise in den Dingen, und jedwedes Ding, das wirklich existiert, zieht sämtliche Bestimmtheiten in sich zusammen, damit sie tatsächlich das seien, was es ist. [...] Die Aussage ›jedwedes ist in jedwedem‹ (quodlibet esse in quolibet) bedeutet also dasselbe wie die, daß Gott durch alles in allem ist und alles durch alles in Gott ist. [...] jedwedes ist im Universum das Universum selbst – obwohl das All in jedwedem auf die eine Weise ist und jedwedes auf andere Weise im All.«

87 DVS, c. 6, n. 65, S. 97f.
88 Dass aber ebendiese Ungenauigkeit zur Voraussetzung für das Programm des Messens bei Cusanus wurde, legt F. Nagel (Nicolaus Cusanus und die Entstehung der exakten Wissenschaften, Münster 1984, S. 30) dar.
89 DDI II, n. 156, S. 87: »Da [...] ein Eingeschlossensein der Welt zwischen einem körperlichen Mittelpunkt und einem Umfang unmöglich ist, so läßt sich die Welt nicht verstehend begreifen, deren Mittelpunkt und Umfang Gott ist. [...] Die Erde, die nicht Mittelpunkt sein kann, kann also nicht ohne jede Bewegung sein.«
90 Diesen Aspekt, das aristotelische Substanzdenken durch einen platonisch inspirierten Funktionalismus ersetzt zu haben, haben Interpreten wie E. Cassirer und L. v. Bertalanffy, schließlich H. Rombach und K. Jacobi gesehen. Exemplarisch ist diesem Ansatz gefolgt: H. Rombach, Substanz, System, Struktur, Bd. 1, Freiburg/München 1965, S. 140ff.
91 Vgl. R. Lull, Das Buch vom Heiden und den drei Weisen, 3. Buch, übers. von Th. Pindl, Stuttgart 1998, S. 116.
92 Vgl. ders., Die neue Logik, übers. von V. Hösle/W. Büchel, Hamburg 1985, S. 89ff.
93 Ebenda, S. 121.
94 Vgl. DNA, Propositiones, prop. 20, S. 94f.
95 DB, c. 5, n. 6, S. 7.
96 IM, c. 1, n. 57, S. 9.
97 Vgl. Sap 11, 21.
98 IM, c. 6, n. 94, S. 49.
99 Ebenda, c. 6, n. 95, S. 51.
100 Vgl. TC, c. 2, S. 652.
101 Vgl. ebenda, c. 1, S. 651.
102 Vgl. IM, c. 9, n. 123, S. 83.
103 Vgl. DLG, n. 109, S. 127f.
104 Vgl. TP, n. 55, S. 69; IM, c. 9, n. 116, S. 75ff. Dies erinnert an Hegels Grenzbetrachtung.
105 F. Nagel, Nicolaus Cusanus und die Entstehung der exakten Wissenschaften, a.a.O., S. 164.
106 ISE, S. 19.
107 DC I, c. 4, n. 12, S. 17.*

108 Ebenda, c. 4, n. 16, S. 19.*
109 Ebenda, c. 9, n. 41, S. 47 f.*
110 Ebenda, c. 11, n. 57, S. 67.
111 Vgl. dazu: N. Winkler, Dietrich von Freiberg und Meister Eckhart in der Kontroverse mit Thomas von Aquin. Intellektnatur und Gnade in der Schrift »Von der wirkenden und der möglichen Vernunft«, die Eckhart von Gründig zugeschrieben wird, in: Bochumer Studien zur Philosophie, Bd. 28, Amsterdam/Philadelphia 1999, S. 189-266.
112 DC II, c. 14, n. 143f., S. 171.
113 Ebenda, c. 16, n. 166, S. 197.
114 DDA, n. 11, S. 4f.
115 DC I, c. 6, n. 24, S. 27 f., nach der Übers. von B. Mojsisch.
116 Ebenda, c. 8, n. 34, S. 41.
117 Vgl. hierzu die Beiträge in: MFCG, Bd. 5, Mainz 1975. Vgl. auch: N. Henke, Der Abbildbegriff in der Erkenntnislehre des Nikolaus von Kues, in: BCG, Bd. 3, Münster 1969.
118 DC II, c. 16, n. 168, S. 201.*
119 DQD II, c. 36, S. 18 f.
120 DFD, c. 2, n. 59, S. 33* h, Bd. IV, S. 45, Z. 4-6.
121 IS I, n. 20, S. 33.
122 IM, n. 80, c. 5, S. 35.
123 Ebenda, c. 1, n. 52, S. 5.
124 Ebenda, c. 1, n. 57, S. 9.
125 Vgl. dazu: D. Perler, Direkte und indirekte Bezeichnung. Die metaphysischen Hintergründe einer semantischen Debatte im Spätmittelalter, in: BPhJ 4 (1999), S. 125-141.
126 Vgl. Dietrich von Freiberg, De intellectu et intelligibili II, 2, (1), 5-8, übers. von B. Mojsisch, Hamburg 1980, S. 18.
127 Ebenda, III, 17, (1), 12-14, ebenda, S. 83.
128 Vgl. dazu: N. Winkler, Meister Eckhart zur Einführung, Hamburg 1997, S. 81 ff.
129 IM, c. 2, n. 62, S. 15.
130 Ebenda, c. 7, n. 99, S. 55.
131 Ebenda, c. 9, n. 123, S. 83.
132 Vgl. C, c. 8, n. 22 f., S. 31 ff.
133 TC, c. 9, S. 681.
134 Ebenda, c. 11, S. 689.*

135 Ebenda, c. 14, S. 703. Zu der verschollenen Variante zu c. 12 von TC vgl.: D. Bormann-Kranz, Untersuchungen zu Nikolaus von Kues/De theologicis complementis, Stuttgart/Leipzig 1994, bes. S. 136 ff.
136 DVD, c. 5, n. 13, S. 13 f.
137 Vgl. ebenda, c. 4, n. 11, S. 12.
138 Ebenda, c. 7, n. 25, S. 21.
139 Albert der Große, De natura et origine animae, hg. von B. Geyer, Opera omnia XII, Köln 1955, S. 3, Z. 31.
140 DB, c. 18, n. 24, S. 29.
141 Ebenda, c. 36, n. 64, S. 81.
142 Ebenda, c. 39, n. 71, S. 89 f.
143 Ebenda, c. 22, n. 32, S. 39.*
144 DVS, c. 27, n. 82, S. 125.*
145 Ebenda, c. 29, n. 87, S. 133.
146 DLG I, n. 54, S. 59.
147 DLG II, n. 100 f., S. 117.
148 Ebenda, n. 114, S. 133.
149 C, Epilogus, n. 47, S. 59.
150 DAT (Memoriale apicis theoriae, prop. X), n. 26, S. 39.
151 DCC II, c. 11, n. 105, in: h, Bd. XIV, S. 139, Z. 8-10: Damit nämlich »eine Satzung (statutum) bindend werde genügt es nicht, sie öffentlich zu verkünden, sondern sie muß notwendigerweise angenommen und durch Übung bestätigt werden (quod acceptetur et per usum approbetur)«. Durch Nichtanwendung verliert sie ihre Lebenskraft, fügt Cusanus an anderer Stelle hinzu. Cusanus zitiert aus dem Dekretalenkommentar des F. Zabarella die Formel: Quod omnes tangit, ab omnibus comprobari debet (Was alle angeht, muss von allen gebilligt werden).
152 BDB, S. 261 f.
153 Vgl. Briefe an die Böhmen, Ep. I, ed. Parisiis, Bd. II, fol. 10v; ebenda, Ep. V, Bd. II, fol. 14v.
154 Vgl. DDI I, c. 2, n. 5, S. 11.
155 Predigt 1 (Zählung Koch; jetzt Sermo IV), in: Predigten, n. 26, S. 77: »Der christkatholische Glaube nimmt mehr Wahres über Gott an als ein anderer Glaube; er ist also der wahrere.«
156 K. Jaspers, Nikolaus Cusanus, München 1964, S. 188.
157 DPF, c. 3, S. 10. Vgl. hierzu auch: R. Imbach, Einheit des Glaubens.

Spuren des cusanischen Dialogs »De pace fidei« bei Heymericus de Campo, in: FZPhTh 27 (1980), S. 5-23.
158 DPF, c. 12, S. 36.
159 Ebenda, c. 14, S. 43.
160 Ebenda, c. 19, S. 56 f.
161 Vgl. O. Menzel, Johannes Kymeus. Des Babsts Hercules wider die Deudschen. Als Beitrag zum Nachleben des Nikolaus von Cues, in: SBH, CT IV, Heidelberg 1941, S. 66.
162 Brief des Cusanus an Johannes von Segovia, 29.12.1454, in: BDB, S. 275.
163 Dignitatis humanae, Nr. 1; Lumen gentium, Nr. 16.
164 CA I, n. 7, S. 9.
165 Ebenda, n. 10, S. 13.
166 Zit. nach: L. Pastor, Geschichte der Päpste im Zeitalter der Renaissance, Bd. 2, Freiburg/Br. 1923, S. 232.
167 Ebenda, S. 253.
168 DDI III, c. 6, n. 219, S. 45.
169 Vgl. Le »De ignota litteratura« de Jean Wenck de Herrenberg contre Nicolas de Cuse, a.a.O., S. 39.
170 Bulle Johannes XXII. »In agro dominico«, 27.3.1329, in: Meister Eckehart. Deutsche Predigten und Traktate, übers. von J. Quint, München 1964, S. 451 f.
171 DDI III, c. 3, n. 198, S. 21.
172 Vgl. ebenda, c. 4, n. 204, S. 29; vgl. auch: Dies sanctificatus, in: SBH, CT I/1, S. 33.
173 DDI III, c. 12, n. 256, S. 91.
174 Dies sanctificatus, in: SBH, CT I/1, S. 35.
175 Ebenda, S. 37.
176 Ebenda, S. 39.
177 In: CT I/2.-5., Nr. 3, n. 11, Vier Predigten im Geiste Eckharts, hg. von J. Koch, a.a.O., S. 83.
178 Vgl. ebenda, n. 17, S. 135. Wie bereits J. Koch sah, hat der Kardinal Cusanus gegenüber der frühen Predigt *De sanctificatus* etwa in *Loquimini ad petram* das Gewicht seiner Argumentation von der menschlichen Natur abgezogen, um es auf die Person Christi zu verlagern. War vordem die menschliche Natur das Bindeglied zwischen Christus und Mensch, ändert Cusanus seine Sicht so, dass der

Mensch in die Gemeinschaft mit Christus gnadenvoll aufgenommen wird. (Vgl. ebenda, S. 188 f.)

179 Pr. 6, in: Meister Eckhart, Werke, Bd. 1, a.a.O., S. 83 f.: »Der Vater gebiert seinen Sohn in der Ewigkeit sich selbst gleich. ›Das Wort war bei Gott, und Gott war das Wort‹ (Joh. 1,1): es war dasselbe in derselben Natur. [...] Der Vater gebiert seinen Sohn ohne Unterlaß, und ich sage noch mehr: Er gebiert mich als seinen Sohn und als denselben Sohn; er gebiert mich als sich und sich als mich und mich als sein Sein und seine Natur. Im innersten Quell, da quelle ich aus dem Heiligen Geiste; da ist ein Leben und ein Sein und ein Werk. Alles, was Gott wirkt, das ist Eins; darum gebiert er mich als seinen Sohn ohne jeden Unterschied.« Vgl. N. Winkler, Meister Eckhart zur Einführung, a.a.O., S. 81 ff.
180 ADI, S. 587.
181 Ebenda, S. 577. Vgl. dazu die Verurteilung von acht Irrtümern der Begarden auf dem Konzil von Vienne (1312), die jedoch erst 1317 publiziert wurde. Enchiridion Symbolorum, hg. von A. Denzinger/ R. Schönmetzer, Freiburg/Rom u.a. 1975, S. 388 f.
182 Vgl. Thomas von Aquin, De veritate, q. 10, a. 11.
183 DVD, c. 23, S. 76.
184 Vgl. dazu: H.-J. Becker, Die Appellation vom Papst an ein allgemeines Konzil. Historische Entwicklung und kanonistische Diskussion im späten Mittelalter und in der frühen Neuzeit, Köln/Wien 1988, S. 327 ff.
185 R. Kemper, Gregor Heimburgs Manifest in der Auseinandersetzung mit Pius II., Mannheim 1984, S. 128.
186 Vgl. K. Flasch, Die gerade Linie ist unmenschlich. Wege und Umwege der Cusanusforschung, in: FAZ, 16. 8. 1999, S. 49.
187 Übersetzte Textauszüge kann man finden in: Geschichte der Philosophie in Text und Darstellung, Bd. 3: Renaissance und frühe Neuzeit, hg. von St. Otto, Stuttgart 1984, S. 287-305.
188 Zit. nach: Johannes Reuchlin. Deutschlands erster Humanist. Ein biographisches Lesebuch von H.-R. Schwab, München 1998, S. 231 f.
189 Vgl. H. Blumenberg, Die Legitimität der Neuzeit, Frankfurt/M. 1997, S. 531 ff.
190 Vgl. hierzu: St. Meier-Oeser, Die Präsenz des Vergessenen. Zur Re-

zeption der Philosophie des Nicolaus Cusanus vom 15. bis zum 18. Jahrhundert, Münster 1989.
191 G.W.F. Hegel, Differenz des Fichteschen und Schellingschen Systems der Philosophie, in: TWA, Bd. 2, Frankfurt/M. 1986, S. 24.
192 Vgl. MFCG, Bd. 25, Trier 1999. Hier findet sich Weiterführendes zu dieser Zeit der Rezeptionsgeschichte.

Literaturhinweise

1. Siglen

AC	Acta Cusana. Quellen zur Lebensgeschichte des Nikolaus von Kues, im Auftrag der Heidelberger Akademie der Wissenschaften hg. von E. Meuthen/H. Hallauer, Hamburg 1976 ff.
BCG	Buchreihe der Cusanus-Gesellschaft, Münster 1964 ff.
BDB	Nikolaus von Kues, Briefe und Dokumente zum Brixener Streit. Kontroverse um die Mystik und Anfänge in Brixen (1450-1455), hg. von W. Baum/R. Senoner, Wien 1998.
BPhJ	Bochumer philosophisches Jahrbuch für Antike und Mittelalter, hg. von B. Mojsisch/O. Pluta/R. Rehn, Amsterdam 1997 ff.
BPhThMA	Beiträge zur Geschichte der Philosophie und Theologie des Mittelalters, Münster 1928 ff.
c.	Capitulum.
CSEL	Corpus Scriptorum Ecclesiasticorum Latinorum, Wien 1866-1981.
CT	Cusanus-Texte (in: SBH)
FZPhTh	Freiburger Zeitschrift für Philosophie und Theologie, Freiburg/Schweiz 1953 ff.
H	Schriften des Nikolaus von Kues in deutscher Übersetzung, im Auftrag der Heidelberger Akademie der Wissenschaften hg. von E. Hoffmann/P. Wilpert/K. Bormann.
H.	Heft.
h	Nicolai de Cusa opera omnia iussu et auctoritate Academiae Litterarum Heidelbergensis ad codicum fidem edita, Leipzig/Hamburg 1932 ff.
HWPh	Historisches Wörterbuch der Philosophie, hg. von K. Gründer/J. Ritter, Darmstadt 1971 ff.

MFCG	Mitteilungen und Forschungsbeiträge der Cusanus-Gesellschaft, Mainz 1961 ff.
n.	Numerus.
N.F.	Neue Folge
Predigten	Predigten 1430-1441, in: H, übers. von J. Sikora/E. Bohnenstaedt, Heidelberg 1952.
prop.	Propositio.
SBH	Sitzungsberichte der Heidelberger Akademie der Wissenschaften. Philosophisch-historische Klasse, Heidelberg 1926 ff.
Schriften	Nikolaus von Kues, Philosophisch-theologische Schriften, hg. von L. Gabriel, übers. u. komm. von D./W. Dupré, 3 Bde., 2. Aufl., Wien 1982.
TWA	G.W.F. Hegel, Werke in 20 Bänden, hg. von E. Moldenhauer/K. M. Michel, Frankfurt/M. 1986.
Z.	Zeile.

2. Primärliteratur

Abkürzungsverzeichnis für die Werke des Cusanus

Die Übersetzungen von »H« fußen – von wenigen Ausnahmen abgesehen – auf dem kritisch edierten Text von »h«. Die Übersetzungen in den »Schriften« nehmen den Pariser Druck von 1514 (hg. von Faber Stapulensis) zur Grundlage, ergänzen aber um »h« und Autographe (s. Bd. 1, S. XXVI f.). Wo kein lateinischer Text mit abgedruckt ist, wird, so dies erforderlich sein sollte, die Vergleichsstelle aus der jeweils verlässlichsten Vorlage beigebracht. Übersetzte Stellen, die abweichend vom angezeigten Text wiedergegeben werden, sind mit * gekennzeichnet.

ADI	Apologia doctae ignorantiae (Die Verteidigung der belehrten Unwissenheit), in: Schriften, Bd. 1, lat.-dt., S. 519-591.
C	Compendium (Kompendium), H. 16, lat.-dt., übers. von B. Decker/K. Bormann, Hamburg 1970.
CA	Cribratio Alkorani (Sichtung des Korans), 3 Bde., H. 20a-20c, lat.-dt., übers. u. hg. von L. Hageman/R. Glei, Hamburg 1989-1993.

DAE	De aequalitate (Über die Gleichheit), in: Schriften, Bd. 3, lat.-dt., S. 357-418.
DAT	De apice theoriae (Die höchste Stufe der Betrachtung), H. 19, lat.-dt., übers. von H.G. Senger, Hamburg 1986.
DB	De beryllo (Über den Beryll), H. 2, lat.-dt., übers. u. hg. von K. Bormann, Hamburg 1987.
DC	De coniecturis (Mutmaßungen), H. 17, lat.-dt., übers. u. hg. von J. Koch/W. Happ, Hamburg 1971; 2. verb. Aufl. 1988.
DCC	De concordantia catholica, in: Nicolai de Cusa Opera omnia, Bd. XIV/1-4., hg. von G. Kallen/A. Berger, Hamburg 1964-1968.
DDA	De deo abscondito (Vom verborgenen Gott), in: Drei Schriften vom verborgenen Gott, H. 3, dt., übers. u. hg. von E. Bohnenstaedt, Hamburg 1967, S. 1-6.
DDI	De docta ignorantia (Über die belehrte Unwissenheit), 3 Bde., H. 15a-15c, lat.-dt., übers. u. hg. von P. Wilpert/H.G. Senger, Hamburg 1977-1994.
DFD	De filiatione dei (Von der Gotteskindschaft), in: Drei Schriften vom verborgenen Gott, H. 3, dt., übers. u. hg. von E. Bohnenstaedt, Hamburg 1967, S. 28-50.
DG	Dialogus de Genesi (Dialog über die Genesis), in: Schriften, Bd. 2, lat.-dt., S. 387-442. (Im Text auch: De genesi)
DLG	Dialogus de ludo globi (Gespräch über das Globusspiel), H. 22, lat.-dt., übers. von G. v. Bredow, Hamburg 1999.
DNA	De non aliud (Vom Nichtanderen), H. 12, dt., übers. von P. Wilpert, Hamburg 1952.
DP	De principio (Über den Ursprung), H. 18, dt., übers. von M. Feigl, erl. von J. Koch, Hamburg 1967.
DPF	De pace fidei (Der Friede im Glauben), in: Nikolaus von Kues. Textauswahl in dt. Übers., hg. vom Institut für Cusanus-Forschung, Bd. 1, dt., übers. von R. Haubst, Trier 1988.
DPL	De dato patris luminum (Die Gabe vom Vater des Lichtes), in: Schriften, Bd. 2, lat.-dt., S. 645-682.
DQD	De quaerendo deum (Vom Gottsuchen), in: Drei Schriften vom verborgenen Gott, H. 3, dt., übers. u. hg. von E. Bohnenstaedt, Hamburg 1967, S. 7-27.
DVD	De visione dei (Das Sehen Gottes), in: Nikolaus von Kues. Textauswahl in dt. Übers., hg. vom Institut für Cusanus-Forschung,

	Bd. 3, dt., übers. von H. Pfeiffer, Trier 1985. (Lat. Text zit. nach: J. Hopkins, Nicholas of Cusa's dialectical mysticism. Text, translation, and interpretative study of De visione dei, Minneapolis 1988)
DVS	De venatione sapientiae (Die Jagd nach Weisheit), H. 14, lat.-dt., übers. u. hg. von P. Wilpert, Hamburg 1964.
IM	Idiota de mente (Der Laie über den Geist), H. 21, lat.-dt., übers. u. hg. von R. Steiger, Hamburg 1995.
IS	Idiota de sapientia (Der Laie über die Weisheit), H. 1, lat.-dt., übers. u. hg. von R. Steiger, Hamburg 1988.
ISE	Idiota de staticis experimentis (Der Laie über Versuche mit der Waage), H. 5, dt., übers. von H. Menzel-Rogner, Leipzig 1944.
TC	De theologicis complementis (Theologische Ergänzung), in: Schriften, Bd. 3, lat.-dt., S. 649-704.
TP	Trialogus de possest (Dreiergespräch über das Können-Ist), H. 9, lat.-dt., übers. u. hg. von R. Steiger, Hamburg 1973.

Weitere Textausgaben

Nicolai de Cusa Opera omnia, Bd. 16, Sermones, Hamburg 1970 ff.

Briefe und Dokumente zum Brixener Streit, Bd. 2: Nikolaus von Kues als Seelsorger. Briefe. Denkschriften (1453-1458), hg. von W. Baum / R. Senoner, Klagenfurt 2000.

De auctoritate presidendi in concilio generali, lat.-dt., in: SBH, 3. Abhandlung, CT II/1, hg. u. erl. von G. Kallen, Heidelberg 1935.

De maioritate auctoritatis sacrorum conciliorum supra auctoritatem papae, in: SBH, CT II/2, hg. u. erl. von E. Meuthen, Heidelberg 1977.

Dialogus concludens Amedistarum errorem ex gestis et doctrina concilii Basilensis, hg. u. erl. von E. Meuthen, in: MFCG, Bd. 8, Mainz 1970, S. 11-114.

Textauswahl in deutscher Übersetzung, hg. von Institut für Cusanus-Forschung, H. 2: Die Vaterunser-Erklärung in der Volkssprache, übers. von W. Jungandreas, überarb. von K. Gärtner / A. Rapp, Trier 1999; H. 4: Vom rechten Hören und Verkündigen des Wortes Gottes. Sermo XLI (Prothema) und Sermo CCLXXX, übers. von W. Lentzen-Deis, Trier 1993.

Die Kalenderverbesserung. De correctione Calendarii, lat.-dt., übers. von V. Stegemann / B. Bischoff, Heidelberg 1955.

Die Exzerpte und Randnotizen des Nikolaus von Kues zu den Schriften des Raimundus Lullus. Extractum ex libris meditacionum Raymundi, in: SBH, 1. Abhandlung, CT III/3, hg. von Th. Pindl-Büchel, Heidelberg 1990.

Die Exzerpte und Randnotizen des Nikolaus von Kues zu den lateinischen Übersetzungen der Proclus-Schriften: Theologia Platonis, Elementatio theologica, in: SBH, 2. Abhandlung, CT III/2.1, hg. u. erl. von H. G. Senger, Heidelberg 1986.

Die Exzerpte und Randnotizen des Nikolaus von Kues zu den lateinischen Übersetzungen der Proclus-Schriften: Expositio in Parmenidem Platonis, in: SBH, 3. Abhandlung, CT III/2.2, hg. von K. Bormann, Heidelberg 1986.

Scritti filosofici, besorgt von G. Santinello, Bologna 1980.

St. Ehses, Der Reformentwurf des Kardinals Nicolaus Cusanus, in: Historisches Jahrbuch 32 (1911), S. 274-297.

J. Hopkins, Nicholas of Cusa on god as not-other, 2. Aufl., Minneapolis 1983.

Ders., Nicholas of Cusa's debate with John Wenck. A translation and an appraisal of De ignota litteratura and Apologia doctae ignorantiae, 3. Aufl., Minneapolis 1988.

Ders., Nicholas of Cusa: Metaphysical speculations. Six latin texts translated into english, Minneapolis 1998.

Paul E. Sigmund, Nicholas of Cusa: The catholic concordance, Cambridge/New York 1991.

Predigten in deutscher Übersetzung (Sermones CXXII-CCIII), Bd. 3, hg. am Institut für Cusanusforschung v. W. A. Euler/K. Reinhardt/H. Schwaetzer, Münster 2008.

Vom Frieden zwischen den Religionen, (lat.-dt.), hg. u. übers. v. K. Berger/Chr. Nord, Frankfurt M./Leipzig 2002

3. Ausgewählte Sekundärliteratur

Bibliographisches

J. Koch, Nikolaus von Kues und seine Umwelt, in: SBH, 2. Abhandlung, CT IV/1, Heidelberg 1948.

E. Meuthen, Das Trierer Schisma von 1430 auf dem Basler Konzil. Zur Lebensgeschichte des Nikolaus von Kues, in: BCG, Bd. 1, Münster 1964.

Ders., Nikolaus von Kues 1401-1464. Skizze einer Biographie, 7. Aufl., Münster 1992. (Grundlegend!)

Rezeption

H. Benz, Individualität und Subjektivität. Interpretationstendenzen in der Cusanus-Forschung und das Selbstverständnis des Nikolaus von Kues, in: BCG, Bd. 13, Münster 1999.

St. Meier-Oeser, Die Präsenz des Vergessenen. Zur Rezeption der Philosophie des Nicolaus Cusanus vom 15. bis zum 18. Jahrhundert, in: BCG, Bd. 10, Münster 1989. (Grundlegend!)

H. Wackerzapp, Der Einfluß Meister Eckharts auf die ersten philosophischen Schriften des Nikolaus von Kues (1440-1450), in: BPhThMA, Bd. 39, H. 3, Münster 1962.

Philosophische Untersuchungen

M. Alvarez-Gómez, Die verborgene Gegenwart des Unendlichen bei Nikolaus von Kues, München/Salzbach 1968.

W. Beierwaltes, Platonismus und Idealismus, Frankfurt/M. 1972.

Ders., Visio absoluta. Reflexion als Grundzug des göttlichen Prinzips bei Nicolaus Cusanus, in: SBH 1, Heidelberg 1978.

Ders., Identität und Differenz, Frankfurt/M. 1980.

G. v. Bredow, Im Gespräch mit Nikolaus von Kues. Gesammelte Aufsätze 1948-1993, hg. von H. Schnarr, in: BCG, Sonderband, Münster 1995.

A. Brüntrup, Können und Sein. Der Zusammenhang der Spätschriften des Nikolaus von Kues, München/Salzburg 1973.

E. Colomer, Nikolaus von Kues und Raimund Lull, Berlin 1961.

D. Cürsgen, Die Logik der Unendlichkeit. Die Philosophie des Absoluten im Spätwerk des Nikolaus von Kues, Frankfurt/M./Berlin/Bern etc. 2007.

S. Dangelmayr, Gotteserkenntnis und Gottesbegriff in den philosophischen Schriften des Nikolaus von Kues, Meisenheim/Glan 1969.

J. B. Elpert, Loqui est revelare – verbum ostensio mentis: die sprachphilosophischen Jagdzüge des Nicolaus Cusanus, Frankfurt/M. 2002.

K. Flasch, Nikolaus von Kues. Geschichte einer Entwicklung, Frankfurt/M. 1998. (Grundlegend!)

Ders., Nicolaus Cusanus, München ²2005.

E. Fränzki, Nikolaus von Kues und das Problem der absoluten Subjektivität, Meisenheim/Glan 1972.

L. Hagemann/R. Glei (Hg.), ΕΝ ΚΑΙ ΠΛΗΘΟΣ. Einheit und Vielfalt, Festschrift für K. Bormann, Altenberge 1993.

J. Hopkins, A concise introduction to the philosophy of Nicholas of Cusa, 2. Aufl., Minneapolis 1980.

Ders., Nicholas of Cusa's metaphysic of contraction, Minneapolis 1983.

Ders., Nicholas of Cusa on wisdom and knowledge, Minneapolis 1996.

K. Jacobi (Hg.), Nikolaus von Kues. Einführung in sein philosophisches Denken, Freiburg/München 1979.

J. Koch, Die Ars coniecturalis des Nikolaus von Kues, Köln/Opladen 1956.

Th. Leinkauf, Nicolaus Cusanus. Eine Einführung, in: BCG, Bd. 15, Münster 2006.

Cl. Lücking-Michel, Konkordanz und Konsens. Zur Gesellschaftstheorie in der Schrift De concordantia catholica des Nicolaus von Cues, Würzburg 1994.

MFCG, Bd. 26: Sein und Sollen. Die Ethik des Nikolaus von Kues, Münster 2000.

H. Schnarr, Modi essendi. Interpretationen zu den Schriften De docta ignorantia, De coniecturis und De venatione sapientiae von Nikolaus von Kues, in: BCG, Bd. 5, Münster 1973.

G. Schneider, Gott – das Nichtandere. Untersuchungen zum metaphysischen Grunde bei Nikolaus von Kues, in: BCG, Bd. 4, Münster 1970.

W. Schwarz, Das Problem der Seinsvermittlung bei Nikolaus von Cues, Leiden 1970.

H.G. Senger, Die Philosophie des Nikolaus von Kues vor dem Jahre 1440. Untersuchungen zur Entwicklung einer Philosophie in der Frühzeit des Nikolaus (1430-1440), in: BPnThMA, N.F., Bd. 3, Münster 1971. (Grundlegend!)

Ders., Ludus sapientiae. Studien zum Werk und zur Wirkungsgeschichte des Nikolaus von Kues, Leiden/Boston/Köln 2002.

M. Stadler, Rekonstruktion einer Philosophie der Ungegenständlichkeit. Zur Struktur des Cusanischen Denkens, München 1983.

M. Thiemel, Coincidentia – Begriff, Ideengeschichte und Funktion bei Nikolaus von Kues, Aachen 2000.

M. Thomas, Der Teilhabegedanke in den Schriften und Predigten des Nikolaus von Kues (1430-1450), in: BCG, Bd. 12, Münster 1996.

M. Thurner (Hg.), Nicolaus Cusanus zwischen Deutschland und Italien, Berlin 2002.

M.P. Watts, Nicolaus Cusanus. A Fifteenth-Century vision of man, Leiden 1982.

Theologische Untersuchungen

A. Dahm, Die Soteriologie des Nikolaus von Kues. Ihre Entwicklung von seinen frühen Predigten bis zum Jahr 1445, in: BPhThMA, N.F., Bd. 48, Münster 1997.

R. Haubst, Streifzüge in die cusanische Theologie, in: BCG, Sonderband, Münster 1991.

W. Heinemann, Einheit in Verschiedenheit. Das Konzept eines intellektuellen Religionenfriedens in der Schrift »De pace fidei« des Nikolaus von Kues, Altenberge 1987.

J. Hopkins, Glaube und Vernunft im Denken des Nikolaus von Kues. Prolegomena zu einem Umriss seiner Auffassung, in: Trierer Cusanus Lecture, H. 3, Trier 1996.

W. J. Hoye, Die mystische Theologie des Nicolaus Cusanus, Freiburg/Basel/Wien 2004.

K.-H. Kandler, Nikolaus von Kues. Denker zwischen Mittelalter und Neuzeit, Göttingen 1995.

W. Lentzen-Deis, Den Glauben Christi teilen. Theologie und Verkündigung bei Nikolaus von Kues, Stuttgart/Berlin/Köln 1991.

U. Offermann, Christus – Wahrheit des Denkens. Eine Untersuchung zur Schrift »De docta ignorantia« des Nikolaus von Kues, in: BPhThMA, N.F., Bd. 33, Münster 1991.

U. Roth, Suchende Vernunft. Der Glaubensbegriff des Nicolaus Cusanus, in: BPhThMA, N.F., Bd. 55, Münster 2000.

M. Thurner, Gott als das offenbare Geheimnis nach Nikolaus von Kues, Berlin 2001.

Zeittafel

1401	Nikolaus von Kues (Krebs, Cryfftz, Cusanus) wird in Kues an der Mosel geboren.
1416	Studium der Artes in Heidelberg.
1423	Studium des Kirchenrechts an der Universität Padua, Abschluss: doctor decretorum.
1425	Studium in Köln bei dem Albertisten Heymericus de Campo. N. v. K. wird Sekretär des Trierer Erzbischofs.
1428	Reise nach Paris. Studium der Werke Ramon Lulls. Die Universität Löwen trägt ihm den Lehrstuhl für kanonisches Recht an, er lehnt – wie auch 1435 – ab.
1430	N. v. K. ist Kanzler des Trierer Bischofskandidaten Ulrich von Manderscheid.
1431	Eröffnung des Konzils von Basel. Eugen IV (gest. 1447) wird Papst.
1432	N. v. K. vertritt die Ansprüche auf den vakanten Trierer Bischofsstuhl, die Ulrich von Manderscheid erhebt, auf dem Konzil von Basel.
1433-34	Eugen IV. krönt König Sigismund in Rom zum Kaiser, *De concordantia catholica* entsteht.
1437	N. v. K. geht mit der Konzilsminderheit auf die päpstliche Seite über.
1437-38	Reise nach Konstantinopel.
1438	Als Gesandter von Papst Eugen IV. tritt er auf deutschen Reichstagen für die Sache des Papstes ein.
1439	Das Konzil von Basel erklärt Eugen IV. für abgesetzt; es spricht sich für die Suprematie des Konzils über den Papst aus. Das Konzil von Florenz wird eröffnet.
1440	Friedrich III. von Österreich zum Kaiser gewählt, *De docta ignorantia* wird geschrieben.
1442-43	Der Heidelberger Theologe Johannes Wenck von Herrenberg verfasst gegen N. v. K. *De ignota literatura*.

1445	N. v. K. fasst De filiatione dei und De dato patris luminum ab.
1447	Tomaso Parentucelli (gest. 1455) besteigt als Nikolaus V. den Stuhl Petri und fördert die humanistischen Studien.
1448	Ernennung des N. v. K. zum Kardinal (in petto) in S. Pietro in Vincoli. Kaiser Friedrich III. schließt mit der Kurie das Konkordat von Wien ab.
1449	N. v. K. verteidigt sich gegen die Angriffe J. Wencks in *Apologia doctae ignorantiae*.
1450	N. v. K. empfängt die Kardinalsinsignien in Rom, wird Bischof von Brixen und reist als päpstlicher Legat durch Deutschland. Er schreibt seine *Idiota*-Schriften *De sapientia*, *De mente* und *De staticis experimentis*.
1452	N. v. K. tritt sein Amt in Brixen an. Bernhard von Waging, Abt des Klosters Tegernsee, würdigt die »docta ignorantia« in seiner Schrift *Laudatorum doctae ignorantiae*. Dies löst einen theologischen Disput um die Mystik aus.
1453	Eroberung Konstantinopels durch die Türken. N. v. K. verfasst *De pace fidei* und *De visione dei*.
1457	N. v. K. flieht auf die Feste Buchenstein, *De beryllo* entsteht.
1458	E. S. Piccolomini (gest. 1464) gelangt als Pius II. auf den Stuhl Petri. N. v. K. wird zum Kurienkardinal und Generalvikar in Rom ernannt.
1460	Er versucht nach Brixen zurückzukehren, wird aber von Herzog Sigismund vertrieben, Cribratio Alkorani entsteht.
1462	N. v. K. schreibt den hochabstrakten Traktat *Directio speculantis seu non aliud*.
1463	Er scheitert als Reformer in Orvieto, *De ludo globi* und *De venatione sapientiae* abgeschlossen.
1464	N. v. K. schließt *Compendium* und *De apice theoriae* ab. Am 11. August verstirbt er in Todi (Umbrien).

Norbert Winkler, geb. 1952, studierte an der Humboldt-Universität zu Berlin Philosophie. 1988 promovierte er mit einer Arbeit zu Nikolaus von Kues an der Akademie der Wissenschaften der DDR. Bis 1996 nahm er an der Humboldt-Universität einen Lehrauftrag wahr; Schwerpunkt war die Philosophie des Mittelalters und der Renaissance. Seit Ende 1999 arbeitet er als freischaffender Lektor, Rezensent und Autor. Diverse Aufsätze zu Themen der Metaphysik, Ethik und Zeichentheorie bei Abälard, Cusanus, Eckhart von Gründig, Meister Eckhart u.a. – sowie die Studientextedition: Ph. Th. Paracelsus, *Astronomia Magna* (1999) – liegen von ihm vor. 1997 verfasste er für diese Reihe *Meister Eckhart zur Einführung.*